气象法注释书

姜金良　编著

气象出版社
China Meteorological Press

内容简介

本书以《气象法》为基础，对气象法条逐条进行注解，注释工具包括与其对应的立法审议内容与修正过程、立法释义，配套的法律法规规范性文件以及司法解释、司法判决等。通过汇编成就《气象法》的知识图谱，力求内容"全"，系统梳理法律法规；体例"清"，各类栏目载体清晰明了；效果"实"，能够实现快速检索，努力打造一本包容气象各类知识载体的"一本通"工具书。

本书可供从事气象执法工作的实务工作者、对气象法学感兴趣的研究人员和高校师生参考使用。

图书在版编目（CIP）数据

气象法注释书 / 姜金良编著. -- 北京 : 气象出版社, 2023.8
ISBN 978-7-5029-8024-5

Ⅰ. ①气… Ⅱ. ①姜… Ⅲ. ①气象法－法律解释－中国 Ⅳ. ①D922.175

中国国家版本馆CIP数据核字(2023)第161223号

气象法注释书
QIXIANGFA ZHUSHI SHU

出版发行：气象出版社
地　　址：北京市海淀区中关村南大街46号　　邮政编码：100081
电　　话：010-68407112(总编室)　010-68408042(发行部)
网　　址：http://www.qxcbs.com　　E-mail：qxcbs@cma.gov.cn
责任编辑：张锐锐　郝　汉　　终　　审：张　斌
责任校对：张硕杰　　责任技编：赵相宁
封面设计：艺点设计
印　　刷：北京中石油彩色印刷有限责任公司
开　　本：787 mm×1092 mm　1/16　　印　　张：9
字　　数：280千字
版　　次：2023年8月第1版　　印　　次：2023年8月第1次印刷
定　　价：68.00元

注释工具说明

《中华人民共和国气象法》(以下简称《气象法》)涉及内容广泛且专业性强,体现了行业法特色,而气象类法律法规又较多,呈现分散状态。鉴于此,对气象法律法规进行编纂,对相关条文进行注解确有必要:其一,对立法过程介绍,有利于全面准确掌握《气象法》各条文制定的立法目的;其二,《气象法》在行业法中具有"小宪法"属性,相关条文应统领行业法规,将散落的规定编撰后有利于法律的准确适用;其三,按照理论与实践相结合的理念,提供相关案例可以总结经验,也为执法工作提供参考。因此,笔者尝试编撰一本《气象法》法条释义书,希望可以作为气象执法工作者的案头书,从事气象法学教学与研究人员的参考书目。为方便查阅,对体例编排中主要栏目作如下说明。

一、审议过程与立法沿革

对《气象法》立法审议过程以及法律条文的修改进行介绍。主要包括立法过程中历次审议案的修改情况、法律条文修改情况、立法过程中讨论意见等内容。以图表形式对照历次审议案,可以一目了然地了解立法审议过程和修改过程;辅以审议意见和修改理由,通过立法争议问题介绍,既可以准确把握立法动因和立法原意,也可以避免法律理解与适用中的一些分歧。其中,立法审议过程中相关立法意见均来自于立法工作机关对历次审议稿的审议报告内容,做到有据可查。

二、法条释义

此栏目系对法律条文的基本理解。为保障权威性,本书以立法工作机关编写的立法释义为基础蓝本。因《气象法》实施二十余年,其相关释义中部分配套法律法规已被修改或废止,故本栏目仅对已修改条文的演变和修改理由进行说明。

三、关联法条

因《气象法》规定相对原则化,为增强法律的可适用性,其中许多内容会通过行政法规、部门规章、规范性文件等加以具体明确,并且有的条文在适用中还会涉及与其他法律的协调。故设本栏目对相关条文关联的规定予以节录,内容主要包括与条文内容相关的法律条文、行政法规、部门规章、规范性文件,以及相关的司法解释等。

另外,有一些特殊性文件虽然不属于关联法规,但代表了国家主管部门的相关意见,有利于对法律条文的准确理解适用,因此也并入这一栏目中。主要包括以下三种文件:(1)中国气象局相关职能部门对部门规章的立法背景、修改说明等资料,如《推动气象数据资源汇集共享 促进预报科学服务国家战略——中国气象局预报与网络司司长顾建峰解读〈气象探测资料汇交管理办法〉》;(2)中国气象局关于具体问题的公开答复函件,如《中国气象局关于对气象探测环境保护范围划定标准有关问题的函》(2013 年 12 月 2 日);(3)中国气象局关于人大代表的提案建议答复,如《中国气象局对十三届全国人大一次会议第 4496 号建议的答复》(中气议字〔2018〕2 号)。

四、参考案例

本栏目收录了各地法院公开的与《气象法》适用相关联的司法判决案例。司法判决是鲜活的法律,代表了司法实践的做法。虽然我国不属于判例法国家,相关判例不作为后续裁判的依据,但司法判决对于后续执法仍然具有非常重要的参照作用。因此,本书将能够收集到的各类案例收录其中,作为理解与适用的参考。

在此,感谢南京信息工程大学法政学院硕士研究生廖清清在本书编写、校对过程中所做的工作,本科生刘怡然、陈芋伶、李胜、谭凯月、李佳怡、陈淑娴等参与校对工作。笔者见闻有限,据了解,在气象法领域进行法条释义尚属于首次,虽力求全面、准确,但因个人能力所限,难免有疏漏、不当之处。敬请各位读者不吝指正。

凡　　例

一、法律

《中华人民共和国××法》，简称《××法》。其中，已作修改的相关法律，对修改前的法律标记年份。例如：2016 年 11 月 7 日第十二届全国人民代表大会常务委员会第二十四次会议修正的《中华人民共和国气象法》，简称《气象法》；1999 年 10 月 31 日第九届全国人民代表大会常务委员会第十二次会议通过《中华人民共和国气象法》，简称 1999 年《气象法》。

二、行政法规

引用行政法规四部。其中，已作修改的，以最新规定为准。包括《人工影响天气管理条例》（2002 年 3 月 13 日国务院第五十六次常务会议通过，2002 年 3 月 19 日中华人民共和国国务院令第 348 号公布，自 2002 年 5 月 1 日起施行，根据 2020 年 3 月 27 日《国务院关于修改和废止部分行政法规的决定》修订）、《通用航空飞行管制条例》（2003 年 1 月 10 日中华人民共和国国务院 中华人民共和国中央军事委员会令第 371 号公布，自 2003 年 5 月 1 日起施行）、《气象灾害防御条例》（2010 年 1 月 27 日中华人民共和国国务院令第 570 号公布，根据 2017 年 10 月 7 日《国务院关于修改部分行政法规的决定》修订）、《气象设施和气象探测环境保护条例》（2012 年 8 月 29 日中华人民共和国国务院令第 623 号公布，根据 2016 年 2 月 6 日《国务院关于修改部分行政法规的决定》修订）。

三、部门规章

引用部门规章名称。其中，已作修改的相关部门规章，对修改前的部门规章标记年份。例如：2017 年 1 月 6 日中国气象局局务会议审议通过的《气象行业管理若干规定》（2017 年 5 月 1 日起施行），简称《气象行业管理若干规定》；2005 年 10 月 9 日经中国气象局局长办公会议审议通过的《气象行业管理若干规定》（2006 年 3 月 1 日起施行），简称 2005 年《气象行业管理若干规定》。

四、司法解释

引用司法解释名称，并标明发布机关以及文号。例如：《最高人民法院、最高人民检察院关于办理渎职刑事案件适用法律若干问题的解释（一）》（法释〔2012〕18 号）。

五、规范性文件

直接引用规范性文件名称，并标明发文机关、文号。如规范性文件中国气象局《气象探测资料汇交管理办法》（气发〔2017〕31 号）。

六、裁判案例

被最高人民法院各类案例载体采用的典型性案例标明案件名称和裁判文书案号。例如:《九江气象台诉九江市邮电局天气预报侵权案》(江西省九江市中级人民法院〔1996〕九民初字第11号)。一般性案例标明作出裁判的法院和裁判文书案号、当事人案由等案件信息。例如:《濮阳市气象局、濮阳XX公司行政处罚案》(濮阳市中级人民法院〔2020〕豫09行终21号)。

目　录

中华人民共和国气象法

1999 年 10 月 31 日第九届全国人民代表大会常务委员会第十二次会议通过，根据 2009 年 8 月 27 日第十一届全国人民代表大会常务委员会第十次会议《关于修改部分法律的决定》第一次修正，根据 2014 年 8 月 31 日第十二届全国人民代表大会常务委员会第十次会议《关于修改〈中华人民共和国保险法〉等五部法律的决定》第二次修正，根据 2016 年 11 月 7 日第十二届全国人民代表大会常务委员会第二十四次会议《关于修改〈中华人民共和国对外贸易法〉等十二部法律的决定》第三次修正。

第1章　总　　则

1. 立法目的(第一条)

第一条　为了发展气象事业,规范气象工作,准确、及时地发布气象预报,防御气象灾害,合理开发利用和保护气候资源,为经济建设、国防建设、社会发展和人民生活提供气象服务,制定本法。

【审议过程与立法沿革】

草案	草案二次审议稿	草案三次审议稿	条文
第一条　为了规范气象活动,准确、及时地发布气象预报,防御气象灾害,合理开发利用和保护气候资源,为[国民经济]和社会发展提供气象服务,制定本法。	**第一条**　为了[规范气象活动,]准确、及时地发布气象预报,防御气象灾害,合理开发利用和保护气候资源,为**经济建设、国防建设**[和]社会发展提供气象服务,制定本法。	**第一条**　为了准确、及时地发布气象预报,防御气象灾害,合理开发利用和保护气候资源,为经济建设、国防建设、社会发展**和人民生活**提供气象服务,制定本法。	**第一条**　为了**发展气象事业,规范气象工作**,准确、及时地发布气象预报,防御气象灾害,合理开发利用和保护气候资源,为经济建设、国防建设、社会发展和人民生活提供气象服务,制定本法。

注:《中华人民共和国气象法(草案)》简称《草案》,《中华人民共和国气象法(草案二次审议稿)》简称《草案二次审议稿》,《中华人民共和国气象法(草案三次审议稿)》简称《草案三次审议稿》,《中华人民共和国气象法》对应内容简称《条文》。为全面反映立法审议过程,对于删除部分用方框标出,新增部分用黑体标出,形成修改对照表,下同。

在《草案》审议过程中,有意见提出,《气象法》应当体现我国气象事业几十年来坚持的为经济建设和国防建设服务的基本方针。因此,《草案二次审议稿》中增加了有关为经济建设、国防建设服务的原则规定,并在第二十条中增加了具体的要求。

针对《草案二次审议稿》,有意见提出,"气象活动"是自然的运动,不是立法所能规范的。还有意见提出,气象服务与人民生活关系密切,建议在立法宗旨中对此加以规定。由此,《草案三次审议稿》对《草案二次审议稿》进行了两处修改:其一,删除了"规范气象活动"的表述;其二,增加了气象工作服务人民生活的规定。

针对《草案三次审议稿》,有意见提出,气象立法的目的是促进气象事业的发展,规范气象工作,建议对此作出规定。由此,增加了相关内容,最终形成了《气象法》第一条的规定。

本条自 1999 年《气象法》施行以来,未作修改。

【法条释义】

"目的是一切法律的缔造者,规范目的是立法的动因,任何法律规范后面都隐藏着服从特定目的,立法者的、法政策学的形成意志。"[①]我国法律立法的一个显著特点是开宗明义,通常

① 魏德士．法理学[M]．丁晓春,吴越,译．北京:法律出版社,2005:310.

在法律第一条说明立法目的。明确立法目的有利于掌握和理解法律的立法精神以及宗旨。本条是对《气象法》立法目的的阐明，具体包括三个方面。

一是为了发展气象事业，规范气象工作。新中国成立以来，我国气象事业得到长足发展，全国建立了系统化的气象探测业务，形成了气象预报服务体系，打造了一支高素质的气象人才队伍。《气象法》的制定实施，可以为气象事业的高质量发展提供法律保障，通过规范各类与气象工作相关的行为活动，为气象事业开展提供充足的法律依据。

二是为了准确、及时地发布气象预报，防御气象灾害，合理开发利用和保护气候资源。根据相关调研材料反映，我国是世界上自然灾害最为严重的国家之一，在各类自然灾害中，气象灾害占了 70%以上，有的年份甚至高达 90%。20 世纪 80—90 年代，我国每年因暴雨、台风、寒潮、冰雹、雷电、大雾等各种气象灾害所造成的损失平均占国民生产总值的 3%～5%。21 世纪以来，虽然每年由于气象灾害所造成的经济损失占国民生产总值比例有所下降（1%～3%），但每年造成的经济损失仍很严重①。此外，气象灾害还会导致其他灾害，例如洪涝、山体滑坡、病虫灾害等。因此，通过《气象法》规范气象工作，有利于准确、及时地发布气象预报，有利于充分利用和保护气候资源，防御气象灾害。

三是为经济建设、国防建设、社会发展和人民生活提供气象服务。这是气象工作的社会服务宗旨。

从理论上说，明确立法目的有利于对《气象法》进行整体性理解，有利于在法律解释发生争议时进行目的解释，有利于准确适用法律，也可以为下位法规规章的制定提供依据。

2. 适用范围和调整对象（第二条）

第二条　在中华人民共和国领域和中华人民共和国管辖的其他海域从事气象探测、预报、服务和气象灾害防御、气候资源利用、气象科学技术研究等活动，应当遵守本法。

【审议过程与立法沿革】

草案	草案二次审议稿	草案三次审议稿	条文
第二条　在中华人民共和国领域和中华人民共和国管辖的其他海域从事气象活动，应当遵守本法。	**第二条**　在中华人民共和国领域和中华人民共和国管辖的其他海域从事**气象探测、预报、服务和气象灾害防御、气候资源利用、气象科学研究等**活动，应当遵守本法。	**第二条**　在中华人民共和国领域和中华人民共和国管辖的其他海域从事气象探测、预报、服务和气象灾害防御、气候资源利用、气象科学**技术**研究等活动，应当遵守本法。	**第二条**　在中华人民共和国领域和中华人民共和国管辖的其他海域从事气象探测、预报、服务和气象灾害防御、气候资源利用、气象科学技术研究等活动，应当遵守本法。

在《草案》审议过程中，有意见提出，应对《气象法》所规范的气象活动加以定义。由此，形成了《草案二次审议稿》第二条的写法。《草案三次审议稿》又对文字进行了技术性调整，将“气象科学研究”修改为“气象科学技术研究”，范围更为明确。最终形成了《气象法》第二条的规定。

本条自 1999 年《气象法》施行以来，未作修改。

① 刘彤，闫天池．我国的主要气象灾害及其经济损失[J]．自然灾害学报，2011，20(2)：90-95.

【法条释义】

本条是关于《气象法》适用范围和调整对象的规定。具体而言，包括以下两个方面内容。

一是《气象法》空间效力范围。我国法律对于空间效力的规定并不完全相同，根据法律性质大致可以分为三类。有的规定为“中华人民共和国领域内”，如《刑法》第六条规定：“凡在中华人民共和国领域内犯罪的，除法律有特别规定的以外，都适用本法。”这些法律一般规范行为人社会关系。有的规定为“中华人民共和国境内”，如《保险法》第三条规定：“在中华人民共和国境内从事保险活动，适用本法。”这些法律一般规范经济关系。而《环境保护法》《气象法》适用于“中华人民共和国领域和中华人民共和国管辖的其他海域”。可见，对于关系到环境、气候等自然资源开发、利用和保护事项的，空间效力范围较广。法律还明确规定，适用于我国管辖的其他海域。

《气象法》适用的空间效力范围是“中华人民共和国领域和中华人民共和国管辖的其他海域”。(1)中华人民共和国领域，是我国国境以内的全部区域，具体包括：领陆、领水、领空。领陆是领土最基本部分，国家疆域内全部的陆地以及陆地下地层。领水是国家内水、领海以及地层。内水是国境内全部的湖泊、河流、运河、河口、港口、内海峡、内海湾以及领海之内的海域；领海是邻接陆地领土和内水一带的海域，根据我国《领海及毗连区法》的规定，我国领海宽度为从领海基线量起 12 海里[①]。领空是领陆和领水之上一定高度的空间。我国香港、澳门两个特别行政区，根据两地基本法的相关规定，应适用特别行政区的相关法律，不适用本法。(2)中华人民共和国管辖的其他海域是根据我国《专属经济区和大陆架法》的规定进行划定的，包括专属经济区和大陆架。其第二条规定：“中华人民共和国的专属经济区，为中华人民共和国领海以外并邻接领海的区域，从测算领海宽度的基线量起延至二百海里。中华人民共和国的大陆架，为中华人民共和国领海以外依本国陆地领土的全部自然延伸，扩展到大陆边外缘的海底区域的海床和底土；如果从测算领海宽度的基线量起至大陆边外缘的距离不足二百海里，则扩展至二百海里。中华人民共和国与海岸相邻或者相向国家关于专属经济区和大陆架的主张重叠的，在国际法的基础上按照公平原则以协议划定界限。”根据我国法律法规和《联合国海洋法公约》等国际条约，上述海域虽然不属于我国领水，但对于专属经济区和大陆架的自然资源，我国享有主权权利和管辖权，他人未经同意不得擅自进行勘探开发自然资源等相关活动，如捕鱼、开采石油等，我国享有与开发、保护自然资源有关的管理权力。

二是《气象法》的调整对象。我国法律部门划分的标准是以法律规范调整的社会关系为基础，兼顾调整手段。在理论中早有主张认为《气象法》属于我国新型的部门法。因此，本条明确了气象活动的定义，即从事气象探测、预报、服务和气象灾害防御、气候资源利用、气象科学技术研究等活动，这也确定了《气象法》调整的社会关系的范围。《气象法》的调整对象是关于气象活动领域内的社会关系，而气象社会关系是在从事气象探测、预报、服务和气象灾害防御、气候资源利用、气象科学技术研究等活动的过程中形成的一系列社会关系。关于气象活动的各类社会关系规范，在《气象法》各章节中均有规定。

3. 气象事业的性质(第三条)

第三条 气象事业是经济建设、国防建设、社会发展和人民生活的基础性公益事业，气象

① 1 海里≈1852 米，下同。

工作应当把公益性气象服务放在首位。

县级以上人民政府应当加强对气象工作的领导和协调，将气象事业纳入中央和地方同级国民经济和社会发展计划及财政预算，以保障其充分发挥为社会公众、政府决策和经济发展服务的功能。

县级以上地方人民政府根据当地社会经济发展的需要所建设的地方气象事业项目，其投资主要由本级财政承担。

气象台站在确保公益性气象无偿服务的前提下，可以依法开展气象有偿服务。

【审议过程与立法沿革】

草案	草案二次审议稿	草案三次审议稿	条文
第三条 气象事业是国民经济和社会发展的基础性公益事业。县级以上人民政府应当加强对气象工作的领导，将气象事业纳入本级国民经济和社会发展计划及财政预算。 县级以上地方人民政府根据当地社会经济发展的需要所建设的地方气象事业项目，其投资主要由本级财政承担。	**第三条** 气象事业是**经济建设、国防建设**和社会发展的基础性公益事业，**气象工作应当把公益性气象服务放在首位。** 县级以上人民政府应当加强对气象工作的领导，将气象事业纳入本级国民经济和社会发展计划及财政预算，**充分发挥其为社会公众、政府决策和经济发展服务的功能。** 县级以上地方人民政府根据当地社会经济发展的需要所建设的地方气象事业项目，其投资主要由本级财政承担。 **气象台站在确保公益气象服务的前提下，可以依法开展气象有偿服务。**	**第三条** 气象事业是经济建设、国防建设、社会发展**和人民生活**的基础性公益事业，气象工作应当把公益性气象服务放在首位。 县级以上人民政府应当加强对气象工作的领导**和协调**，将气象事业纳入**中央和地方同级**国民经济和社会发展计划及财政预算，充分发挥其为社会公众、政府决策和经济发展服务的功能。 县级以上地方人民政府根据当地社会经济发展的需要所建设的地方气象事业项目，其投资主要由本级财政承担。 气象台站在确保公益气象服务的前提下，可以依法开展气象有偿服务。	**第三条** 气象事业是经济建设、国防建设、社会发展和人民生活的基础性公益事业，气象工作应当把公益性气象服务放在首位。 县级以上人民政府应当加强对气象工作的领导和协调，将气象事业纳入中央和地方同级国民经济和社会发展计划及财政预算，**以保障其**充分发挥为社会公众、政府决策和经济发展服务的功能。 县级以上地方人民政府根据当地社会经济发展的需要所建设的地方气象事业项目，其投资主要由本级财政承担。 气象台站在确保公益**性气象无偿**服务的前提下，可以依法开展气象有偿服务。

在《草案》审议过程中，对于气象事业是否可以进行有偿服务争论较大。《草案》第四十条规定："气象台站和气象科研、教学单位可以从事气象有偿服务，从事气象有偿服务单位的资格条件和管理办法由国务院规定。"该规定肯定了气象事业属于基础性公益事业，但也认为其可以进行有偿服务。这种规定主要基于以下立法意见考虑：气象事业主要由国家投资，公益性的气象服务应当是无偿的，但是随着经济和社会的发展，对气象服务的需求范围不断扩大，单一的公益性气象服务已经不能满足社会对气象服务的特殊需求。为了开拓气象服务领域，应当允许有关单位在一定范围内依法从事专业气象有偿服务，以弥补经费的不足，促进气象事业的发展。还有的地方、部门提出，气象信息是科技信息，对它的使用和获得采取有偿服务的形式是必要的，也是合理的，我国的专业气象服务，逐步进入市场也是一种趋势。另外一种意见认为，气象事业是基础性公益事业，国家以事业费支持气象事业的发展，气象服务应当是无偿的，

搞有偿服务不妥当。立法工作机关采纳了第一种意见，认为气象服务应当以公益性的无偿服务为主，但为适应经济社会发展的需要，满足一些特定用户对气象服务的特殊需求，同时也为气象事业的改革创造一定的条件，《气象法》规定气象有偿服务是必要的。

《草案二次审议稿》对于《草案》主要进行了四处修改：其一，第一款中“经济建设、国防建设和社会发展”表述与《草案二次审议稿》第一条保持一致；其二，新增规定“气象工作应当把公益性气象服务放在首位”；其三，第三款新增“充分发挥其为社会公众、政府决策和经济发展服务的功能”内容，以明确气象事业的功能定位；其四，第四款新增“气象台站在确保公益气象服务的前提下，可以依法开展气象有偿服务”的规定。

《草案三次审议稿》又对《草案二次审议稿》进行了两处完善：其一，对第一款规定相关表述进行了完善，与对应的第一条保持一致；其二，第二款明确规定县级以上人民政府应当加强对气象工作的领导和协调，以及气象事业纳入中央和地方同级国民经济和社会发展计划及财政预算。换言之，气象工作的开展离不开当地人民政府的领导、协调与支持，对此《气象法》加以明确规定。

《气象法》第三条对《草案三次审议稿》又进行了两处完善。其一，第二款中相关表述更加准确。因为有意见提出，将气象事业纳入国民经济和社会发展计划及财政预算，是为了保障其为社会公众、政府决策和经济发展服务；其二，第四款中进一步明确公益性气象服务是无偿服务。有意见提出，《草案三次审议稿》第四条只规定无偿向农民提供公益性气象信息服务，可能会产生其他公益性气象信息服务是否无偿的问题，凡公益性气象服务都应当是无偿的，对此应当作出明确规定。由此，最终形成了《气象法》第三条的规定。

本条自 1999 年《气象法》施行以来，未作修改。

【法条释义】

本条是关于气象事业的性质、县级以上人民政府在气象工作上的职责、地方气象事业项目投资及气象有偿服务的规定。共有四款，主要包括以下方面。

一是气象事业的性质是基础性公益事业。本条第一款规定：“气象事业是经济建设、国防建设、社会发展和人民生活的基础性公益事业，气象工作应当把公益性气象服务放在首位。”多年来，气象工作为政府决策、防灾减灾、工农业生产、资源开发和环境保护、国防建设和军事活动等许多方面创造了巨大的社会、经济和生态效益，并按照国际惯例向国际气象组织提供资料。法律明确规定，气象事业不仅具有公益性，还具有基础性，应作为一项特殊性公益事业法律加以特殊保护。

二是关于地方政府在气象事业中的职责。本条第二款规定：“县级以上人民政府应当加强对气象工作的领导和协调，将气象事业纳入中央和地方同级国民经济和社会发展计划及财政预算，以保障其充分发挥为社会公众、政府决策和经济发展服务的功能。”县级以上人民政府在气象工作中的职责包括：一是应当加强对气象工作的领导和协调。这与我国气象事业管理体制相互关联，我国气象事业实行上级气象部门和地方政府双重领导制，地方政府对气象工作也具有领导权，相关气象业务开展也需要地方政府的配合协调。二是应当将气象事业纳入中央和地方同级国民经济和社会发展计划及财政预算，以保障其充分发挥为社会公众、政府决策和经济发展服务的功能。国家将气象事业作为基础性公益事业，通过将其纳入中央和地方同级国民经济和社会发展计划及财政预算的方式，保障其发展，并促进其充分发挥为公众、政府决策和经济发展服务的功能。受历史因素影响，各地实践工作中对于气象部门的性质、经费来源等规定并不统一，有的是自筹经费，有的是部分经费由财政保障，而《气象法》明确要求，将气象事业纳入中央和地方同级国民经济和社会发展计划及财政预算，为气象事业发展提供了保障。法律施行生效后，各地也逐渐落实了对气象事业的财政保障，例如新疆维吾尔自治区人民政府办公厅《关于进一步贯彻落实气象法律法规的通知》（新政办〔2001〕122 号）明确要求，各级人民政府应依据《气象法》第三条规定，加强气象双重计划财务体制的落实工作。凡是未落实的，从 2001 年下半年开始，应根据财政支出管理制度改革的精神，把加大地方气象事业的投入作为调整公共财政支出结构的一项措施，落实双重计划财务体制，将气象事业纳入政府“十五”计划和年度财政预算，确保气象法律法规的规定落到实处。

三是关于地方气象事业项目投资的规定。本条第三款规定：“县级以上地方人民政府根据当地社会经济发展的需要所建设的地方气象事业项目，其投资主要由本级财政承担。”在强调要进行地方气象事业项目建设的同时，又明确其投资主要由本级财政承担。气象事业作为基础性公益事业，为保障运行顺畅，国家会进行统一的气象设施布局，建立气象通信网络，而这些项目投资经费由国家财政承担。地方气象事业项目，主要是根据地方社会经济建设的需要，由地方政府确定并解决新增地方气象事业项目所需的基建投资和有关经费，不属于全国统一布局，专为地方服务需要建立的天气、气候监测（含气象卫星接收处理设备、天气雷达、中小尺度天气监测自动站网等）及其信息加工处理、分析服务所需的基建投资，不属全国气象骨干通信网，因此，法条明确其投资主要由本级财政承担。

四是关于气象有偿服务的规定。本条第四款规定：“气象台站在确保公益性气象无偿服务的前提下，可以依法开展气象有偿服务。”自 1985 年经国务院批准，气象事业单位在做好公益服务的前提下，按用户的需求，开展专业有偿服务，但因立法过程中对气象台站是否可以进行有偿服务争论较大，所以法律予以明确规定，为气象台站开展气象有偿服务提供了法律依据。

根据法律规定，开展有偿服务需要以确保公益性气象无偿服务为前提，公益性气象无偿服务是指由国家财政和专项经费所支持的气象服务，主要包括：一是为县级以上人民政府发展经济、组织防灾抗灾提供的气象服务；二是为县级以上人民政府的计划、统计部门编制计划、年报等提供的内部服务；三是为国防、军事活动和其他特殊任务提供的天气预报；四是按照有关规定通过新闻媒体为社会公众提供的天气预报；五是其他公开发布的天气、气候公报等。气象有偿服务的范围，根据立法工作机关说明是除了公益性气象无偿服务范围以外，按照合同形式签订的专门气象服务。另外，对于气象有偿服务项目及其如何收费等具体问题，尚未有明确规定，《气象法》第四十二条规定，气象台站和其他开展气象有偿服务的单位，从事气象有偿服务的范围、项目、收费等具体管理办法，由国务院依据本法规定。

【关联法条】

(1)《气象法》

第四十二条　气象台站和其他开展气象有偿服务的单位，从事气象有偿服务的范围、项目、收费等具体管理办法，由国务院依据本法规定。

(2)《国务院办公厅转发国家气象局[1]〈关于气象部门开展有偿专业服务和综合经营的报

---

[1] 根据第八届全国人民代表大会第一次会议批准的国务院机构改革方案和《关于国务院机构设置的通知》（国发〔1993〕25 号），国家气象局后更名为中国气象局，为国务院直属事业单位，经国务院授权，继续承担全国气象工作的政府行政管理职能。

告〉的通知》(国办发〔1985〕25 号)

国务院认可转发的文件在法理上属于国家规定。国务院对国家气象局关于开展有偿专业服务的相关文件报告进行转发,代表了其认可有偿服务的合法性。

国家气象局《关于气象部门开展有偿专业服务和综合经营的报告》,已经国务院同意,现转发给你们,请遵照执行。

国家气象局关于气象部门开展有偿专业服务和综合经营的报告

(一九八五年三月八日)

气象工作与国民经济各部门关系密切,正确地运用气象部门提供的各种气象信息,对实现趋利避害,促进四化建设有着重要的意义。气象部门应当大力加强公益服务,在做好公益服务的基础上积极开展有偿专业服务,并围绕气象事业发展开展综合经营。

一、关于开展有偿专业服务问题

气象事业是一项公益事业,多年来气象服务一直是无偿的。随着四化建设的发展,国民经济各部门对气象服务的需要越来越迫切,要求越来越具体、细致。气象部门根据这些部门的需要开展了专业服务。开展专业服务,要求气象部门在原已进行的公益服务的基础上,使用现代化的装备和多种手段,耗费更多的人力、财力、物力,才能为使用部门提供针对性强、使用价值高的气象信息。鉴于目前国家对气象部门的资金安排基本上只能维持正常业务和开展公益服务的需要,经费的短缺直接影响到开展专业服务的深度和广度。为了使气象工作能更好地适应各行业企事业单位和个人发展商品经济的需要,气象部门在继续做好无偿的公益服务的同时,要逐步推行有偿专业服务。

有偿专业服务包括为农业、工矿、城建、交通运输、海洋开发、水利电力、环境保护、财贸、旅游以及文化体育等行业的企事业单位和个人(包括外资企业、外商)提供的各种专业专项服务;无偿的公益服务是指为各级党、政、军领导机关指挥生产、组织防灾抗灾而提供的气象服务和为军事、国防科学试验而提供的天气预报以及通过广播、电视、报刊、自动应答系统等手段向社会提供的气象服务。

有偿专业服务收费的原则是:按照提供气象信息所耗费的人力、物力的直接成本(包括劳务、材料、动力的消耗等)加适当比例的管理费;或按照提供服务的工作量大小,技术上的难易程度以及新产生经济效益的大小,本着自愿互利的原则,由供需双方协商,合理收费。开展有偿专业服务的收入,扣除成本费用后的纯收入部分,可用于技术开发、改善技术装备,或适当提取一部分作为奖励基金和改善职工的集体福利。

保护人民和为社会主义建设服务是气象工作的唯一宗旨。气象部门在积极推行有偿服务的同时,要大力加强无偿的社会公益服务,制定有力措施,努力提高服务质量。

开展有偿专业服务的具体办法,由国家气象局商有关部门制定。

二、关于开展综合经营的问题

全国各级气象部门要在完成气象业务、服务和科研教学任务的前提下,围绕气象事业的发展需要,因地制宜地积极开展种植、养殖、加工、旅游和生活服务等多种产业。经营这些产业的单位在经济上同原单位脱钩,逐步实行独立核算,自负盈亏,企业经营。在收益分配上要正确处理国家、集体、个人的关系。开展综合经营的资金主要通过贷款、集资等形式解决。

三、关于财务管理问题

开展有偿专业服务和开展综合经营收入的财务处理办法,由国家气象局商财政部制定。

以上报告如无不当,请批转各省、自治区、直辖市人民政府和有关部门参照执行。

(3)规范性文件《国家物价局、财政部关于发布气象部门专业服务收费的通知》(价费字〔1992〕128 号)

本文件规定了国家气象局有偿服务的范围、收费原则以及收入分配和使用等内容。该文件是气象有偿服务费的收费依据。根据 2002 年 12 月 28 日发布《财政部、国家计委关于将部分行政事业性收费转为经营服务性收费(价格)的通知》(财综〔2001〕94 号)的规定,气象有偿服务费转为经营服务性收费后,其收费标准暂按现行规定执行,但是该通知同时明确气象服务的收费依据仍是《国家物价局、财政部关于发布气象部门专业服务收费的通知》价费字〔1992〕128 号)。有的地方物价部门也出台了关于气象服务收费的规范性文件,如四川省《关于印发全省气象服务型收费项目和标准的通知》(川价发〔2015〕197 号)。

另外《中国气象局 2015 年推进简政放权放管结合优化服务工作方案》要求,开展对全国气象部门气象服务收费项目及有关情况的摸底调查和分析研究,对收费项目进行分类,形成调查报告,针对问题下发通知及时整改。此外,按照财政部、国家发展改革委、工业和信息化部要求,应全面清理气象涉企收费,提出气象服务收费项目取消、保留、调整和规范管理意见,并按照公布的全国性及中央部门和单位涉企收费目录清单和省级涉企收费目录清单执行,清单之外的收费项目必须按规定取消或调整。

国家物价局、财政部关于发布气象部门专业服务收费的通知

价费字〔1992〕128 号

国家气象局:

根据中发〔1990〕16 号《中共中央 国务院关于坚决制止乱收费、乱罚款和各种摊派的决定》的精神,对气象部门专业服务收费进行了重新审定,经全国治理“三乱”领导小组同意,现将有关规定通知如下:

一、收费的范围

各级气象部门为农业、工矿、城建、交通运输、海洋开发、水利电力、环境保护、财贸、旅游、文化教育等行业的企业单位和个体从业者(包括外资企业),以及党、政、军领导机关所属事业单位的生产经营和创收活动提供的各种专业专项服务,并符合自愿互利原则的,属于有偿服务,可以收费。

气象部门为各级党、政、军领导机关(包括乡、镇政府和政府各职能部门)指挥生产,组织防灾抗灾而提供的气象服务和为军事、国防科学试验而提供的天气预报,以及通过广播、电视、报刊、自动应答系统等手段向社会提供的气象服务,不得收费。

二、收费的原则

(一)凡可以计算成本的有偿服务项目,按专业活动所消耗的全部直接费用(包括人力、设备、材料、动力的消耗等),加百分之十的间接费制定收费标准。

(二)凡难以计算成本的有偿服务项目,可按提供服务内容的多少、工作量的大小、技术上的难易程度制定收费标准。

(三)可以制定统一收费标准的有偿服务项目,由省、自治区、直辖市物价部门会同财政部门制定收费标准,或规定统一的收费标准核定办法。

(四)难以制定统一的收费标准或收费标准核定办法的有偿服务项目,经省级物价、财政部门确认,可由当事人双方商定收费标准。

(五)各级气象部门必须严格执行有偿服务收费的原则、办法和标准,不得采取任何手段和方法乱收费。

(六)所有接受有偿服务的单位和个人,都必须按政府或合同的规定支付费用,不得以任何借口拒付或拖延支付。

三、收入的分配和使用

气象专业服务收入,扣除成本费用后的纯收入部分的分配比例:事业发展基金不得低于百分之五十,职工集体福利基金不得高于百分之二十,职工奖励基金不得高于百分之二十五,后备基金百分之五左右,对人均纯收入在两百元以下的单位,事业发展基金提取比例可适当降低,但不得低于百分之三十,职工集体福利基金和职工奖励基金提取比例可适当提高但不得高于百分之六十五。

各项基金的使用本着先存后用的原则。除事业发展基金按财政部(86)财综字第143号文执行外,其余三项基金,应按规定主动缴纳税金、国家能源交通重点建设基金和国家预算调节基金后才能使用。事业发展基金,除经省级气象局批准当年事业发展必须支用的外,其余部分都要列入下年气象事业费预算,用于发展气象事业。职工集体福利和奖励基金的使用,按国家有关规定办理。后备基金主要用于解决灾害性等特殊问题。后备基金的使用,按隶属关系分别报省、自治区、直辖市气象局和国家气象局审批后使用。

专业服务收入和支出要按财政部规定编入决算报表。

四、有偿专业服务收入无论是通过银行转账或收取现金,统一由单位财会部门(人员)出具收据。要使用当地财政部门统一制定的收费票据,收费收入按预算外资金管理的有关规定进行管理,并按规定入账和编制财务报表,接受当地财政部门的检查、监督,严禁非财会部门或财会人员自收、自管、自用。

五、各级气象部门实行气象专业服务收费后,要进一步建立健全岗位责任、考核、奖惩等制度,加强调查研究,切实掌握各行各业对气象服务的需求,努力提高服务质量,有针对性地做好气象专业服务,为四化建设做出贡献。

六、各省、自治区、直辖市物价、财政部门,可根据本通知的规定,结合各地情况制订实施细则,并报国家物价局和财政部备案。

本通知自一九九二年四月一日起执行。

【参考案例】

(1)《九江气象台诉九江市邮电局天气预报侵权案》(江西省九江市中级人民法院〔1996〕九民初字第11号)①

该案例明确信息台无偿传播信息的目的在于促进BP机的销售,系商业运作行为,而非公益行为,应当承担侵权责任。《审判要览》介绍相关案件评论时认为:“气象台所拥有的气象信息应当具有技术专有权,属于知识产权。虽然技术专有权划归知识产权存在争议,但法院采纳了大多数学者的意见,将它划为知识产权的范畴,认为其应当受到法律的保护。气象台所拥有的气象信息应当具有技术专有权,这是一项科学技术,气象台作为气象信息这一科学技术的制作者和拥有者,法律、法规和其他规范性文件赋予它对气象信息的发布权具有独占性。利用气象台的科学技术结果,在寻呼台传播,促进BP机的销售,扩大用户范围,是对气象台技术成果专有权的侵犯,应停止侵害,适当赔偿经济损失。”

---

① 中国高级法官培训中心,中国人民大学法学院. 中国审判案例要览(1997年刑事审判案例卷)[M]. 北京:中国人民大学出版社,1998.

基本案情:1994 年 8 月,被告九江市邮电局下属的××公司寻呼台,未经原告九江气象台允许,在其经营的 BP 机寻呼业务中,开始传播九江市区天气预报。1995 年 8 月 21 日,被告在《九江日报》刊登广告,称九江市邮电局 128 寻呼台中文机自 8 月 18 日起正式向 BP 机用户提供天气预报服务。被告所属寻呼台向 BP 机用户传播的九江市区天气预报信息由该台工作人员每天从本市气象自动应答电话 16815000 中获悉,然后,将其中的九江市区的天气预报传播给该台 BP 机用户。其中,中文 BP 机每天传播两次,数字 BP 机每天传播一次。原告得知后,多次派人与被告交涉,要求按规定签订传播合同,被告不同意,并于 1995 年 11 月 6 日停止传播天气预报信息。1996 年 1 月 22 日,被告所属寻呼台又在其传播业务中播发九江市区天气预报。原告于 1996 年 3 月 13 日诉至法院,要求被告停止侵害,并支付传播费用 72 万元。另查,被告的××公司寻呼台经营的 BP 机,至 1995 年 12 月底,实际能够接收天气预报信息的 BP 机为 12576 台。

法院审判:被告九江市邮电局所属××公司寻呼台通过 16815000 气象自动应答电话,接收九江市天气预报信息产品后,再将市区天气预报信息传播给能够接收天气预报的该寻呼台 BP 机用户,违反了《中华人民共和国气象条例》第十四条关于"气象预报及灾害性天气预报,由国务院气象主管机构所属的各级气象台、站按照职责公开发布,其他组织和个人不得通过宣传媒介向社会公开发布"[①]和中国气象局《气象信息产品供应管理暂行规定》[②]第五条关于"向用户提供的气象信息产品只供用户自己使用,属于最终用户范畴,用户不得擅自转让、扩散气象信息产品,通过广播、电视、电话、报刊等大众传媒向社会公众传播而获取附加收入或以营利为目的,向社会传播气象信息,气象部门应当收取一定比例的信息产品服务费"等规定,侵犯了原告天气预报统一发布权及合法使用天气预报产品取得收益的权利,原告诉讼请求有理,应予支持。被告于 1995 年 8 月 21 日在《九江日报》上刊登广告,并自 8 月 18 日起,由其寻呼台正式向用户提供市区天气预报服务。此行为属利用气象技术成果,促进 BP 机的销售,是一种营利性活动。对此,被告辩称其寻呼台向用户提供气象信息属社会公益服务的理由,不能成立。但是,原告诉请赔偿传播费 72 万元,计算方法依据不足,应以被告在寻呼业务中实际能够接收气象信息的 BP 机用户数和寻呼台实际向其 BP 机用户提供市区气象信息服务的时间为支付传播费的根据。

法院判决:1. 被告九江市邮电局在未与原告九江气象台签订传播气象信息服务的合同之前,停止在其无线电寻呼业务中传播九江市区天气预报。2. 被告九江市邮电局赔偿支付原告九江气象台天气预报传播费计 113184 元(按 12576 台 BP 机×9 个月×1 元/台计算),限在本判决生效后十日内履行完毕。案件受理费 12210 元,其他诉讼费 2442 元,共计 14652 元,由原告承担 5860.80 元,被告承担 8791.20 元。

宣判后,原、被告都没有上诉。

---

① 《中华人民共和国气象条例》已废止,相关规定被《气象法》第二十二条沿用。

② 《气象信息产品供应管理暂行规定》(中气候发〔1996〕4 号)现已失效。

(2)《青岛市气象科技服务中心等诉青岛××电讯公司天气预报侵权案》(一审判决书，山东省青岛市市南区人民法院〔1994〕南江经初字第88号；二审判决书，山东省青岛市中级人民法院〔1995〕青经二终字第342号)[①]

该案件明确擅自通过经营性无线寻呼机向社会发布天气预报是一种侵权行为。无偿的气象公益服务是指为各级党、政、军领导机关指挥生产、组织防灾抗灾而提供的气象服务和为军事、国防科学试验而提供的天气预报以及通过广播、电视、报刊、自动应答系统等手段向社会提供的气象服务。被告擅自通过经营性无线寻呼机向社会发布天气预报，是一种营销行为，不具备公益性条件，故是一种侵权行为。

另外，该案件判决认为天气预报不属于知识产权。对知识产权的确认和保护，须有国家立法直接而具体的规定，知识产品经法律确认后才能成为无形财产，创造者才可以享有具有排他性、专有性的人身权利和财产权利。"天气预报"是使用了先进的科学仪器和技术，依照一定的规则和方法获得的一定时间内气象信息，是真实的客观反映。因此，天气预报不能成为无形财产。但根据有关法规，经营者与使用者可以按照自愿互利的原则，就"天气预报"的相关内容协商签订提供适时天气预报并合理收费的合同，以获得收益。侵权人如果已使用了被侵权人的产品用于经营活动，而此产品又是允许用于有偿服务的，根据公平原则，侵权人应当支付适当数额的费用。

基本案情：山东省青岛市市南区人民法院经调查和审理查明，被告青岛××电讯公司于1992年12月开业，经营无线寻呼机，向其用户提供当日青岛市天气预报。当时其中文寻呼机数量为306台，数字寻呼机数量为420台。到1994年8月中文寻呼机数量为1042台，数字寻呼机数量为969台；至1995年3月10日止，中文寻呼机数量为2300台，数字寻呼机数量为1900台。

原告青岛市气象科技服务中心是青岛市气象局开办的事业法人单位，被授权和分工从事青岛市气象专业有偿服务业务。青岛市每日天气预报由青岛市气象科技服务中心和青岛市气象台各自通过仪器设备和气象专业技术知识获得各种气象资料、数据后由各自气象专业人员共同会商制作得出。《中华人民共和国气象条例》规定："气象预报和灾害性天气警报，由国务院气象主管机构所属的各级气象台站按照职责公开发布，其他组织和个人不得通过宣传媒介向社会公开发布，通过广播、电视、报刊、电话等方式向社会公开发布的天气预报和灾害性天气警报，必须是国务院气象主管机构所属的各级气象台站提供的适时气象信息。国家对气象预报实行统一发布制度。"该条例还规定："气象服务分为无偿气象公益服务和有偿专业气象服务。"气象公益服务是指为各级人民政府指挥生产、组织防灾抗灾和为军事、国防科学试验及其他特殊任务提供的气象服务以及通过广播、电视、报刊等方式向社会提供的天气预报。

法院判决：山东省青岛市市南区人民法院根据上述事实及证据认为，青岛市每日天气预报是由原告青岛市气象台、青岛市气象科技服务中心通过地面观测、雷达高空探测、卫星接收设备等科学技术手段搜集得出天气图、传真图、雷达资料、卫星云图、实况资料等各种气象数据，经各自专业人员会商、分析整理而加工制作得出。属通过智力劳动得到的技术产品，具有无形财产的属性，对该技术产品，两原告共同享有民事权利，在法律、法规规定的范围内应当享有占有、使用、收益、处分的权利。

---

① 中国高级法官培训中心，中国人民大学法学院．中国审判案例要览(1997年刑事审判案例卷)[M]．北京：中国人民大学出版社，1998.

被告青岛××电讯公司是从事无线寻呼机服务的经营单位，不属于无偿气象公益服务的对象。其如若使用原告制作的天气预报，应通过设立合同关系取得使用权，而被告未经原告许可，通过经营无线寻呼机将每日青岛市天气预报传送给其用户，客观上已构成对原告的民事侵权，应当承担侵权民事责任，理应停止使用并适当赔偿原告的经济损失。

山东省青岛市市南区人民法院于 1995 年 4 月 4 日作出如下判决：1. 被告青岛××电讯公司于本判决生效之日起停止通过无线寻呼机向其用户传送使用原告青岛市气象台、青岛市气象科技服务中心加工制作的青岛市每日天气预报；2. 被告赔偿原告经济损失人民币 36170 元整，于本判决生效后十日内付清。案件受理费人民币 4000 元整，由被告青岛××电讯公司负担 3000 元，原告负担 1000 元。

一审法院判决后，被告青岛××电讯公司不服，提出上诉称：原审法院确认诉讼主体有误，两被上诉人不符合起诉的基本条件。上诉人向用户传播的青岛市天气预报系中央气象台制作发布的，上诉人与两被上诉人没有任何法律关系。原审法院认定上诉人使用两被上诉人的预报产品，没有事实根据。《中华人民共和国气象条例》第三十八条①对气象公益服务的对象及内容有明确分类，一类是享有无偿气象服务的特定对象，另一类是享有无偿天气预报的全社会。原审法院混淆了“气象预报”和“天气预报”的概念，将气象服务所含有的特定对象和天气预报服务的不特定对象混为一谈。上诉人认为其无偿地将属于公益服务的天气预报传播给社会，该行为本身是一种公益服务，是气象部门公益服务的延伸。原审法院认定其民事侵权没有事实和法律依据，请求驳回两被上诉人的起诉。

被上诉人青岛市气象科技服务中心和青岛市气象台辩称：青岛市天气预报是其共同享有民事权利的科技产品和智力劳动成果。每日向青岛市发布并报送中央气象台向全国发布。上诉人无论从何渠道获得的青岛市天气预报，在经营活动中擅自播放都是侵犯两被上诉人的共同权利，依法应承担侵权的法律责任。原审认定上诉人侵权是有充分的事实根据和法律根据的，适用法律适当。《中华人民共和国气象条例》第三十八条对“气象预报”与“天气预报”用语之间的关系和“气象公益服务”的界定都是很明确的，按该条例和有关政策文件规定，任何单位播放天气预报均应经气象部门批准，且播放的天气预报必须是直接从国务院气象主管机构所属的各级气象台站获得的适时天气预报。上诉人是从事无线寻呼机服务的经营单位，不是公益服务单位，上诉人在享受宣传媒介提供的天气预报方面是不特定对象，在经营活动中播放天气预报方面又属特定对象，应当通过签订合同取得天气预报产品的使用权，否则就是侵权。上诉人把自己标榜为公益服务单位，称他们擅自播放天气预报是公益服务的延伸，没有事实和法律根据。

二审法院受案后，经审理查明：青岛××电讯公司于 1993 年 8 月至 1995 年 3 月，每天 06—07 时通过无线寻呼机向其用户播放当日青岛市天气预报。青岛××电讯公司总经理白某承认以上事实，并有记录在卷为佐证。

青岛市天气预报是由青岛市气象科技服务中心和青岛市气象台的专业人员共同会商制作

① 《中华人民共和共气象条例》第三十八条规定：“(一)‘气象预报’，是指天气预报、气候预测和各种专业气象预报的统称；(二)‘灾害性天气警报’，是指行将发生台风、寒潮、大风、暴雨(雪)、冰雹等对国计民生有严重危害的天气时，对可能危及的区域以天气预报的形式向公众发布的紧急通报；(三)‘探测环境’，是指为保证各种气象探测仪器准确地获取大气状况信息，由能够避开各种干扰的最小必要距离所构成的环境空间；(四)‘气象公益服务’，是指为各级人民政府指挥生产、组织防灾抗灾和为军事、国防科学试验及其他特殊任务提供的气象服务，以及通过广播、电视、报刊等方式向社会提供的天气预报；(五)‘气候资源’，是指能为人类经济活动所利用的气候条件，如光能、热量、水分、风能等。”

得出，每日向本市发布并传输到中央气象台，向全国发布，均属事实。有青岛市气象科技服务中心主任孙某、青岛市气象台台长乔某陈述及《国家气象局关于向国家气象中心传输部分城市天气预报的通知》复印件存卷为证。青岛市气象科技服务中心可以通过签订合同的方式向青岛××电讯公司提供适时的天气预报并合理收费，获得财产权益。

山东省青岛市中级人民法院认为：原审法院确认诉讼主体得当。上诉人青岛××电讯公司即使是从中央气象台发布的天气预报中获取的青岛市天气预报，该预报产品仍是青岛市气象台和青岛市气象科技服务中心制作的成果，原审法院认定上诉人使用了被上诉人制作的天气预报产品事实清楚，证据确凿，上诉人所称其行为是无偿地将属于公益服务的天气预报传播给社会，是一种公益服务，没有法律依据。对天气预报的发布应由国务院气象主管机构所属的各级气象台站按照职责公开发布，上诉人青岛××电讯公司擅自通过宣传媒介向社会发布天气预报的行为是不允许的，应当制止。两被上诉人根据有关法律和行业法规有权通过向企事业单位有偿提供各种专业专项气象服务，获得财产权益。上诉人虽有权享有了解每日青岛市天气预报的权利，但不享有擅自以播放青岛市每日天气预报作为经营寻呼机的一种服务手段的权利，因而其侵犯了被上诉人合法使用天气预报产品取得收益的权利。上诉人对其侵权行为应承担一定的赔偿责任。原审法院认定事实清楚，判决得当，应予维持。

二审法院于 1996 年 11 月 1 日作出判决：驳回上诉，维持原判。二审诉讼费 4000 元由上诉人承担。

4. 县、市气象台站主要职责的规定（第四条）

第四条 县、市气象主管机构所属的气象台站应当主要为农业生产服务，及时主动提供保障当地农业生产所需的公益性气象信息服务。

【审议过程与立法沿革】

草案	草案二次审议稿	草案三次审议稿	条文
		第四条 县级气象主管机构所属的气象台站应当主要为农业生产服务，[并无偿向农民]提供公益性气象信息服务。	**第四条** 县**、市**气象主管机构所属的气象台站应当主要为农业生产服务，**及时主动提供保障当地农业生产所需的**公益性气象信息服务。

《草案》无相关内容规定。《草案二次审议稿》审议过程中，有意见提出，《气象法》应当将气象工作为农业服务放在重要的位置，在总则中要明确规定县级气象台站应当主要为农业生产服务。因此，《草案三次审议稿》增加了第四条的规定。

《草案三次审议稿》审议过程中，有些常委委员提出，第四条只规定无偿向农民提供公益性气象信息服务，可能会产生其他公益性气象信息服务是否无偿的问题，凡公益性气象服务都应当是无偿的，对此应当作出明确规定。据此，《气象法》第三条明确了公益性气象服务是无偿服务，并对应将《草案三次审议稿》第四条相关内容进行了修改。由此，最终形成了《气象法》第四条的规定。

本条自 1999 年《气象法》施行以来，未作修改。

【法条释义】

本条是关于县、市气象台站主要职责的规定。

县、市气象台站是指县、市气象主管机构所属的气象台站。县、市气象主管机构通常是县和县级市的气象局，其所属的气象台站的主要职责应当是为农业生产服务，及时主动提供保障当地农业生产所需的公益性气象信息服务。这规定与我国气候型农业密切相关，我国农业的丰收在很大程度上依赖着气候适宜。农业是一个国家的经济基础，气象台站及时、主动提供公益性气象信息服务，有利于提前对自然灾害进行防御，降低气象灾害对农业的损害。

本条规定可以理解为提示性规定，且并未排除其他级别气象主管部门的气象台站服务农业的职责。其他级别气象主管机构的气象台站也应该服务农业，非气象主管部门的气象台站主要职责可能根据主管行业的需求有所变化，未必以服务农业为重点，但仍应适当履行其服务农业的职能。

5. 气象管理体制（第五条）

第五条　国务院气象主管机构负责全国的气象工作。地方各级气象主管机构在上级气象主管机构和本级人民政府的领导下，负责本行政区域内的气象工作。

国务院其他有关部门和省、自治区、直辖市人民政府其他有关部门所属的气象台站，应当接受同级气象主管机构对其气象工作的指导、监督和行业管理。

【审议过程与立法沿革】

草案	草案二次审议稿	草案三次审议稿	条文
第四条　国务院气象主管机构负责全国的气象工作。地方各级气象主管机构在上级气象主管机构和本级人民政府的领导下，负责本行政区域内的气象工作。 国务院其他有关部门和省、自治区、直辖市人民政府其他有关部门所属的气象台站，应当接受同级气象主管机构对其气象工作的监督管理。	**第四条**　国务院气象主管机构负责全国的气象工作。地方各级气象主管机构在上级气象主管机构和本级人民政府的领导下，负责本行政区域内的气象工作。 国务院其他有关部门和省、自治区、直辖市人民政府其他有关部门所属的气象台站，应当接受同级气象主管机构对其气象工作的**指导、监督和行业管理**。	**第五条**　国务院气象主管机构负责全国的气象工作。地方各级气象主管机构在上级气象主管机构和本级人民政府的领导下，负责本行政区域内的气象工作。 国务院其他有关部门和省、自治区、直辖市人民政府其他有关部门所属的气象台站，应当接受同级气象主管机构对其气象工作的指导、监督和行业管理。	**第五条**　国务院气象主管机构负责全国的气象工作。地方各级气象主管机构在上级气象主管机构和本级人民政府的领导下，负责本行政区域内的气象工作。 国务院其他有关部门和省、自治区、直辖市人民政府其他有关部门所属的气象台站，应当接受同级气象主管机构对其气象工作的指导、监督和行业管理。

在《草案》审议过程中，有意见提出，第二款关于气象主管机构监督管理其他有关部门的气象工作的规定，应当更准确一些，更能反映实际情况。因此，《草案二次审议稿》对第二款内容进行了修改，明确同级气象主管机构对国务院其他有关部门和省、自治区、直辖市人民政府其他有关部门所属的气象台站气象工作管理职能包括指导、监督和行业管理。后续审议过程未再修改，沿用了上述表述。最终形成了《气象法》第五条的规定。

本条自 1999 年《气象法》施行以来，未作修改。

【法条释义】

本条是关于气象管理体制的规定。

长期以来，受传统的计划经济体制影响，气象事业主要局限于国家气象管理的相关工作。在实践运行中存在一些问题：例如关于气象管理工作机构性质的规定，地方不尽统一，有的是公务员编制的行政管理机关，有的是事业单位；又例如在气象工作的开展上存在着管理与企业不分等情形，气象局与气象台站不区分，甚至有经营企业从事气象信息技术工作或者气象信息咨询工作。在立法过程中，对于气象台站能够从事有偿服务工作也争议较大。最终，《气象法》第三条第四款明确规定了："气象台站在确保公益性气象无偿服务的前提下，可以依法开展气象有偿服务。"在确立可以进行有偿服务的前提下，对于气象管理体制必须加以改革，明确气象工作的行政机关、事业单位性质，改变以往政事不分、政企不分、事企不分的状况。

关于气象管理体制的具体内容。本条第一款规定："国务院气象主管机构负责全国的气象工作。地方各级气象主管机构在上级气象主管机构和本级人民政府的领导下，负责本行政区域内的气象工作。"这里需要注意的是：第一，国务院气象主管机构负责全国的气象工作，即中国气象局负责全国的气象工作。第二，地方气象工作实行双重领导体制。受历史因素影响，有的地方气象工作由上级气象部门的下属单位负责，也有的地方气象工作由地方政府的气象主管机构负责。虽然气象管理体制一直在向着以气象部门领导为主的管理体制方向进行改革，且在《气象法》制定时，明确以气象主管机构领导在前，地方政府在后的方式进行排序，但因《气象法》制定时，广东省部分地市、海南省等地区仍然实行双重领导，且有的以地方政府为主要领导。基于上述种种因素的考虑，法条虽然对领导体制进行了排序，但并未明确规定以谁为主，充分体现了气象立法过程的原则性和灵活性。《气象法》出台后，原有的行政机构和事业单位进行了撤并改革。2001 年国家编委批注了三级气象行政管理机构的机关行政人员编制数，对三级气象行政管理机构的设置、职能和编制调整到位，即对气象行政管理机构进行了"三定"，做到定机构、定职能、定人员。同时，也对国家气象事业单位机构进行了重新核定。

关于气象台站管理体制规定。本条第二款规定："国务院其他有关部门和省、自治区、直辖市人民政府其他有关部门所属的气象台站，应当接受同级气象主管机构对其气象工作的指导、监督和行业管理。"这种情况主要是针对民航、海洋、林业、农垦、盐业等非气象行业部门，为了工作需要设立的气象台站。立法过程中相关统计数据显示，当时相关气象台站数据分别为各级气象主管机构所属的 2600 多个气象台站，民航、海洋、林业、农垦、盐业等国务院其他部门和省、自治区、直辖市人民政府其他部门所属的气象台站 900 多个（不含军队所属的气象台站），这些气象台站也是我国气象行业的重要组成部分。为了提高气象系统整体职能效能，法律明确规定这些气象台站接受同级气象主管机构对其气象工作的指导、监督和行业管理。法律规定决定了：其一，同级气象主管机构的管理范围限于气象工作，对于非气象工作的其他行政关系不属于管理的范围，由其主管部门管理，并不改变这类气象台站和原所属部门的隶属关系。其二，同级气象部门对这类气象台站的气象工作进行指导、监督和行业管理，工作指导可以提高气象台站的气象服务能力，监督可以对其履职情况进行检查，行业管理则要求所有气象台站必须实行统一的气象技术标准、规范和规程；其三，气象行业管理决定了这类气象台站必须纳入全国气象工作规划中，气象工作在全国实行统一的规划、协调、指导、监督和服务工作，只有将全国所有气象台站纳入气象行业中，才可以实现气象政策方针的统一落实，增强全国气象设施的统一布局，避免重复建设或者建设空白地带区域，才能充分发挥气象行业为经济建设、国防建设、社会发展和人民生活服务的功能作用。

【关联法条】

(1)规范性文件《中国气象局行政执法依据和职责划分》(气法〔2006〕171 号)

该文件对中国气象局的职权依据和行政执法依据进行了全面规定。《气象法》第五条是关于气象管理体制以及气象管理机构职能的总体性规定，对于具体职能在各行政法规、部门规章中有具体规定。另外各地方性法规也可授权。包括以下规定。

1)《人工影响天气管理条例》(国务院令第 348 号)

第四条　人工影响天气工作按照作业规模和影响范围，在作业地县级以上地方人民政府的领导和协调下，由气象主管机构组织实施和指导管理。

2)《通用航空飞行管制条例》(国务院、中央军委令第 371 号)

第三十三条　进行升放无人驾驶自由气球或者系留气球活动，必须经设区的市级以上气象主管机构会同有关部门批准。具体办法由国务院气象主管机构制定。

第四十三条　违反本条例规定，升放无人驾驶自由气球或者系留气球，有下列情形之一的，由气象主管机构或者有关部门按照职责分工责令改正，给予警告；情节严重的，处 1 万元以上 5 万元以下罚款；造成重大事故或者严重后果的，依照刑法关于重大责任事故罪或者其他罪的规定，依法追究刑事责任：(一)未经批准擅自升放的；(二)未按照批准的申请升放的；(三)未按照规定设置识别标志的；(四)未及时报告升放动态或者系留气球意外脱离时未按照规定及时报告的；(五)在规定的禁止区域内升放的。

3)《国务院对确需保留的行政审批项目设定行政许可的决定》(国务院令第 412 号)

第 376 项　升放无人驾驶自由气球、系留气球单位资质认定，由省、自治区、直辖市及地(市)气象主管机构实施。

第 378 项　防雷装置设计审核和竣工验收，由县级以上地方气象主管机构实施。

4)《气象资料共享管理办法》(中国气象局令第 4 号)

第四条　国务院气象主管机构负责全国气象资料共享工作的管理。地方各级气象主管机构负责本行政区域内气象资料共享工作的管理。

5)《气象预报发布与刊播管理办法》(中国气象局令第 6 号)

第三条　国务院气象主管机构负责全国气象预报发布与刊播管理的工作。地方各级气象主管机构在上级气象主管机构和本级人民政府领导下，负责本行政区域内的气象预报发布与刊播的管理工作。

6)《气象探测环境和设施保护办法》(中国气象局令第 7 号)

第四条　国务院气象主管机构负责管理全国气象探测环境和设施的保护工作。地方各级气象主管机构在上级气象主管机构和同级人民政府的领导下，负责管理本行政区域内气象探测环境和设施的保护工作。设有气象台站的国务院其他有关部门和省、自治区、直辖市人民政府其他有关部门按照职责，做好本部门气象台站的探测环境和设施的保护工作，并接受同级气象主管机构的指导、监督和行业管理。

7)《防雷减灾管理办法(修订)》(中国气象局令第8号)[①]

第四条　国务院气象主管机构负责组织管理和指导全国防雷减灾工作。地方各级气象主管机构在上级气象主管机构和本级人民政府的领导下,负责组织管理本行政区域内的防雷减灾工作。国务院其他有关部门和地方各级人民政府其他有关部门应当按照职责做好本部门和本单位的防雷减灾工作,并接受同级气象主管机构的监督管理。

8)《施放气球管理办法》(中国气象局令第9号)

第四条　国务院气象主管机构及飞行管制等部门按照职责分工,负责管理和指导全国的施放气球活动。地方各级气象主管机构及飞行管制等部门按照职责分工,在当地人民政府的指导和协调下,负责管理本行政区域内的施放气球活动。

9)《防雷工程专业资质管理办法》(中国气象局令第10号)[②]

第三条　防雷工程专业资质分为设计资质和施工资质两类,资质等级分为甲、乙、丙三级。国务院气象主管机构负责全国防雷工程专业资质的管理工作,承担甲级防雷工程专业设计和施工资质的认定工作。省、自治区、直辖市气象主管机构负责本行政区域内防雷工程专业资质的管理工作,承担乙、丙级防雷工程专业设计和施工资质的认定工作。

第二十八条　违反本办法规定,有下列行为之一的,由县级以上气象主管机构按照权限责令改正,给予警告,可以处三万元以下罚款;给他人造成损失的,依法承担赔偿责任;构成犯罪的,依法追究刑事责任:(一)伪造、涂改、出租、出借、挂靠、转让防雷工程专业设计或者施工资质证书的;(二)向负责监督检查的机构隐瞒有关情况、提供虚假材料或者拒绝提供反映其活动情况的真实材料的。

10)《防雷装置设计审核和竣工验收规定》(中国气象局令第11号)[③]

第二条　县级以上地方气象主管机构负责本行政区域内防雷装置的设计审核和竣工验收工作。未设气象主管机构的县(市),由上一级气象主管机构负责防雷装置的设计审核和竣工验收工作。

11)《气象行业管理若干规定》(中国气象局令第12号)[④]

第三条　国务院气象主管机构负责全国气象行业管理工作。地方各级气象主管机构在上级气象主管机构和本级人民政府的领导下,负责本行政区域内的气象行业管理工作。

(2)部门规章《施放气球管理办法》(中国气象局令第9号)

《施放气球管理办法》明确了设区的市级气象主管机构执法依据和委托的县级气象主管机构的属于受委托执法的机关或组织执法依据。

第十三条　施放气球活动实行许可制度。施放气球单位施放无人驾驶自由气球至少提前5天、施放系留气球至少提前3天向施放所在地的设区的市级气象主管机构或者其委托的县级气象主管机构(以下简称许可机构)提出申请,并按要求如实填写《施放气球作业申报表》,提

① 《防雷减灾管理办法》(中国气象局令第3号)于2000年6月16日经中国气象局局务会议通过,同年6月26日起施行,后经2005年2月1日中国气象局令第8号、2011年7月11日中国气象局令第20号、2013年6月1日中国气象局令第24号分别进行了三次修订。

② 《防雷工程专业资质管理办法》(中国气象局令第10号)自2005年4月1日起实施,后经2011年国务院令第22号、2013年国务院令第25号分别进行了两次修订。

③ 《防雷装置设计审核和竣工验收规定》(中国气象局令第11号)自2005年4月1日起施行,于2011年7月11日经中国气象局令第21号修订。

④ 《气象行业管理若干规定》(中国气象局令第12号)于2005年10月9日审议通过,自2006年3月1日起施行,后于2017年经中国气象局令第34号进行修订。

供《施放气球资质证》原件及复印件等材料。

(3)部门规章《中国气象局办公室关于政府信息公开年度报告和公开平台有关事项的通知》(气办函〔2019〕254 号)

关于气象工作信息公开的职能规定，其内容主要针对在气象管理机构双重领导体制下，气象部门的政府信息公开工作如何进行加以明确。其一，归口管理：气象部门政府信息公开工作年度报告实行部门垂直管理，各级气象部门信息公开工作年度报告逐级上报和汇总，地方政府有报送要求的，应当以抄送的形式报送。政府信息公开平台建设由中国气象局办公室统一指导，省级气象部门组织实施。其二，编制格式：从 2020 年开始，县级以上气象局应当按照国务院办公厅政府信息与政务公开办公室制定的规范格式编制上一年政府信息公开工作年度报告。此外，规章还对报送时间发布平台等内容作了明确规定。

各省(区、市)气象局，各内设机构：

为贯彻落实新修订的《中华人民共和国政府信息公开条例》，国务院办公厅政府信息与政务公开办公室近期印发《关于政府信息公开工作年度报告有关事项的通知》(国办公开办函〔2019〕60 号)和《关于规范政府信息公开平台有关事项的通知》(国办公开办函〔2019〕61 号)，相应制定《中华人民共和国政府信息公开工作年度报告格式(试行)》和《政府信息公开栏目页面设计参考方案》，要求各级政府信息公开工作主管部门抓紧部署，按照新的要求切实做好政府信息公开工作年度报告的编制、报送和发布，并进一步规范政府信息公开平台建设。根据文件精神，现就气象部门政府信息公开工作年度报告和政府信息公开平台建设有关事项通知如下：

一、气象部门政府信息公开工作年度报告实行归口管理

依据《中华人民共和国气象法》第五条“国务院气象主管机构负责全国的气象工作。地方各级气象主管机构在上级气象主管机构和本级人民政府的领导下，负责本行政区域内的气象工作”的规定和《中华人民共和国政府信息公开条例》第三条“实行垂直领导的部门办公室厅(室)主管本系统的政府信息公开工作”的要求，气象部门政府信息公开工作年度报告实行部门垂直管理，各级气象部门信息公开工作年度报告逐级上报和汇总，地方政府有报送要求的，应当以抄送的形式报送。政府信息公开平台建设由中国气象局办公室统一指导，省级气象部门组织实施。

二、改进政府信息公开工作年度报告制度

从 2020 年开始，县级以上气象局应当按照国务院办公厅政府信息与政务公开办公室制定的规范格式编制上一年政府信息公开工作年度报告。

县级气象局负责本机关政府信息公开年度报告编制，并于每年 1 月 31 日前通过公文向地市级气象局报送。

地市级气象局负责汇总县级气象局报送的年度报告，形成本行政区域气象部门政府信息公开工作年度报告，并于每年 2 月 20 日前通过公文向省级气象局报送。

省级气象局编制两个报告：一是本级机关政府信息公开工作年度报告；二是汇总地市级气象局报送的报告，形成本行政区域气象部门政府信息公开工作年度报告。年度报告应当于每年 3 月 10 日前在本机关政府网站信息公开平台上公布，无须另行上报。

中国气象局办公室负责编制中国气象局政府信息公开工作年度报告和全国气象部门政府信息公开工作年度报告，并于每年 3 月 31 日前向全国政府信息公开工作主管部门报送。

三、实行政府信息公开工作年度报告统一发布

各省(区、市)气象局政府网站集中发布本机关及所属地市级气象部门政府信息公开工作年度报告。每年3月10日前发布地市级气象部门、省级气象局本级机关和本省(区、市)气象部门政府信息公开工作年度报告。

中国气象局政府网站集中发布中国气象局机关和全国气象部门政府信息公开工作年度报告。每年3月31日前发布各省(区、市)气象部门、中国气象局机关和全国气象部门政府信息公开工作年度报告。

四、规范政府信息公开平台

省级以上气象局应当按照《中华人民共和国政府信息公开条例》第二十四条"各级人民政府应当加强依托政府门户网站公开政府信息的工作,利用统一的政府信息公开平台集中发布主动公开的政府信息"的规定,统筹考虑本行政区域气象部门的需要,按照国务院办公厅政府信息与政务公开办公室《关于规范政府信息公开平台有关事项的通知》和《全国气象部门政府信息主动公开基本目录》(另件印发)要求,在中国气象局办公室指导下,建设统一、规范的政府信息公开平台,集中发布主动公开的政府信息,加强政府信息的管理,使其成为社会公众便捷、全面获取重点政府信息的权威渠道。

特此通知。

中国气象局办公室

2019年12月25日

(4)规范性文件《气象部门政府信息公开办法》(气发〔2019〕123号)

对气象部门政府信息的范围、分工职责,信息公开的主体和范围,主动公开和依申请公开的范围及程序等进行了详细的规定。

6. 从事气象业务活动遵守国家制定的气象技术标准、规范和规程(第六条)

第六条 从事气象业务活动,应当遵守国家制定的气象技术标准、规范和规程。

【审议过程与立法沿革】

本条在立法审议过程中,内容未作修改。《气象法》第六条沿用了《草案》的内容。

本条自1999年《气象法》施行以来,未作修改。

【法条释义】

本条是关于从事气象业务活动要遵守国家制定的气象技术标准、规范和规程的规定。

从事气象业务活动,要在分散性基础上做到统一。立法资料显示,在我国,气象台站网是由各级气象主管机构所属的2600多个气象台站以及民航、海洋、林业、农垦、盐业等国务院其他有关部门和省、自治区、直辖市人民政府其他有关部门所属的900多个气象台站组成的(军队所属的气象台站不在此列)。所属主管部门不同,地域分布广泛,如果技术标准不统一,气象信息资料难以集成、共享,就容易形成资料孤岛。因此,只有统一标准,才能实现气象活动集约化管理、统一性调度、成果共用,提高效率与效能的目标。

气象技术标准,是按照《中华人民共和国标准化法》的规定,根据气象业务技术的统一要求,制定的技术标准。例如在气象上常用的热带气旋(台风)等级标准。关于气象技术标准,我

国已成立气象标准化技术委员会，包括全国气象防灾减灾标准化技术委员会、气象应用服务标准化分技术委员会、全国气象基本信息标准化技术委员会、全国卫星气象与空间天气标准化技术委员会、气象卫星数据标准化分技术委员会、气象遥感标准化分技术委员会、空间天气监测预警标准化分技术委员会、全国气象仪器与观测方法标准化技术委员会、全国农业气象标准化技术委员会、全国人工影响天气标准化技术委员会、全国气候与气候变化标准化技术委员会、大气成分观测预报预警服务标准化分技术委员会、风能太阳能气候资源标准化分技术委员会、全国雷电灾害防御行业标准化技术委员会等。

气象技术规范，是根据气象业务技术要求制定的技术标准和操作要求。如地面气象观测规范、高空气象探测规范、农业气象观测规范、天气预报业务规范、人工影响天气作业规范等。

气象技术规程，是指气象业务规定的工作流程，如气象温度表检定规程、空盒气压表检定规程等。

【关联法条】

《标准化法》

第十条　对保障人身健康和生命财产安全、国家安全、生态环境安全以及满足经济社会管理基本需要的技术要求，应当制定强制性国家标准。

国务院有关行政主管部门依据职责负责强制性国家标准的项目提出、组织起草、征求意见和技术审查。国务院标准化行政主管部门负责强制性国家标准的立项、编号和对外通报。国务院标准化行政主管部门应当对拟制定的强制性国家标准是否符合前款规定进行立项审查，对符合前款规定的予以立项。

省、自治区、直辖市人民政府标准化行政主管部门可以向国务院标准化行政主管部门提出强制性国家标准的立项建议，由国务院标准化行政主管部门会同国务院有关行政主管部门决定。社会团体、企业事业组织以及公民可以向国务院标准化行政主管部门提出强制性国家标准的立项建议，国务院标准化行政主管部门认为需要立项的，会同国务院有关行政主管部门决定。

强制性国家标准由国务院批准发布或者授权批准发布。

法律、行政法规和国务院决定对强制性标准的制定另有规定的，从其规定。

7. 国家对气象事业的支持（第七条）

第七条　国家鼓励和支持气象科学技术研究、气象科学知识普及，培养气象人才，推广先进的气象科学技术，保护气象科技成果，加强国际气象合作与交流，发展气象信息产业，提高气象工作水平。

各级人民政府应当关心和支持少数民族地区、边远贫困地区、艰苦地区和海岛的气象台站的建设和运行。

对在气象工作中做出突出贡献的单位和个人，给予奖励。

【审议过程与立法沿革】

草案	草案二次审议稿	草案三次审议稿	条文
第六条　国家鼓励和支持气象科学技术研究，推	**第六条**　国家鼓励和支持气象科学技术研究，推	**第七条**　国家鼓励和支持气象科学技术研究、气	**第七条**　国家鼓励和支持气象科学技术研究、气

续表

草案	草案二次审议稿	草案三次审议稿	条文
广先进的气象科学技术，保护气象科技成果，提高气象工作水平。 对在气象工作中做出突出贡献的单位和个人，给予奖励。	广先进的气象科学技术，保护气象科技成果，提高气象工作水平。 对在气象工作中做出突出贡献的单位和个人，给予奖励。	**象科学知识普及**，推广先进的气象科学技术，保护气象科技成果，**发展气象信息产业**，提高气象工作水平。 **各级人民政府应当关心和支持少数民族地区、边远贫困地区、艰苦地区和海洋气象台站的建设。** 对在气象工作中做出突出贡献的单位和个人，给予奖励。	象科学知识普及，**培养气象人才**，推广先进的气象科学技术，保护气象科技成果，**加强国际气象合作与交流**，发展气象信息产业，提高气象工作水平。 各级人民政府应当关心和支持少数民族地区、边远贫困地区、艰苦地区和海**岛的气象台站的建设和运行**。 对在气象工作中做出突出贡献的单位和个人，给予奖励。

在《草案》审议过程中，《草案二次审议稿》对相关内容未作修改。

在《草案二次审议稿》审议过程中，有意见提出，气象工作，尤其是少数民族地区、边远贫困地区、艰苦地区和海洋地区的气象台站建设工作，离不开各级人民政府的关心和支持。另外，国家还应当支持发展气象信息产业。因此，《草案三次审议稿》增加了相关内容。

在《草案三次审议稿》审议过程中，有意见提出，气象人才的培养是发展气象事业的重要任务；还有意见提出，应当加强国际气象合作与交流；各级人民政府不仅要关心、支持边远艰苦地区气象台站的建设，还要关心与支持这些地区气象台站的正常运行。因此，吸收上述意见后，对《草案三次审议稿》进行了修改，最终形成了《气象法》第七条的规定。

本条自 1999 年《气象法》施行以来，未作修改。

【法条释义】

本条是关于国家鼓励和支持气象科学技术的研究、普及和推广，关心和支持少数民族和困难地区的气象台站，以及对有关单位和个人奖励的规定。包括三款规定。

一是关于国家鼓励和支持气象科学技术的研究、普及和推广的规定。本条第一款规定："国家鼓励和支持气象科学技术研究、气象科学知识普及，培养气象人才，推广先进的气象科学技术，保护气象科技成果，加强国际气象合作与交流，发展气象信息产业，提高气象工作水平。"加强气象科学技术研究和人才培养，积极推广先进的气象科学技术，有利于直接推动气象事业的发展。科学技术是发展气象事业的基础，气象科学技术已发展成大气科学、数理科学、地理科学、环境科学、应用科学、计算通信技术等众多学科门类的高科技综合应用领域。法律明确国家鼓励和支持气象科学技术研究，而政府以及气象工作者对气象科学知识的普及有利于民众了解、支持气象工作。气象人才队伍建设是气象工作运行的保障，故应当加大对培养气象人才的鼓励和支持。为了使气象工作的开展更为精准，推动气象科学技术的研究取得更大的成绩，应当推广先进的气象科学技术，并应当加强国际气象合作与交流。此外，为依法保护气象工作人员的劳动成果，对保护气象科技成果也作出了明确规定。

信息产业包括信息工业、信息服务业、信息开发业三部分。信息工业是系统的骨架（硬件基础),信息服务业是其重要的应用(效益基础),信息开发业是附加值最高部分(软件基础)。气象信息产业包括以下三部分:一是主要基于气象电子信息技术开发的气象卫星应用技术、多普勒气象雷达、自动探测系统等遥感、遥测仪器设备和用于雷电综合监测、防护的仪器设备以及气象导航、公路、铁路气象交通等安全监测仪器设备等系统的开发建设;二是面向市场的气象信息服务业;三是气象资源与专用软件开发业。发展气象信息产业是为了适应我国知识经济和信息经济发展的需要,对气象事业发展提出的新的要求。

二是关于国家关心和支持少数民族及困难地区气象台站的规定。本条第二款规定"各级人民政府应当关心和支持少数民族地区、边远贫困地区、艰苦地区和海岛的气象台站的建设和运行。"气象工作属于基础公益性事业,不能以市场经济思维进行布局设置,一些少数民族地区、边远贫困地区、艰苦地区和海岛,虽然这些地区的自然条件艰苦,但对于国防建设、人民生活服务保障具有重要作用。因此,出于气象业务活动的需要,国家在高山、海岛,在人迹稀少的高原、荒漠和少数民族、边远地区建立了一批环境非常艰苦的气象台站。这些气象台站大多数是国家的基准气候站、基本气象站等骨干气象台站,经费主要靠国家财政支持。但气象台站工作条件过于艰苦,因此在气象台站建设的基础上,还应通过一定手段保障其正常运行。

三是本条第三款规定:"对在气象工作中做出突出贡献的单位和个人,给予奖励。"国家鼓励气象工作者投身于气象事业,因此在法律中明确规定了奖励机制,对于做出突出贡献的单位和个人,给予奖励。

【关联法条】

《科学技术普及法》

第十七条　医疗卫生、计划生育、环境保护、国土资源、体育、气象、地震、文物、旅游等国家机关、事业单位,应当结合各自的工作开展科普活动。

8. 外国的组织和个人从事气象活动的批准机制(第八条)

第八条　外国的组织和个人在中华人民共和国领域和中华人民共和国管辖的其他海域从事气象活动,必须经国务院气象主管机构会同有关部门批准。

【审议过程与立法沿革】

本条在立法审议过程中,内容未作修改。《气象法》第八条沿用了《草案》第七条的内容。

本条自 1999 年《气象法》施行以来,未作修改。

【法条释义】

本条是关于外国的组织和个人从事气象活动批准机制的规定。

一是随着国际气象服务商业化的发展及我国改革开放的不断深入和发展,我国从事气象活动的外国组织和个人也越来越多。在上海、大连等地已经有外国私人气象服务公司进入我国的气象导航服务业,并积累了一定的客户。同时,要求来我国开展气象服务的外国气象公司也日益增多。有的外国组织和个人未经批准就从事气象活动,对我国造成一定的不良影响。据 1999 年 12 月对全国 24 个省、自治区、直辖市进行的统计,外国组织和个人未经气象主管机构批准就与我国有关单位和个人合作,在我国进行气象探测活动的项目有十余个。其中有的项目因涉及军事活动而被气象主管机构与国家安全部门查处。上述实际情况就迫切要求在法律上对外国组织和个人进入我国从事气象服务活动进行规范。因此，本条明确规定："外国的组织和个人在中华人民共和国领域和中华人民共和国管辖的其他海域从事气象活动，必须经国务院气象主管机构会同有关部门批准。"

二是本条所说的外国组织和个人，是指中华人民共和国以外的国家或者地区的政府部门、企业、民间团体和不具有中华人民共和国国籍的公民。根据本条的规定，外国的组织和个人从事气象活动符合以下任何一个条件的，就应当报经批准：一是外国组织和个人是在中华人民共和国领域从事气象活动的；二是外国组织和个人是在中华人民共和国管辖的其他海域从事气象活动的。换言之，虽然外国组织和个人在我国进行气象活动的形式有多种情况，有的是专门进行的气象活动，有的是与我国进行科技、文化等合作项目中进行的气象活动，但是无论是哪种情况，只要涉及外国组织和个人的，均属于涉外气象活动，因此，无论该外国组织和个人在中华人民共和国领域和中华人民共和国管辖的其他海域单独从事气象活动，还是其与中华人民共和国有关组织或者个人合作进行气象活动，都必须报经有关部门批准。根据本条的规定，有权对外国组织和个人在我国进行气象活动进行审批的机关是国务院气象主管机构及有关部门，即由国务院气象主管机构会同有关部门进行涉外气象活动的审批。

【关联法条】

(1)部门规章《气象行业管理若干规定》

2005 年《气象行业管理若干规定》规定："外国组织、个人和境外机构在中华人民共和国领域及其管辖的其他海域单独或者合作从事气象活动，应当向当地省、自治区、直辖市气象主管机构提出申请，报国务院气象主管机构审批。"《国务院关于第二批取消 152 项中央指定地方实施行政审批事项的决定》(国发〔2016〕9 号)，取消了中央指定地方实施的"外国组织和个人在华从事气象活动初审"，删除省气象局初审的内容，简化了审批流程，缩短了审批时限。因此，2017 年修改了《气象行业管理若干规定》(国务院令第 34 号)第十九条的表述。

第十九条　外国组织和个人在中华人民共和国领域及其管辖的其他海域单独或者合作从事气象活动，应当经国务院气象主管机构会同有关部门批准。

台湾、香港、澳门地区的组织和个人在中华人民共和国领域及其管辖的其他海域单独或者合作从事气象活动，参照本规定执行。

(2)行政规章《气象信息服务管理办法》

气象信息服务市场开放，不但对内资企业开放，同时也对外资企业开放，立法以最大限度鼓励气象信息服务发展。开放并不意味着不需要对其依法进行管理。"外国组织和个人在华从事气象活动审批"是《气象法》第八条设定的行政审批事项。《气象信息服务管理办法》第十七条重点规范的是涉外气象信息服务活动行为。

第十七条　外国组织和个人在华从事气象信息服务活动，应当按照气象法和有关外商投资的法律法规办理。

第 2 章　气象设施的建设与管理

9. 关于重要气象设施规划的规定（第九条）

第九条　国务院气象主管机构应当组织有关部门编制气象探测设施、气象信息专用传输设施、大型气象专用技术装备等重要气象设施的建设规划，报国务院批准后实施。气象设施建设规划的调整、修改，必须报国务院批准。

编制气象设施建设规划，应当遵循合理布局、有效利用、兼顾当前与长远需要的原则，避免重复建设。

【审议过程与立法沿革】

草案	草案二次审议稿	草案三次审议稿	条文
第八条　国务院气象主管机构应当组织有关部门编制气象探测设施、气象信息专用传输设施、大型气象专用技术装备等重要气象设施的建设规划，报国务院批准后实施。气象设施建设规划［一经批准，必须严格执行；需要］调整、修改，必须报国务院批准。 编制气象设施建设规划，应当遵循合理布局、有效利用、兼顾当前与长远需要的原则，避免重复建设。	**第八条**　国务院气象主管机构应当组织有关部门编制气象探测设施、气象信息专用传输设施、大型气象专用技术装备等重要气象设施的建设规划，报国务院批准后实施。气象设施建设规划的调整、修改，必须报国务院批准。 编制气象设施建设规划，应当遵循合理布局、有效利用、兼顾当前与长远需要的原则，避免重复建设。	**第九条**　国务院气象主管机构应当组织有关部门编制气象探测设施、气象信息专用传输设施、大型气象专用技术装备等重要气象设施的建设规划，报国务院批准后实施。气象设施建设规划的调整、修改，必须报国务院批准。 编制气象设施建设规划，应当遵循合理布局、有效利用、兼顾当前与长远需要的原则，避免重复建设。	**第九条**　国务院气象主管机构应当组织有关部门编制气象探测设施、气象信息专用传输设施、大型气象专用技术装备等重要气象设施的建设规划，报国务院批准后实施。气象设施建设规划的调整、修改，必须报国务院批准。 编制气象设施建设规划，应当遵循合理布局、有效利用、兼顾当前与长远需要的原则，避免重复建设。

在《草案》审议过程中，《草案二次审议稿》删除了《草案》"一经批准，必须严格执行"的相关内容。此后对相关内容未再作修改。最终形成了《气象法》第九条的规定。

本条自 1999 年《气象法》施行以来，未作修改。

【法条释义】

本条是关于气象设施建设规划的编制、审批、实施、调整和修改以及包括编制气象设施建设规划应遵循的原则的规定。根据《草案》说明，气象设施是从事气象业务活动的基础，其布局是否合理，直接关系到气象事业整体效益的发挥。中华人民共和国成立以来我国气象设施建设取得了巨大的成就，对保障气象预报的准确、及时，为国民经济和社会发展提供气象服务作出了积极的贡献。然而,由于气象设施建设缺乏统一规划,造成了气象设施布局不合理、重复建设严重等问题。针对这种情况,《气象法》第九条专门作出了规定。

一是关于气象设施建设规划的编制和审批。气象设施,是指气象探测设施、气象信息专用传输设施和大型气象专用技术装备等。气象探测设施,是指气象台站进行大气探测使用的设施、设备、仪器等。大气探测又分为直接探测和大气遥感两种,前者包括地面观测、高空探测、特种观测以及飞机和火箭探测等;后者包括微波雷达、声雷达和气象卫星探测等。气象信息专用传输设施,是指专门传输气象数据、资料与加工产品信息的有线、无线通信系统、设备和线路,如卫星气象传输系统、计算机网络及有线通信光缆等。大型气象专用技术装备,是指专门用于气象数据采集、传输、加工的大型设备,如各种气象雷达、综合遥测气象仪器设备等。

关于气象设施建设规划的编制和审批的主要内容包括:其一,气象设施建设规划的编制和审批,报国务院批准后实施。由于气象探测设施、气象信息专用传输设施、大型气象专用技术装备等重要气象设施技术含量高、精确度要求严格、规格型号要求统一、投资额大,制定全国统一的建设规划是非常必要的。重要气象设施的建设规划,不仅是具有战略性意义的全局性规划,同时也代表了气象事业技术装备发展的方向和气象现代化的发展水平,还属于具有长期性、纲要性和方向性的行业规划。因此,为了提高重要气象设施的综合效益,避免重复建设,气象设施的规划应当由承担全国气象行业行政管理任务的国务院气象主管机构组织有关部门进行编制。由于重要气象设施建设规划从编制到实施涉及多个行业,且主要依靠国家投资,所以必须报经国务院批准后实施。其二,气象设施建设规划的调整、修改,也必须报国务院批准。气象设施建设规划涉及气象行业的长远发展,代表了国家气象现代化的发展水平,一经批准,就具有约束性和严肃性,任何单位和个人都必须严格执行,不得随意调整和修改。当然,由于科学技术的发展和经济水平的提高、编制建设规划当时估计不足,或者是外部环境条件和行业内部情况发生变化等,都会导致原来编制的气象设施建设规划不适应现实发展的需要,在这种情况下需要对原来编制的气象设施建设规划作出相应的调整和修改。但调整和修改原气象设施建设规划必须重新报国务院审批,经批准后,方可实施。这也充分体现了气象设施建设规划编制审批程序的严肃性。

二是关于编制气象设施建设规划的原则。编制气象设施建设规划,应当遵循合理布局、有效利用、兼顾当前与长远需要的原则,避免重复建设。为了使重要气象设施的建设、布局进一步适应我国气象事业现代化发展的要求,更好地服务于和服从于国民经济和社会发展需要,发挥国家投资的综合效益,编制气象设施建设规划,应当遵循合理布局、有效利用、兼顾当前与长远需要的原则,避免重复建设。在编制过程中,要正确处理中央与地方、当前与长远、气象部门与其他部门等多方之间的各种关系。

【关联法条】

(1)行政法规《气象设施和气象探测环境保护条例》

对于地方气象设施和气象探测环境保护专项规划的制定作出了规定。

第七条　地方各级气象主管机构应当会同城乡规划、国土资源等部门制定气象设施和气象探测环境保护专项规划,报本级人民政府批准后依法纳入城乡规划。

第八条　气象设施是基础性公共服务设施。县级以上地方人民政府应当按照气象设施建设规划的要求,合理安排气象设施建设用地,保障气象设施建设顺利进行。

(2)部门规章《防雷减灾管理办法(修订)》

第七条　国务院气象主管机构应当组织有关部门按照合理布局、信息共享、有效利用的原则，规划全国雷电监测网，避免重复建设。

地方各级气象主管机构应当组织本行政区域内的雷电监测网建设，以防御雷电灾害。

10. 重要气象设施建设项目审批前征求意见机制(第十条)

第十条　重要气象设施建设项目应当符合重要气象设施建设规划要求，并在项目建议书和可行性研究报告批准前，征求国务院气象主管机构或者省、自治区、直辖市气象主管机构的意见。

【审议过程与立法沿革】

修改前条文	修改后条文
第十条　重要气象设施建设项目，在项目建议书和可行性研究报告[报批]前，[应当按照项目相应的审批权限，][经]国务院气象主管机构或者省、自治区、直辖市气象主管机构[审查同意]。	**第十条**　重要气象设施建设项目**应当符合重要气象设施建设规划要求，并**在项目建议书和可行性研究报告**批准**前，**征求**国务院气象主管机构或者省、自治区、直辖市气象主管机构**的意见**。

在审议过程中，本条内容未作修改，沿用《草案》第九条的内容。最终形成了 1999 年《气象法》第十条的规定。

本条经 2016 年 11 月 7 日中华人民共和国第十二届全国人民代表大会常务委员会第二十四次会议通过的《全国人民代表大会常务委员会关于修改〈中华人民共和国对外贸易法〉等十二部法律的决定》修改。主要修改内容是对重要气象设施建设项目建设由审批制修改为征求意见机制。

【法条释义】

本条是关于重要气象设施建设项目审批前征求意见机制的规定。在具体理解上应注意以下内容。

一是关于气象规划的要求。气象基本建设工作应由国家统筹安排，以保证布局科学，提高经济效益，避免重复建设，确保综合平衡，有效促进气象事业现代化建设的健康发展。本条所说的重要气象设施建设项目的主要任务包括项目批准、下达、执行、施工、交付使用以及基本建设财务管理等内容。本条对重要气象设施建设项目审批前征求意见机制作出规定，以确保这些项目建设符合气象规划的要求。

二是关于重要气象设施建设项目的项目建议书和可行性研究报告内容。重要气象设施建设的项目建议书和可行性研究报告，是依据气象设施建设规划、年度计划以及实际需要进行编报的。所有新建、改建、扩建的气象设施(包括大、中型项目和小型项目)都应按规定编报项目建议书和可行性研究报告。一般情况下，小型气象设施建设项目只编报可行性研究报告，大、中型气象设施建设项目应当首先编报项目建议书，待项目建议书批准后，再据此编报可行性研究报告。重要气象设施建设的项目建议书和可行性研究报告主要包括以下内容：建设的目的和根据(着重说明项目建设的理由、主要任务、业务范围等情况)；建设规模和建筑结构(改扩建项目应说明现有房屋、设备及其他设施的情况)；建设地点和占用土地的估算、地质条件以及需要征地、拆迁、赔偿等情况并附总平面图；对观测场或气象雷达等装备附近环境条件可能造成的影响；防空、抗震、环保等对重要气象设施建设项目的要求；建设工期；投资控制数；外部协作条件(与有关单位的分工、协作关系)；人员编制；要求达到的经济效益和技术水平；主要设备的配置计划；新建项目的技术论证和可行性研究情况。项目建议书和可行性研究报告都是以文字说明为主，必要时应当附具相应的数据表格，如“建设项目一览表”“主要设备配置计划表”等。对于一些大、中型项目还可同时提出几种建设方案加以比较。

三是重要气象设施建设项目审批前征求意见机制。1999 年《气象法》规定气象主管机构对重要气象设施建设项目具有审核权，在项目申请审批之前先由气象主管机构提出审查意见，同意后才能报批。为了落实第十二届全国人民代表大会第一次会议通过的《关于国务院机构改革和职能转变方案的决定》，依法推进行政审批制度改革和政府职能转变，提高审批效率，不断提高政府管理科学化、规范化水平，根据 2016 年 1 月、2 月国务院公布的取消国务院部门行政许可事项、中央指定地方实施的行政审批事项和职业资格事项的决定精神，2016 年 10 月 31 日在第十二届全国人民代表大会常务委员会第二十四次会议上对本条进行了修改，取消了主管机构“审查同意”的权利，转而以“征求其意见”代之。重要气象设施建设项目应当符合重要气象设施建设规划要求，并应在项目建议书和可行性研究报告批准前，征求国务院气象主管机构或者省、自治区、直辖市气象主管机构的意见。根据职权分工，大、中型项目和涉及全国性气象业务活动布点的项目，要报国务院气象主管机构征求意见，为地方经济建设服务且不影响全国布局的项目，要报省、自治区、直辖市气象主管机构征求意见。需要注意的是，征求意见并不是审批权。大、中型项目，报国家发展计划委员会审批；其余涉及全国性气象业务活动布点的项目，由项目审批机构审批；为地方经济建设服务的且不影响全国布局的项目，由所在省、自治区、直辖市项目审批机构审批。

11. 对气象设施保护的规定(第十一条)

第十一条 国家依法保护气象设施，任何组织或者个人不得侵占、损毁或者擅自移动气象设施。

气象设施因不可抗力遭受破坏时，当地人民政府应当采取紧急措施，组织力量修复，确保气象设施正常运行。

【审议过程与立法沿革】

在审议过程中，本条内容未作修改，沿用了《草案》第十条的内容。最终形成了《气象法》第十一条的规定。

本条自 1999 年《气象法》施行以来，未作修改。

【法条释义】

本条是关于气象设施保护的规定。

气象设施正常、稳定、可靠地运行，是准确、及时获取气象探测信息的基础。因此，对气象设施的保护就显得格外重要。既要保证气象设施的前期安装符合特定的技术要求，又要防止其在运行过程中遭到破坏，如此方能保证气象设施安全、稳定、长期地工作和运行。本条为保护气象设施，防止其被破坏，对禁止气象设施人为破坏和不可抗力破坏造成的损失补救进行了规定。

一是规定了国家、组织和个人在保护气象设施方面的义务。气象事业属于基础性公益事业，气象设施是气象业务活动的基础设施，属于国有公共资产。气象设施尤其是气象探测设施，大部分都安置于室外的观测场内。近年来，气象设施被毁、被盗情况十分严重，这不仅浪费了国家大量的资金，还严重干扰了气象工作的正常进行，严重影响到气象探测资料序列的连贯性，继而影响到气象监测、预报工作的进行和气象灾害的预防。为了加大执法力度，使气象设施的保护有法可依，《气象法》中进一步明确了国家对气象设施的保护，以及任何组织或者个人不得侵占、损毁或者擅自移动气象设施，这对保护气象设施起到积极的作用。如果行为人实施上述行为的，依照《气象法》第三十五条规定，应承担相应的法律责任。

二是规定了因不可抗力致使气象设施受到破坏时当地政府应当采取紧急措施予以修复，确保气象设施正常运行。不可抗力是指由于台风、暴雨、冰雹、龙卷、地震等自然灾害的原因，致使气象设施遭受破坏，或者由于战争等行为，致使气象设施遭到破坏。无论是哪种原因，当地人民政府都应立即组织力量进行修复，确保气象设施的正常运行，避免因气象工作的中断而造成不可挽回的损失。

【关联法条】

(1)《气象法》

对于侵占、损毁或者未经批准擅自移动气象设施的相关法律责任进行了规定。

第三十五条　违反本法规定，有下列行为之一的，由有关气象主管机构按照权限责令停止违法行为，限期恢复原状或者采取其他补救措施，可以并处五万元以下的罚款；造成损失的，依法承担赔偿责任；构成犯罪的，依法追究刑事责任：

(一)侵占、损毁或者未经批准擅自移动气象设施的；

(二)在气象探测环境保护范围内从事危害气象探测环境活动的。

在气象探测环境保护范围内，违法批准占用土地的，或者非法占用土地新建建筑物或者其他设施的，依照《中华人民共和国城乡规划法》或者《中华人民共和国土地管理法》的有关规定处罚。

(2)行政法规《气象设施和气象探测环境保护条例》

第十条　禁止实施下列危害气象设施的行为：

(一)侵占、损毁、擅自移动气象设施或者侵占气象设施用地；

(二)在气象设施周边进行危及气象设施安全的爆破、钻探、采石、挖砂、取土等活动；

(三)挤占、干扰依法设立的气象无线电台(站)、频率；

(四)设置影响大型气象专用技术装备使用功能的干扰源；

(五)法律、行政法规和国务院气象主管机构规定的其他危害气象设施的行为。

第二十四条　违反本条例规定，危害气象设施的，由气象主管机构责令停止违法行为，限期恢复原状或者采取其他补救措施；逾期拒不恢复原状或者采取其他补救措施的，由气象主管机构依法申请人民法院强制执行，并对违法单位处 1 万元以上 5 万元以下罚款，对违法个人处 100 元以上 1000 元以下罚款；造成损害的，依法承担赔偿责任；构成违反治安管理行为的，由公安机关依法给予治安管理处罚；构成犯罪的，依法追究刑事责任。

挤占、干扰依法设立的气象无线电台(站)频率的，依照无线电管理相关法律法规的规定处罚。

12. 关于气象台站迁移批准和迁建费用承担的规定(第十二条)

第十二条 未经依法批准，任何组织或者个人不得迁移气象台站；确因实施城市规划或者国家重点工程建设，需要迁移国家基准气候站、基本气象站的，应当报经国务院气象主管机构批准；需要迁移其他气象台站的，应当报经省、自治区、直辖市气象主管机构批准。迁建费用由建设单位承担。

【审议过程与立法沿革】

草案	草案二次审议稿	草案三次审议稿	条文
第十一条 未经批准，任何组织或者个人不得[擅自决定]迁移气象台站[的地址及其设施]；确因实施城市规划或者国家重点工程建设，需要迁移国家基准气候站、基本气象站的，应当报经国务院气象主管机构批准；需要迁移其他气象台站的，应当报经省、自治区、直辖市气象主管机构批准。迁建费用由建设单位承担。	**第十一条** 未经依法批准，任何组织或者个人不得迁移气象台站；确因实施城市规划或者国家重点工程建设，需要迁移国家基准气候站、基本气象站的，应当报经国务院气象主管机构批准；需要迁移其他气象台站的，应当报经省、自治区、直辖市气象主管机构批准。迁建费用由建设单位承担。	**第十二条** 未经依法批准，任何组织或者个人不得迁移气象台站；确因实施城市规划或者国家重点工程建设，需要迁移国家基准气候站、基本气象站的，应当报经国务院气象主管机构批准；需要迁移其他气象台站的，应当报经省、自治区、直辖市气象主管机构批准。迁建费用由建设单位承担。	**第十二条** 未经依法批准，任何组织或者个人不得迁移气象台站；确因实施城市规划或者国家重点工程建设，需要迁移国家基准气候站、基本气象站的，应当报经国务院气象主管机构批准；需要迁移其他气象台站的，应当报经省、自治区、直辖市气象主管机构批准。迁建费用由建设单位承担。

在《草案》审议过程中，《草案二次审议稿》对《草案》的文字表述进行了调整。此后，未再作修改。最终形成了《气象法》第十二条的规定。

本条自 1999 年《气象法》施行以来，未作修改。

【法条释义】

本条是关于气象台站迁建的规定。气象台站地址规划的科学性对于气象探测的准确性具有重要影响，保持气象台站观测的稳定性、长期性对于气象资料保存也至关重要，因此，气象台站不得迁移。法律明确规定："未经依法批准，任何组织或者个人不得迁移气象台站。"确需迁建的，应当依法获批。气象台站迁建是一个系列性活动，根据《气象台站迁建行政许可管理办法》的规定，迁建是指将气象台站的观测场所、探测设施及配套的附属和基础设施等从现址迁移到新址的活动。本条还对气象台站迁移批准和迁建费用的承担作出规定。

一是关于气象台站迁移批准。法律规定明确了气象台站迁移事项属于行政许可事项，并根据气象台站的性质明确了相应的审批权限。按照气象观测规范要求，气象台站的地面气象观测站点分为四类：一是国家基准气候站，它是国家气候观测站网中的骨干和标准站点，目的在于获取不同气候区内长期连续的、具有代表性的标准气象观测资料，并对其他气象站点由于人为原因造成的观测资料误差进行序列订正；二是基本气象站，它是国家天气、气候观测站网的主体部分，与基准气候站共同组成国家的天气、气候观测站网；三是一般气象站，它与基准气候站、基本气象站共同组成省级的地方天气、气候观测站网；四是辅助气象站，它是以地方服务为主要目的并主要根据当地气象服务需要承担由省级气象局确定观测项目的地方气象观测站点。以上四类气象观测站点中，第一、二类是国家天气、气候观测站网的骨干和主体，是气象台站网的基础架构；第三、四类主要是为地方服务的与国家站网共同组成的地方天气、气候站网。因此，按其重要程度和主要服务对象，明确国家基准气候站和基本气象站的迁移必须报经国务院气象主管机构审批，一般气象站和辅助气象站的迁移必须报经省、自治区、直辖市气象主管机构审批。

二是关于国家基准气候站和基本气象站迁移。其一，迁移缘由。申请迁移应当是“确因实施城市规划或者国家重点工程建设”。城市规划，是指按照《城市规划法》的要求纳入城市规划或者村庄和集镇建设的规划。国家重点工程建设，是指列入国家计划的国家重点建设工程项目的建设。其二，申请流程。根据《气象台站迁建行政许可管理办法》的规定，申请人提出申请材料交给省、自治区、直辖市气象主管机构，相关主管部门应当在收到全部申请材料之日起五个工作日内，按照《中华人民共和国行政许可法》第三十二条的规定作出受理或者不予受理的书面决定，并出具书面凭证。对于不予受理的，应当书面说明理由。其三，审批流程。省、自治区、直辖市气象主管机构应当自受理之日起二十个工作日内完成初审，并签署意见后报送国务院气象主管机构审批。国务院气象主管机构应当自收到申请材料后二十个工作日内作出决定。二十个工作日内不能作出决定的，按照《中华人民共和国行政许可法》第四十二条规定执行，视为许可。一般气象站和辅助气象站的迁移必须报经省、自治区、直辖市气象主管机构审批。省、自治区、直辖市气象主管机构应当自受理之日起二十个工作日内作出决定。

另外，省、自治区、直辖市气象主管机构应当在收到全部申请材料之日起五个工作日内，按照《中华人民共和国行政许可法》第三十二条的规定作出受理或者不予受理的书面决定，并出具书面凭证。对于不予受理的，应当书面说明理由。

根据 1980 年《国务院批准中央气象局[①]关于保护气象台站观测环境的通知》中的规定和《地面气象观测规范》(已失效)的要求，为了解决因迁站而产生的资料序列的非均一性程度的问题，提供正确使用迁址前后资料的依据，凡新、旧两地地形有明显差异者，须在新、旧站址同时进行对比观测。对比观测可安排在迁站之前进行，也可在迁站之后进行，在迁移气象台站时，对新、旧台站场址进行对比观测满一年后，才能在新台站场址开始工程建设。为了保证气象资料的连续性和观测工作的不中断，应当对新建气象台站探测设施所得到的观测资料进行对比、换算，才能够连续使用。《气象台站迁建行政许可管理办法》[②]沿用相关规定，其中第十七条规定：“迁建国家基准气候站、国家基本气象站和国家一般气象站的，应当按照国务院气象主管机构的规定，在新址与旧址之间进行至少一年的连续对比观测。”

三是规定了迁建气象台站所需费用的承担问题。本条明确规定：“气象台站因实施城市规划或者国家重点工程建设，经批准确需迁移的，其迁建费用由建设单位承担。”这里所指的迁建费用，包括由于迁移气象台站所需的选址、征地、委托设计、建筑物施工和设备安装等活动所需的全部工程建设费用和气象台站搬迁的全部费用。

近年来，气象台站迁移现象不断增多，也值得关注。根据 2013 年 10 月 21 日在第十二届

---

① 1949 年 12 月我国成立中央军委气象局，并于 1953 年更名为中央气象局。

② 《气象台站迁建行政许可管理办法》(中国气象局令第 30 号)自 2016 年 9 月 1 日起施行，后于 2020 年经中国气象局令第 35 号进行修订。

全国人民代表大会常务委员会第五次会议上全国人民代表大会常务委员会执法检查组关于检查《中华人民共和国气象法》实施情况的报告反映，实践中气象设施和气象探测环境保护难度越来越大，随着经济社会快速发展和城镇化速度的加快，有的省（区、市）近30年来有85%的气象站被迫搬迁，其中有11%的台站搬迁过4次。

【关联法条】

(1)行政法规《气象设施和气象探测环境保护条例》

第十七条　在气象台站探测环境保护范围内新建、改建、扩建建设工程，应当避免危害气象探测环境；确实无法避免的，建设单位应当向省、自治区、直辖市气象主管机构报告并提出相应的补救措施，经省、自治区、直辖市气象主管机构书面同意。未征得气象主管机构书面同意或者未落实补救措施的，有关部门不得批准其开工建设。

在单独设立的气象探测设施探测环境保护范围内新建、改建、扩建建设工程的，建设单位应当事先报告当地气象主管机构，并按照要求采取必要的工程、技术措施。

第十八条　气象台站站址应当保持长期稳定，任何单位或者个人不得擅自迁移气象台站。

因国家重点工程建设或者城市（镇）总体规划变化，确需迁移气象台站的，建设单位或者当地人民政府应当向省、自治区、直辖市气象主管机构提出申请，由省、自治区、直辖市气象主管机构组织专家对拟迁新址的科学性、合理性进行评估，符合气象设施和气象探测环境保护要求的，在纳入城市（镇）控制性详细规划后，按照先建站后迁移的原则进行迁移。

申请迁移大气本底站、国家基准气候站、国家基本气象站的，由受理申请的省、自治区、直辖市气象主管机构签署意见并报送国务院气象主管机构审批；申请迁移其他气象台站的，由省、自治区、直辖市气象主管机构审批，并报送国务院气象主管机构备案。

气象台站迁移、建设费用由建设单位承担。

第十九条　气象台站探测环境遭到严重破坏，失去治理和恢复可能的，国务院气象主管机构或者省、自治区、直辖市气象主管机构可以按照职责权限和先建站后迁移的原则，决定迁移气象台站；该气象台站所在地地方人民政府应当保证气象台站迁移用地，并承担迁移、建设费用。地方人民政府承担迁移、建设费用后，可以向破坏探测环境的责任人追偿。

第二十条　迁移气象台站的，应当按照国务院气象主管机构的规定，在新址与旧址之间进行至少1年的对比观测。

迁移的气象台站经批准、决定迁移的气象主管机构验收合格，正式投入使用后，方可改变旧址用途。

(2)行政规章《气象台站迁建行政许可管理办法》

第一条　为规范气象台站迁建行政许可行为，保护公民、法人和其他组织的合法权益，保障和监督气象主管机构有效实施行政管理，根据《中华人民共和国行政许可法》《中华人民共和国气象法》《气象设施和气象探测环境保护条例》等有关法律法规，制定本办法。

第二条　本办法适用于因国家重点工程建设或者城市（镇）总体规划变化，确实无法避免影响气象探测环境，且无法采取补救措施，需要迁建气象台站的行政许可。

本办法所称迁建，是指将气象台站的观测场所、探测设施及配套的附属和基础设施等从现址迁移到新址的活动。

第三条　国务院气象主管机构负责大气本底站、国家基准气候站和国家基本气象站迁建行政许可的审批和管理，并对其他气象台站迁建行政许可行为进行监督管理。

省、自治区、直辖市气象主管机构负责本行政区域内其他气象台站迁建行政许可的审批和管理，并承担大气本底站、国家基准气候站和国家基本气象站迁建行政许可的初审和管理。

第四条　申请迁建气象台站的，应当由建设单位或者县级以上地方人民政府向本省、自治区、直辖市气象主管机构提出申请。

第五条　拟迁新址必须同时满足以下要求：

（一）能够代表现址所在区域的天气气候特征；

（二）符合全国气象观测站网布局；

（三）符合法律、法规、标准和国务院气象主管机构对气象探测环境的技术规范和管理规定；

（四）土地符合建设用地要求，取得土地使用权，占地面积满足观测场地、探测设施、业务用房和辅助用房以及配套设施的布局要求，并预留与气象台站功能相适应的业务发展空间；

（五）具备必要的供电、供水、交通、通信等基础条件；

（六）涉及无线电业务的，符合《中华人民共和国无线电管理条例》的相关规定。

第六条　申请人在提出申请时，应向受理机构提供以下材料：

（一）气象台站迁建申请表；

（二）气象台站选址报告书；

（三）委托代理的，应出具代理委托函；

（四）申请人对所提供材料真实性负责的承诺。

第七条　迁建气象台站的申请由省、自治区、直辖市气象主管机构受理。

省、自治区、直辖市气象主管机构应当在收到全部申请材料之日起五个工作日内，按照《中华人民共和国行政许可法》第三十二条的规定作出受理或者不予受理的书面决定，并出具书面凭证。对于不予受理的，应当书面说明理由。

第八条　申请迁建大气本底站、国家基准气候站和国家基本气象站的，省、自治区、直辖市气象主管机构应当自受理之日起二十个工作日内完成初审，并签署意见后报送国务院气象主管机构审批。国务院气象主管机构应当自收到申请材料后二十个工作日内作出决定。

申请迁建其他气象台站的，省、自治区、直辖市气象主管机构应当自受理之日起二十个工作日内作出决定。

二十个工作日内不能作出决定的，按照《中华人民共和国行政许可法》第四十二条规定执行。

第九条　国务院或省、自治区、直辖市气象主管机构在审批过程中需要按照《中华人民共和国行政许可法》第四十五条规定进行技术审查（含现场踏勘）的，所需时间不计入审批时间内。

技术审查（含现场踏勘）时间一般不超过三个月。国务院或省、自治区、直辖市气象主管机构应当将所需时间书面告知申请人。

第十条　申请人依法享有要求听证的权利，国务院或省、自治区、直辖市气象主管机构在作出直接涉及申请人与他人之间重大利益关系的许可决定前，应当告知申请人、利害关系人享有要求听证的权利；申请人、利害关系人在被告知听证权利之日起五个工作日内提出听证申请的，国务院或省、自治区、直辖市气象主管机构应当在二十个工作日内组织听证。听证程序按照《中华人民共和国行政许可法》第四十八条规定的程序进行。

省、自治区、直辖市对听证另有规定的，从其规定。

第十一条　国务院或省、自治区、直辖市气象主管机构作出行政许可决定，应当自作出决定之日起十个工作日内向申请人送达行政许可的书面决定。

第十二条　省、自治区、直辖市气象主管机构作出准予其他气象台站迁建的行政许可决定，应当自作出决定之日起十五个工作日内将行政许可审批材料报国务院气象主管机构备案。

第十三条　行政许可的有效期为三年。作出行政许可决定的气象主管机构，应当在行政许可决定中注明行政许可有效期的截止时间。申请人应当在行政许可有效期内按照基本建设程序和要求，完成气象台站建设工作，达到业务运行标准。

未在行政许可有效期内按照基本建设程序和要求，完成气象台站建设工作，达到业务运行标准的，申请人应当按照申请条件重新申请。

第十四条　申请人取得行政许可后，如果申请内容有变更，应当重新申请。

第十五条　地方各级气象主管机构应当对申请人从事气象台站迁建行政许可事项的活动进行监督检查。

第十六条　新址建设工程完成后，申请人应及时向省、自治区、直辖市气象主管机构提出验收的申请，由作出许可决定的气象主管机构按照国务院气象主管机构有关业务规定组织验收。

第十七条　迁建国家基准气候站、国家基本气象站和国家一般气象站的，应当按照国务院气象主管机构的规定，在新址与旧址之间进行至少一年的连续对比观测。

第十八条　新址正式启用应当符合国务院气象主管机构有关业务规定。

第十九条　新址启用和对比观测完成之前，应当按照《气象设施和气象探测环境保护条例》、国家有关标准和国务院气象主管机构有关要求严格保护旧址的气象探测环境。

第二十条　有下列情形之一的，作出行政许可决定的气象主管机构应当依法办理气象台站迁建行政许可的注销手续：

(一)未在行政许可有效期内完成气象台站迁建工作；

(二)申请人的法人资格依法被中止的；

(三)依照本办法被撤销行政许可的；

(四)因不可抗力导致行政许可事项无法实施的；

(五)法律、法规规定的应当注销行政许可的其他情形。

第二十一条　有下列情形之一的，作出行政许可决定的气象主管机构或者其上级气象主管机构，根据利害关系人的请求或者依据职权，可以撤销行政许可：

(一)气象主管机构工作人员滥用职权、玩忽职守作出准予行政许可决定的；

(二)超越法定职权作出准予行政许可决定的；

(三)违反法定程序作出准予行政许可决定的；

(四)对不具备申请资格或者不符合法定条件的申请人准予行政许可的；

(五)依法可以撤销行政许可的其他情形。

第二十二条　有下列情形之一的，作出行政许可决定的气象主管机构依据职权，应当撤销行政许可：

(一)被许可人以欺骗、贿赂等不正当手段取得行政许可的；

(二)取得许可后不按规定进行建设的或超越许可范围的；

(三)向负责监督检查的气象主管机构隐瞒有关情况、提供虚假材料或者拒绝提供反映其活动情况的真实材料的；

(四)法律、法规规定的其他违法行为。

第二十三条　省、自治区、直辖市气象主管机构可以根据本办法制定实施细则，并报国务院气象主管机构备案。

第二十四条　本办法自 2016 年 9 月 1 日起施行。

13. 关于气象专用技术装备法定技术要求的规定(第十三条)

第十三条　气象专用技术装备应当符合国务院气象主管机构规定的技术要求,并经国务院气象主管机构审查合格;未经审查或者审查不合格的,不得在气象业务中使用。

【审议过程与立法沿革】

在审议过程中,相关内容未作修改,沿用《草案》第十二条的内容。最终形成了《气象法》第十三条的规定。

本条自 1999 年《气象法》施行以来,未作修改。

【法条释义】

本条是关于气象专用技术装备法定技术要求的规定。

气象专用技术装备,是指专门用于气象探测、预报、服务以及人工影响天气、空间天气等气象业务的气象设备、仪器、仪表、消耗器材及相应软件系统,是构成气象设施的主要组成部分,是气象信息采集、传输、加工、处理的重要工具,是气象业务工作的物质基础。因气象工作是国家基础性公益事业,为保证气象专用技术设备的正常运行,国家对基本气象业务系统使用的气象技术装备从规划、开发、试验、选购、质量监督、储备、供应、维修、检定、更新、改造和报废等全过程实施综合管理。其中技术标准关系到生产质量、后续安装调试、运行安全稳定等内容,可以说是气象专用技术装备管理的源头。《气象法》专门对技术标准和技术装备性能质量要求作出了规定。

《气象法》生效实施前,国务院气象主管部门曾发布过一系列规范性文件,对气象专用技术装备监管工作作出规定,如《气象技术装备管理办法》(国气装发〔1989〕20 号)、《气象技术装备使用许可证管理暂行办法》(国气装发〔1990〕19 号)、《关于深化气象技术装备工作改革的意见》(国气装发〔1990〕7 号)、《气象技术装备供应管理办法》(国气装发〔1991〕28 号)、《地面气象仪器使用许可证实施细则(试行)》(气装发〔1992〕113 号)、《气象部门技术装备列装管理暂行办法》(国气装发〔1993〕3 号)、《气象技术装备出厂验收暂行办法》(气装发〔1995〕20 号)等,目前这些规定依照中国气象局关于公布废止和宣布失效政策性文件目录的通知(气发〔2016〕50 号)均已废止。现行主要依据部门规章《气象专用技术装备使用许可管理办法》(中国气象局令第 41 号)①、规范性文件《气象观测专用技术装备管理办法》(气发〔2013〕98 号)具体实施。具体内容如下。

一是规定了气象专用技术装备的技术标准。要保证气象专用技术装备的性能和质量,做好气象技术装备的统一规划、统一布局、统一管理,首先要有统一的技术标准。只有当技术装备达到了国务院气象主管机构要求的技术标准,具备有效许可证时,才有了列入气象基本业务使用的技术装备的前提条件。《气象专用技术装备使用许可管理办法》规定,气象专用技术装

① 《气象专用技术装备使用许可管理办法》(以下简称《办法》)由 2016 年 4 月 2 日中国气象局令第 28 号公布,自 2016 年 6 月 1 日起施行,2006 年 11 月 22 日公布的《气象专用技术装备使用许可管理办法》(中国气象局令第 14 号)同时废止。该《办法》根据 2020 年 3 月 24 日《中国气象局关于修改〈气象信息服务管理办法〉等四部部门规章的决定》第一次修订,根据 2022 年 8 月 15 日《中国气象局关于修改和废止部分部门规章的决定》第二次修订。

备，是指专门用于气象探测、预报、服务以及人工影响天气、空间天气等气象业务的气象设备、仪器、仪表、消耗器材及相应软件系统。《气象观测专用技术装备管理办法》（气发〔2013〕98号）规定，气象观测专用技术装备管理应以质量管理为核心，统筹规划布局，统一技术规范、产品标准要求。

二是规定了必须经国务院气象主管机构审查合格后的气象专用技术装备才能投入业务使用。对气象专用技术装备的审查，是把住气象技术装备生产和使用的关口。目前，中国气象局进行审查的主要方式是颁发气象专用技术装备使用许可证。根据中国气象局颁发的《气象技术装备使用许可证管理办法》的规定，在气象业务、工程设计建设中，应当使用具备有效许可证的气象专用技术装备。国务院气象主管机构定期公告气象专用技术装备目录和取得或者注销、撤销许可的名录。气象技术装备取得使用许可证的条件为：(1)具有国家法定授权的气象计量机构或者认证认可监督管理部门颁发资质的检测机构；(2)具备技术标准要求的检验测试手段和基本环境条件；(3)用于检测的标准、设备和仪器经过计量主管部门检定和校准；(4)具有相应资格的测试技术人员；(5)具有完善的运行和维护制度。上述规定主要是为把住进入基本业务系统使用的技术装备的入口关。有了统一的技术标准又取得了使用许可证的气象专用技术装备，在运行期间还要由相关负责机构和负责人进行定期检定或校准。

【关联法条】

(1)《气象法》

第三十六条　违反本法规定，使用不符合技术要求的气象专用技术装备，造成危害的，由有关气象主管机构按照权限责令改正，给予警告，可以并处五万元以下的罚款。

(2)部门规章《气象专用技术装备使用许可管理办法》

(3)规范性文件《气象观测专用技术装备管理办法》(气发〔2013〕98号)

14. 关于气象计量器具的规定(第十四条)

第十四条　气象计量器具应当依照《中华人民共和国计量法》的有关规定，经气象计量检定机构检定。未经检定、检定不合格或者超过检定有效期的气象计量器具，不得使用。

国务院气象主管机构和省、自治区、直辖市气象主管机构可以根据需要建立气象计量标准器具，其各项最高计量标准器具依照《中华人民共和国计量法》的规定，经考核合格后，方可使用。

【审议过程与立法沿革】

草案	草案二次审议稿	草案三次审议稿	条文
第十三条　气象计量器具应当依照计量法的有关规定，经气象计量检定机构检定；未经检定、检定不合格或者超过检定有效期的，不得使用。 国务院气象主管机构和省、自治区、直辖市气象主管机构可以根据需要建立气象计量标准器具，其各	**第十三条**　气象计量器具应当依照计量法的有关规定，经气象计量检定机构检定[;]未经检定、检定不合格或者超过检定有效期的，不得使用。 国务院气象主管机构和省、自治区、直辖市气象主管机构可以根据需要建立气象计量标准器具，其各	**第十四条**　气象计量器具应当依照[计量法]的有关规定，经气象计量检定机构检定。未经检定、检定不合格或者超过检定有效期的**气象计量器具**，不得使用。 国务院气象主管机构和省、自治区、直辖市气象主管机构可以根据需要建	**第十四条**　气象计量器具应当依照《**中华人民共和国计量法**》的有关规定，经气象计量检定机构检定。未经检定、检定不合格或者超过检定有效期的气象计量器具，不得使用。 国务院气象主管机构和省、自治区、直辖市气象主管机构可以根据需要建

续表

草案	草案二次审议稿	草案三次审议稿	条文
项最高计量标准器具依照计量法的规定，经考核合格后，方可使用。	项最高计量标准器具依照 计量法 的规定，经考核合格后，方可使用。	立气象计量标准器具，其各项最高计量标准器具依照**《中华人民共和国计量法》**的规定，经考核合格后，方可使用。	立气象计量标准器具，其各项最高计量标准器具依照《中华人民共和国计量法》的规定，经考核合格后，方可使用。

在审议过程中，《草案二次审议稿》沿用了《草案》相关内容。《草案三次审议稿》对文字表述进行了修改完善，使得表述更为精准。《气象法》在条文表述上进一步完善，最终形成了第十四条的规定。

本条自 1999 年《气象法》施行以来，未作修改。

【法条释义】

本条是关于气象计量器具的规定。

一是规定了气象计量器具的检定机构。计量工作是经济建设的重要技术基础，涉及各行各业、千家万户。本条文的核心内容是统一计量单位量值。气象计量工作是国家计量工作的重要组成部分，属于专业计量范畴，是确保气象计量单位统一和量值准确可靠的重要手段，也是确保气象探测质量、做好气象预报、气象服务和科学研究的基础。根据《计量法》的规定，计量授权即是指各级计量行政主管部门依法授予同级气象主管机构所属的气象计量检定机构，依法执行强制检定和法律规定的其他检定测试任务。在授予形式上，按《计量法实施细则》规定有四种：一是授权专业性或区域性计量检定机构，作为法定计量检定机构；二是授予建立社会公用计量标准；三是授予某一部门或某一单位的计量检定机构对其内部使用的强制检定计量器具执行强制检定；四是授予有关技术机构承担法律规定的其他检定、测试任务。

二是规定了气象计量器具的检定任务。为了保证气象仪器量值的精准，必须依据《计量法》的有关规定，对气象计量器具进行检定。未经检定、检定不合格或超过检定有效期的气象计量器具，不得使用。早在 20 世纪 50 年代，我国就陆续建立了气象计量检定机构，并由其承担气象仪器的检定任务。1985 年《中华人民共和国计量法》颁布后，按照《计量法》的要求，各级气象计量检定机构都接受了同级计量部门的考核、认证和授权，一些项目作为社会公用计量标准承担了气象计量的检定任务。根据《计量法》第十条[①]规定，计量检定必须执行计量检定规程。中国气象局在国务院计量行政主管部门的授权下制定了二十余部气象计量检定规程，严格按检定规程执行授权检定。按照本条第一款规定，气象计量检定机构有权监督检查本行政区域内社会公用的气象计量器具的检定情况，未经检定、检定不合格或者超过检定有效期的气象计量器具，不得使用。

三是规定了气象计量标准器具的建立与传递。本条第二款规定了气象计量标准器具的建立与传递，是根据《计量法》第七条加以确定的。中国气象局和省级气象局建立了两级气象计

① 《计量法》第十条：计量检定必须按照国家计量检定系统表进行。国家计量检定系统表由国务院计量行政部门制定。计量检定必须执行计量检定规程。国家计量检定规程由国务院计量行政部门制定。没有国家计量检定规程的，由国务院有关主管部门和省、自治区、直辖市人民政府计量行政部门分别制定部门计量检定规程和地方计量检定规程。

量标准传递系统，省级气象计量检定机构使用的气象计量最高标准（二级标准），由中国气象局计量检定机构使用的气象计量最高标准（一级标准）传递，并定期与之检验；中国气象局使用的气象计量最高标准（一级标准），则溯源于国家计量基准。气象台站和社会各界使用的需计量的气象专用技术装备（即工作计量器具）均应定期由省级气象计量检定机构进行定期检定后方可使用。

为了加深对本条规定的理解以便执行，现就本条所涉及的专业性比较强的几个术语进行如下解释。

计量器具：指能用以直接或间接测出被测对象量值的装置、仪器仪表、量具和用于统一量值的标准物质，包括计量基准、计量标准和工作计量器具。

计量基准：即最高计量标准，是在特定领域内复现和保存的计量单位量值，具有最高计量学特征，经国家鉴定、批准，作为统一全国量值最高依据的计量器具。全国的各级计量标准和工作计量器具的量值，都必须溯源于计量基准，因为计量器具是量值溯源的最终点（即量值传递的起点），它体现一个国家计量科学技术发展水平，使用次数必须严格控制。因此，在计量基准之下要建立副基准和工作基准，以代替计量基准的日常使用，防止计量基准的频繁使用而丧失其应用的计量学特征或遭受破坏。

国家建立计量基准的原则：一是根据国民经济的发展和科技进步的需要，由国务院计量行政部门负责统一规划，有组织地进行。二是根据大集中、小分散的格局，属于基本的、通用的，为各行各业服务的计量基准，建在国家法定计量检定机构；属于专业性较强，仅为个别行业所需要，或工作条件要求特殊的计量基准，可授权其他部门建在有关技术机构。经授权，气压、风速、辐射的国家计量基准就建立在国家气象计量站。

计量标准器具：简称计量标准，是指准确度低于计量基准的用于检定其他计量标准或工作计量器具的计量器具，它处于中间环节，起到承上启下作用。计量标准分为社会公用计量标准，部门和企业、事业单位计量标准。社会公用计量标准是指经过政府计量行政部门考核、批准，作为统一本地区量值的依据，在社会上实施计量监督并具有公正作用的计量标准。

【关联法条】

(1)《计量法》

第二十二条　为社会提供公证数据的产品质量检验机构，必须经省级以上人民政府计量行政部门对其计量检定、测试能力和可靠性考核合格。

(2)司法解释《最高人民法院关于雷电防护设施检测机构是否应当进行计量认证问题的答复》(2003年11月26日〔2003〕行他字第13号)

该司法解释明确了雷电防护设施检测机构需要经过资格认证，但不需要经过计量认证。

最高人民法院关于雷电防护设施检测机构是否应当进行计量认证问题的答复

黑龙江省高级人民法院：

你院《关于五常市气象局不服哈尔滨市五常质量技术监督局行政处罚一案有关法律适用问题的请示报告》收悉。经研究，答复如下：

根据《中华人民共和国计量法》等有关法律的规定，雷电防护设施检测机构需要经过资格认证，但不需要经过计量认证。

此复。

第3章 气象探测

15. 关于气象主管机构所属气象台站气象探测、资料汇交和发布的规定(第十五条)

第十五条 各级气象主管机构所属的气象台站，应当按照国务院气象主管机构的规定，进行气象探测并向有关气象主管机构汇交气象探测资料。未经上级气象主管机构批准，不得中止气象探测。

国务院气象主管机构及有关地方气象主管机构应当按照国家规定适时发布基本气象探测资料。

【审议过程与立法沿革】

草案	草案二次审议稿	草案三次审议稿	条文
第十四条 从事气象探测的组织和个人，应当向国务院气象主管机构或者省、自治区、直辖市气象主管机构汇交所获得的气象探测资料。	**第十四条 各级气象主管机构所属的气象台站，应当按照国务院气象主管机构的规定，进行气象探测并向有关气象主管机构汇交气象探测资料。未经上级气象主管机构批准，不得擅自中止。** **国务院其他有关部门和省、自治区、直辖市人民政府其他有关部门所属的气象台站及其他从事气象探测的**组织和个人，应当**按照国家有关规定**向国务院气象主管机构或者省、自治区、直辖市气象主管机构汇交所获得的气象探测资料。	**第十五条** 各级气象主管机构所属的气象台站，应当按照国务院气象主管机构的规定，进行气象探测并向有关气象主管机构汇交气象探测资料。未经上级气象主管机构批准，不得中止**气象探测**。 国务院其他有关部门和省、自治区、直辖市人民政府其他有关部门所属的气象台站及其他从事气象探测的组织和个人，应当按照国家有关规定向国务院气象主管机构或者省、自治区、直辖市气象主管机构汇交所获得的气象探测资料。 **各级气象主管机构应当按照气象资料共享、共用的原则，根据国家有关规定，与其他从事气象工作的机构交换有关气象信息资料。**	**第十五条** 各级气象主管机构所属的气象台站，应当按照国务院气象主管机构的规定，进行气象探测并向有关气象主管机构汇交气象探测资料。未经上级气象主管机构批准，不得中止气象探测。 **国务院气象主管机构及有关地方气象主管机构应当按照国家规定适时发布基本气象探测资料。**

在《草案》审议过程中，有意见提出，应当明确规定各级气象主管机构所属气象台站负责常规的、定时的、连续的气象观测的职责。另外，其他部门、组织和个人取得的气象探测资料没有必要不加区分的要求必须向气象主管机构汇交。因此，《草案二次审议稿》增加了相关内容。

《草案二次审议稿》审议过程中，有意见提出，气象主管机构与各专业气象台站的气象探测资料同属于国家的资源，其汇交与使用应当体现平等互换、资源共享的原则。因此，《草案三次审议稿》增加了相关规定。

《气象法》又对《草案三次审议稿》内容进行了完善调整，将原规定调整为第十五条、第十六条、第十八条分别规定。最终形成了《气象法》第十五条的规定。

本条自 1999 年《气象法》施行以来，未作修改。

【法条释义】

本条是关于气象主管机构所属气象台站气象探测、资料汇交和发布的规定。

一是规定了对各级气象主管机构所属气象台站进行气象探测活动的要求。第一款明确规定了气象探测的主体是气象台站。同时还对气象台站进行气象探测活动时的基本要求进行了规定，首先，必须按照国务院气象主管机构的规定进行探测；其次必须是不间断地进行探测，因气象变化万千，必须实时进行监测；再次是按照要求向气象主管机构汇交气象探测资料；最后规定了“未经上级气象主管机构批准，不得中止气象探测”。

二是规定了适时向社会发布基本气象探测资料。探测资料的发布主体是国务院气象主管机构及有关地方气象主管机构，发布的内容是基本气象探测资料，是与人民群众日常生活密切相关的气象信息，不包括专业性气象探测资料，还需要按照保密性规定，不得对外发布涉密气象信息，另外要求适时发布，一般是每日发布，对于遇到气象巨变等紧急情况的，也必须及时发布。

【关联法条】

(1)部门规章《气象行业管理若干规定》

第十四条　各级气象主管机构所属的气象台站，应当按照国务院气象主管机构的规定，进行气象探测并向有关气象主管机构汇交气象探测资料。未经上级气象主管机构批准，不得中止气象探测。

国务院其他有关部门和省、自治区、直辖市人民政府其他有关部门所属的气象台站及其他从事气象探测的组织和个人，应当按照国家有关规定向国务院气象主管机构或者省、自治区、直辖市气象主管机构汇交所获得的气象探测资料。

(2)部门规章《气象信息服务管理办法》

第十五条　开展气象信息服务的单位应当充分利用气象主管机构所属的气象台提供的基本气象资料，避免重复建设气象探测站(点)。

确需建站获取资料的，建站单位应当将拟建气象探测站(点)的地理位置、经纬度坐标、探测气象要素类型、仪器设备、资料传输、存储方式、目的用途和探测时段等相关信息报探测站(点)所在地设区的市级以上气象主管机构备案，并按照国家有关规定汇交所获得的气象探测资料，气象主管机构应当出具汇交凭证。

(3)部门规章《涉外气象探测和资料管理办法》

《涉外气象探测和资料管理办法》针对境外组织、机构和个人在中华人民共和国领域和中华人民共和国管辖的其他海域从事气象探测和气象资料的提供、使用和汇交等活动，对涉外气象探测站（点）的设立、涉外气象资料的管理以及相应法律责任专门作出了规定。

（4）规范性文件《气象探测资料汇交管理办法》（气发〔2017〕31 号）

当前，数据已成为国家基础性战略资源，对经济运行机制、社会生活方式和国家治理能力产生了重要影响。气象事业已融入政治、经济、民生等各领域中，为充分利用气象数据规模优势，满足我国大数据发展战略的迫切需求，推动气象数据资源汇集共享，实现数据规模、质量和应用水平同步提升，更好地发挥数据资源的战略作用，发掘和释放数据资源的潜在价值，更加科学地为国家重大经济社会发展战略、国家防灾减灾救灾体系建设和社会民生等方面做好气象预报服务，依照《气象法》相关规定，中国气象局研究制定了《气象探测资料汇交管理办法》。中国气象局历来高度重视气象数据的开放共享。2015 年中国气象局出台了《气象信息服务管理办法》（中国气象局令第 27 号），并发布了《基本气象资料和产品共享目录（2015 年）》，依托中国气象数据网作为公共气象数据服务平台，向全社会免费提供 5 大类 30 余种基础资料产品和 960 种卫星遥感数据产品的相关数据，总数据量约 3 PB，成为首个向全社会开放专业数据的国务院部门。在此之前，尚无统一的资料汇交规范和汇交途径的相关规定，这在一定程度上阻碍了数据资源的集约整合和共享应用，影响了其潜在价值的发掘和释放。为集约统筹这些气象数据资源，提供更加广泛便捷的共享应用，进而加强气象数据资源与其他行业数据的融合，实现从“数据服务”到“资源服务”的升级，故制定了《气象探测资料汇交管理办法》。

《气象探测资料汇交管理办法》共 15 条 25 款，其主要包括适用范围、职责分工、汇交内容、汇交方式等内容。适用范围规定了应当汇交气象探测资料的主体范围，包括各级气象主管机构所属的气象台站，国务院其他有关部门和省、自治区、直辖市人民政府其他有关部门所属的气象台站及其他从事气象探测的组织和个人等。职责分工明确了国务院、省级气象主管机构的监督管理职责，国家和省级气象信息业务部门的收集、整理、服务职责，以及政府其他部门、其他组织和个人等汇交主体在汇交资料时所应享有权利和义务。汇交内容和汇交方式明确了汇交资料所应包含的数据和文档内容，以及汇交资料的途径和手段。

以《气象法》为基础，《气象探测资料汇交管理办法》中明确了气象探测的含义，即“气象探测是指利用科技手段对大气和近地层的大气物理过程、现象及其化学性质等进行的系统观察和测量”。根据“气象探测”的含义，《气象探测资料汇交管理办法》明确地阐述了行业部门、企业及个人汇交气象探测资料的原则。一是各级气象主管机构所属的气象台站，应当按照规定进行气象探测并汇交气象探测资料；二是其他有关部门所属的气象台站以及其他从事气象探测的组织和个人，应当汇交所获得的气象探测资料；三是鼓励行业部门机构与气象部门交换其他相关资料，鼓励企业和个人汇交移动终端设备、智能可穿戴设备、室内外微型探测设备等获取的气象相关信息。目前，中国气象局正在与中国科学院、墨迹天气公司等单位、企业沟通联系，开展资料汇交共享工作。在大数据时代背景下，气象爱好者自建的“个人气象站”或“家庭气象站”，产生了大量的气象数据信息，是了解掌握百姓身边气象条件的必要补充，为气象信息服务提供了行之有效的数据支撑和校正辅助手段。

《气象探测资料汇交管理办法》结合各主体开展气象探测工作的实际情况，对汇交方式和程序分别进行了说明。一是气象部门所属台站，按照现有业务规定继续实时汇交资料；二是国务院或省级政府其他有关部门，可按照约定的方式，一般为数据专线，开展气象探测资料汇交工作，并可协商交换共享其他资料；三是其他组织和个人，主要通过中国气象数据网的汇交平台注册后实时或定时汇交，同时，有关部门正在不断升级中国气象数据网手机 App，供大家随时随地分享相关气象信息。不能通过以上方式汇交的，可每年通过邮件寄送或网络传输的方式，汇交上一年度气象探测资料；未汇交历史气象探测资料的，可通过邮件寄送或网络传输的方式，一次性汇交至气象信息业务单位。国家和省级气象信息业务单位会及时向社会公布气象探测资料汇交地址及联系人信息。

按照《气象探测资料汇交管理办法》规定的“气象探测”的含义，凡是从事气象探测的，都应当汇交所获取的气象资料。在实际工作的开展过程中，鼓励各行业部门、机构等主体与气象部门能充分沟通协商，充分了解对方的需求并发挥双方的优势，交换共享资料，实现互补共赢；鼓励企业和个人能够及时汇交包括移动终端设备、室内外微型探测设备等在内的各类气象相关信息，在汇交的同时也可以更多地使用大家汇交来的数据资源。近年来，我国正在逐步建立汇交资料认证制度，以获取针对气象资料的知识产权保护（DOI 号），并实现对汇交主体的积分奖励，纳入气象信息服务的信用评价体系。后续，我国仍将继续探索建立数据交易平台，规范数据交易及收益分配等内容，使汇交主体可以获取经济价值等方面的鼓励，进一步提高汇交和共享积极性。《气象探测资料汇交管理办法》未涉及罚则，但在《气象信息服务管理办法》（中国气象局令第 27 号）中，对从事气象信息服务单位不按要求汇交气象探测资料的行为，有相应的惩罚措施，处罚结果将纳入气象信息服务单位信用信息统计系统并向社会公示①。

16. 其他组织或者个人气象探测资料汇交以及气象资料共享的规定（第十六条）

第十六条　国务院其他有关部门和省、自治区、直辖市人民政府其他有关部门所属的气象台站及其他从事气象探测的组织和个人，应当按照国家有关规定向国务院气象主管机构或者省、自治区、直辖市气象主管机构汇交所获得的气象探测资料。

各级气象主管机构应当按照气象资料共享、共用的原则，根据国家有关规定，与其他从事气象工作的机构交换有关气象信息资料。

【审议过程与立法沿革】

草案	草案二次审议稿	草案三次审议稿	条文
第十四条　[从事气象探测的]组织和个人，应当向国务院气象主管机构或者省、自治区、直辖市气象主管机构汇交所获得的气象探测资料。	**第十四条第二款**　**国务院其他有关部门和省、自治区、直辖市人民政府其他有关部门所属的气象台站及其他从事气象探测的**组织和个人，应当**按照国家有关规定**向国务院气象主管机构或者省、自治区、直辖市气象主管机构汇交所获得的气象探测资料。	[第十五条第二款、第三款]　国务院其他有关部门和省、自治区、直辖市人民政府其他有关部门所属的气象台站及其他从事气象探测的组织和个人，应当按照国家有关规定向国务院气象主管机构或者省、自治区、直辖市气象主管机构汇交所获得的气象探测资料。	**第十六条**　国务院其他有关部门和省、自治区、直辖市人民政府其他有关部门所属的气象台站及其他从事气象探测的组织和个人，应当按照国家有关规定向国务院气象主管机构或者省、自治区、直辖市气象主管机构汇交所获得的气象探测资料。 各级气象主管机构应当按照气象资料共享、共用

① 张格苗．推动气象数据资源汇集共享 促进预报科学服务国家战略——中国气象局预报与网络司司长顾建峰解读〈气象探测资料汇交管理办法〉[N]．中国气象报，(2017-05-11)[2023-02-17]．

续表

草案	草案二次审议稿	草案三次审议稿	条文
		各级气象主管机构应当按照气象资料共享、共用的原则，根据国家有关规定，与其他从事气象工作的机构交换有关气象信息资料。	的原则，根据国家有关规定，与其他从事气象工作的机构交换有关气象信息资料。

在《草案》审议过程中，有意见提出，应当明确规定各级气象主管机构所属气象台站承担常规的、定时的、连续的气象观测的职责。另外，其他部门、组织和个人取得的气象探测资料没有必要不加区分地要求必须向气象主管机构汇交。因此，《草案二次审议稿》增加了相关内容。《草案三次审议稿》对相关内容未作修改。《气象法》又对《草案三次审议稿》内容进行了完善调整，将原规定在第十五条的内容，单独规定，最终形成了《气象法》第十六条的规定。

本条自 1999 年《气象法》施行以来，未作修改。

【法条释义】

本条是关于非气象主管机构所属气象台站气象探测、资料汇交和发布的规定。

一是规定了其他从事气象探测的组织和个人汇交气象探测资料的义务。目前除气象主管机构所属的气象台站外，其他部门也有相当数量的气象台站在进行气象探测工作，他们获取的资料信息主要是为了满足自身服务的需要，基本上仅限于自己保管使用，未能充分发挥其使用价值。因此，本条第一款规定“国务院其他有关部门和省、自治区、直辖市人民政府其他有关部门所属的气象台站及其他从事气象探测的组织和个人，应当按照国家有关规定向国务院气象主管机构或者省、自治区、直辖市气象主管机构汇交所获得的气象探测资料”。气象探测资料是国家重要的信息资源，应当加强归口管理。这一规定既符合国际惯例，也为充分发挥其他从事气象探测的组织和个人所获得气象探测资料的社会经济效益开辟了重要途径。

二是规定了气象资料交换的原则。气象资料共享、共用的原则。这一原则的明确有利于本条第一款规定的落实，也有助于解决当前相关部门信息资料不能共享的问题。这里所指的“有关气象信息资料”是指具有比较性、代表性、准确性和使用价值的信息资料。

【关联法条】

(1)部门规章《气象资料共享管理办法》

本办法针对气象资料的共享，即各级气象主管机构在组织收集并存档的各种气象观(探)测记录，以及由这些记录加工处理而成的各类气象数据集、各种气候统计值和数值分析资料等的共享过程中提供、使用、保管以及其他相关行为的法律责任作出了明确规定。

(2)部门规章《涉外气象探测和资料管理办法》

参见第十五条关联法条。

17. 气象探测要求和气象探测信息报告制度(第十七条)

第十七条　在中华人民共和国内水、领海和中华人民共和国管辖的其他海域的海上钻井平台和具有中华人民共和国国籍的在国际航线上飞行的航空器、远洋航行的船舶，应当按照国家有关规定进行气象探测并报告气象探测信息。

【审议过程与立法沿革】

草案	草案二次审议稿	草案三次审议稿	条文
第十五条 在中华人民共和国内海、领海和中华人民共和国管辖的其他海域的海上钻井平台和具有中华人民共和国国籍的在国际航线上飞行的航空器、远洋航行的船舶,应当按照国家有关规定进行气象探测,并向国务院气象主管机构指定的单位提供气象探测信息。	**第十五条** 在中华人民共和国内**水**、领海和中华人民共和国管辖的其他海域的海上钻井平台和具有中华人民共和国国籍的在国际航线上飞行的航空器、远洋航行的船舶,应当按照国家有关规定进行气象探测并**汇交**气象探测信息。	**第十六条** 在中华人民共和国内水、领海和中华人民共和国管辖的其他海域的海上钻井平台和具有中华人民共和国国籍的在国际航线上飞行的航空器、远洋航行的船舶,应当按照国家有关规定进行气象探测并汇交气象探测信息。	**第十七条** 在中华人民共和国内水、领海和中华人民共和国管辖的其他海域的海上钻井平台和具有中华人民共和国国籍的在国际航线上飞行的航空器、远洋航行的船舶,应当按照国家有关规定进行气象探测并**报告**气象探测信息。

在《草案》审议过程中,《草案二次审议稿》对《草案》进行了两处调整。其一,将“内海”修改为“内水”,内水是指沿岸领海基线向陆地一面至海岸线的水。内海是指领海基线向内一侧的全部海水,包括海湾、海峡、河口湾,也包括领海基线与海岸之间的海域和被陆地所包围或通过狭窄水道连接海洋的海域。相比之下,内水范围更广,也更为准确。其二,删除了“向国务院气象主管机构指定的单位提供”表述,直接规定为“按照国家有关规定进行气象探测并汇交气象探测信息”。《草案三次审议稿》沿用相关表述。《气象法》条文又对《草案三次审议稿》表述进行了调整,将“汇交”修改为“报告”。最终形成了《气象法》第十七条的规定。

本条自1999年《气象法》施行以来,未作修改。

【法条释义】

本条是关于在中华人民共和国内水、领海和中华人民共和国管辖的其他海域的海上钻井平台和具有中华人民共和国国籍的在国际航线上飞行的航空器、远洋航行的船舶气象探测和气象探测信息报告的规定。

一是随着近海石油和天然气资源的开发以及航空、航海、渔业捕捞事业的发展,这类行业对海上和高空气象服务的需求日益迫切,要求获得更多反映海洋、高空气象状况的探测资料。而在海上钻井平台设置气象探测仪器设备,在船舶、航空器上进行气象探测,是获取海洋、高空气象资料的重要来源之一。因此,不少国家(如日本、韩国等)都在其气象法律中规定有关船舶和航空器上要安装气象仪器,按照国际惯例和统一规定进行气象探测,并及时将气象探测资料报告给指定单位。

二是我国在船舶、航空器上观测所获得的资料是为保障海上、空中安全提供气象服务,基于此情况,我国确定了一批船舶、航空器进行观测提供资料,并将其纳入世界天气监视网的全球观测系统。但从目前的实际情况来看,这项工作还十分薄弱,观测资料缺乏,工作也不够正规,既不能满足客观实际的需要,同时与我国在国际事务、国际气象界的地位也很不相符。因此,贯彻实施本条规定,进一步加强这项工作是十分必要的。在有关部门的大力协调配合下,将使这项工作逐步步入正轨,在近几年内能有较大发展。

三是本条规定的“航空器”，是指具有中华人民共和国国籍的航空器。根据《国际航空公约》和《中华人民共和国航空法》规定，航空器实行国籍制，凡具有中华人民共和国国籍的，就属于我国的航空器。在国际航线上飞行，是指在我国领空以外的空中飞行，包括其他国家和地区的领空。进行气象探测取得的气象探测资料，也包括在国际航线上获取其他国家和地区的气象探测资料。“远洋船舶”，是指承担远洋航运任务，超过 500 吨的船舶；远洋航行，是指在公海和其他国家和地区管辖的海域航行。

【关联法条】

部门规章《中国民用气象工作规则》

第五十六条　在中华人民共和国领域内飞行的航空器，在飞行过程中应当按照有关规定进行气象观测和报告；具有中华人民共和国国籍的航空器，在国际航线上飞行时，应当按照有关规定进行气象观测和报告。航空器观测分为例行观测、特殊观测和其他非例行观测：

（一）航空器在飞行过程中，应当按照规定位置和时间间隔对气温、湿度、风向、风速以及颠簸、积冰等进行例行观测和报告；

（二）航空器在飞行过程中，遇到或者发现严重颠簸、严重积冰、严重的山地波、伴有（或者不伴有）冰雹的雷暴、强尘暴或者强沙暴、火山灰云以及火山喷发前的活动或者火山喷发时，应当进行特殊观测和报告，并尽快通知有关的空中交通服务部门；

（三）航空器在飞行过程中，当出现未列入航空器特殊观测项目的天气现象，如风切变等，并且机长认为会影响航空器安全和运行效率时，应当进行非例行观测，并尽快通知有关的空中交通服务部门。

18. 气象探测资料保密机制（第十八条）

第十八条　基本气象探测资料以外的气象探测资料需要保密的，其密级的确定、变更和解密以及使用，依照《中华人民共和国保守国家秘密法》的规定执行。

【审议过程与立法沿革】

草案	草案二次审议稿	草案三次审议稿	条文
		第十七条　国务院气象主管机构及有关地方气象主管机构应当按照国家规定适时发布基本气象探测资料。 基本气象探测资料以外的气象探测资料需要保密的，其密级的确定、变更和解密以及使用，依照《中华人民共和国保守国家秘密法》的规定执行。	**第十八条**　基本气象探测资料以外的气象探测资料需要保密的，其密级的确定、变更和解密以及使用，依照《中华人民共和国保守国家秘密法》的规定执行。

《草案》及《草案二次审议稿》未规定相关内容。在《草案二次审议稿》审议过程中，有意见

提出，对一些敏感地区气象探测资料的使用应当注意保密，建议针对其作出相应的规定。因此，《草案三次审议稿》新增一条作为第十七条，规定了关于气象发布和保密的内容。

《气象法》又对《草案三次审议稿》内容进行了完善调整，将原规定第一款调整为《气象法》第十五条第二款，仅保留了原第二款规定。最终形成了《气象法》第十八条的规定。

本条自 1999 年《气象法》施行以来，未作修改。

【法条释义】

气象探测资料除了在国民经济、社会发展和人民生活等诸多日常领域有着广泛的用途外，在国防建设和军事活动等方面也有很大的使用价值。为了维护国家的安全，体现国家的主权原则，应当高度重视气象探测资料的保密问题。因此，除了可以公开发布的基本气象探测资料外，特殊地区为特殊目的而设置的气象台站所获得的气象探测资料是具有一定机密性的，而有些探测资料按照内外有别的原则，在一定时期内也是需要强调保密的，具体密级的确定、变更和解密等，可以按照《保守国家秘密法》有关规定执行。

本条所说的气象探测资料的保密范围是除基本气象探测资料以外需要保密的气象资料。

【关联法条】

(1)部门规章《气象部门保守国家秘密实施细则》

第十二条　对气象业务(含科技)工作中的国家秘密事项，按国家保密局和国家气象局联合制定的《气象工作中国家秘密及其密级具体范围的规定》及时确定密级和保密期限；对其他业务工作中的国家秘密事项，要按有关部门的保密范围规定及时确定密级和保密期限。同时在密件左上角作出标志。

第十三条　凡是复制、摘录、汇编国家秘密文件、刊物、资料，要按原件的密级和保密期限进行管理；不得擅自变更。

第十四条　对是否属于国家秘密或属于何种密级不明确的事项，产生事项的单位应当及时拟定密级，并在拟定密级后的十日内依照下列规定申请确定密级：

(一)属于气象业务、科技方面的事项，逐级报至国家气象局保密工作部门确定，并在三十日内作出批复。

(二)属于其他方面的事项，分别由国家气象局保密部门或当地政府保密部门报至中央、国务院有关部门的保密工作机构确定。

第十五条　凡是需要变更国家秘密文件、资料及刊物的密级、保密期限以及提前解密的，由主管单位提出具体意见，报原确定秘密等级和保密期限的单位批准。

第十六条　气象资料、科技成果保密工作，在国家气象局保密委员会统一领导下，专业归口、分级审批。

第十七条　向外国人提供绝密、机密、秘密、内部、公开的气象资料、刊物及气象科技成果〈含载体〉，要按以下程序审批：

(一)属于绝密级的，由主办单位报省(自治区、直辖市)气象局或国家气象局，经国家气象局有关职能机构审核，国家气象局保密委员会审查批准，报国家保密局备案；

(二)属于机密、秘密级的，由主办单位报省(自治区、直辖市)气象局或国家气象局，经国家气象局有关职能机构审核，报国家气象局保密委员会审查批准；

(三)属于内部的，由主办单位报省(自治区、直辖市)气象局或国家气象局有关职能机构审查批准；

（四）属于公开的，由主办单位与地（市）、县气象局或国家气象局和省（自治区、直辖市）气象局处级单位协商解决。

第十八条　向外国人提供涉密气象资料，由国家气象局业务主管部门根据气象工作中保密范围规定和本《细则》要求制定具体保密规定，报国家气象局保密委员会批准后执行。

第十九条　向外国人提供涉密气象科技成果（含载体），由国家气象局科技主管按照国家有关保密法规，结合气象工作中保密范围和本《细则》要求制定出具体保密规定，经国家气象局保密委员会批准后执行。

第二十条　国内其他部门、单位因工作需要借用涉密气象资料、刊物等，属绝密级的经国家气象局领导批准；属机密、秘密级的由司局级主管单位领导批准；属内部的由主管处级单位领导批准。气象部门内部单位需借用涉密气象资料、刊物等，由主管单位领导批准。借用者要承担保密义务，未经批准不得擅自复制留存，不得擅自扩散或向第三者提供。

第二十一条　气象部门各单位要认真执行各项保密法规，并结合本单位业务的特点，制定出本单位和业务工作中的保密制度。

气象部门的宣传、出版单位要严格执行保密审查制度，在新闻报道和各种出版物中不得泄露国家秘密。

第二十二条　凡从事机要、保密、文秘、档案人员，必须具有对党无限忠诚、严守国家秘密的品德。对上述人员加强经常性的思想政治工作和保密教育，并接受上级机要和保密部门的监督、检查。人员要相对稳定，对不称职和任用不当的，应及时撤换和调整。

第二十三条　气象部门各单位要严格执行国家保密局制定的对国家秘密文件、刊物、资料和其他物品的制作、收发、传递、使用、复制、摘抄、处理及归档的管理办法，切实加强机要保密工作。具体保密要求：

（一）对接触绝密级国家秘密的人员要经过批准，并登记备案；确因工作需要复印、摘抄国家秘密文件、资料和刊物的，需经原制文单位批准，复制件应同原件一样管理，须摘抄的应摘抄在有编号的专用保密本上，定期抽查和清退保密本；外出人员必须携带国家秘密文件、资料、刊物的，需经单位领导批准，并按机要保密要求办理手续。

（二）要严格管理密码电报。密码电报必须在机要室承办，需借出承办的，须经电报主管单位领导批准，并在下班前退回机要室。严禁复制和外出携带密码电报。确因工作需要摘抄的，须经主管领导批准，并摘抄在机要专用保密本上并定期抽查和收回。

密码电报的草稿、底稿以及废稿纸交机要室统一销毁。

（三）领导干部参加有关会议带回的秘密文件、资料，不得私自留存或复印，一律先送交机要室登记，并按机要文件管理规定保管和提供使用。

（四）寄送秘密以上密级的文件、刊物、资料必须包封好，编号登记经机要交通传递。

（五）不得用普通电话、电传、传真及明传电报传递秘密事项。不得用无保密措施的无线电话和其他无线通信手段谈及秘密事项。

（六）调动工作和离退休的人员，特别是经管秘密文件、资料的人员，必须严格按规定清退、移交秘密（含内部）文件、资料、刊物和保密本。在没有清退移交完毕之前，不许办理调动或离退休手续。

（七）任何工作人员均不得将秘密级以上文件、资料、刊物带回家中阅读或办公。

（八）国家秘密文件、资料和刊物的销毁，必须由单位机要人员统一登记并经主管领导批准，到指定的保密造纸厂监销。

第二十四条 做好文书、档案的保密工作

（一）凡草拟文电稿和编辑各类文件汇编、书籍等的工作人员，必须根据《气象工作中国家秘密及其密级具体范围的规定》及有关其他部门保密范围规定确定密级和保密期限，属于国家秘密的必须在文件、电报稿以及各类资料、刊物、书籍的封面（或首页）左上角，标明密级和保密期限。国家秘密的标识为“★”。“★”前标密级，“★”后标保密期限。保密期限未标明的，均按秘密10年、机密20年、绝密30年的密级期限认定。属于内部文件、资料和刊物的应在封面（或首页）左上角标明“内部文件●不得外传”“内部资料●不得外传”“内部刊物●不得外传”字样。由于未标明密级和保密期限而造成泄密或扩散的，要追究有关领导和承办人员的责任。

（二）各级领导对文电起草、审核、签发及编印各类文件汇编、书籍、资料、刊物，负责保密审查和对密级确定、保密期限把关，并由单位主管领导人签发生效。

（三）涉及国家秘密的文件、资料、刊物及文件汇编、书籍，在拟稿、审核、签发、印刷、传递、收发、使用、保管、清退、移交、销毁等各个环节，均须履行严格的登记手续。

（四）涉及国家秘密文件、资料和刊物的草稿、讨论稿、修改稿、送审稿以及在制作过程中的声像资料，承办人员必须及时清退或按机要保密规定销毁，不得私自留存。其中有保存价值的，要标明密级及保密期限，按正式文件、资料和刊物进行登记和管理。

（五）凡借阅秘密、机密级的涉外、人事、组织等档案和绝密级的各类档案，要经借阅单位和主管单位领导批准。不准使用未解密的档案资料编写公开发行的史志、书刊、论文等。

（六）档案库房要有防盗、保密措施，保证国家档案的安全可靠。

（2）部门规章《气象资料共享管理办法》

第二十条 提供涉密气象资料共享，以及使用、保管共享的涉密气象资料，不遵守《中华人民共和国保守国家秘密法》和《气象部门保守国家秘密实施细则》等法律、法规等规定的，由有关部门依照上述法律、法规的规定进行处罚。

19. 气象探测环境的保护义务（第十九条）

第十九条 国家依法保护气象探测环境，任何组织和个人都有保护气象探测环境的义务。

【审议过程与立法沿革】

在审议过程中，本条内容未作修改，沿用了《草案》第十六条内容。最终形成了《气象法》第十九条的规定。

本条自1999年《气象法》施行以来，未作修改。

【法条释义】

根据立法资料反映，安全稳定的气象探测环境是保证气象探测设施正常运行、获得准确探测信息、制作高质量气象预报的重要条件之一。然而现实中气象探测环境遭到破坏的现象却非常严重。据统计，全国有近三分之一的气象探测环境受到不同程度的破坏。因此，法律作出了专门规定以保护气象探测环境。为了能获得反映大气变化真实自然状况的探测资料，设置气象仪器和装备的气象观测场应当选在能反映其地方大范围的气象要素的特点，并不受局部地形影响的平坦、空旷之处，要尽可能避开山体、水面、高大建筑物以及树木的影响，此外也不应选在当地最多风向的下风方，在气象探测场周围10米以内不能种植高秆作物和树木。如果气象观测场四周有障碍物，场地边缘与孤立障碍物的距离至少应为障碍物高度的 3 倍，成排群体障碍物则距离应在 10 倍或 10 倍以上。为了保证高空气象探测和雷达探测仪器设备的正常运作，使测得的数据准确可靠，要求在其工作场所附近不得有干扰或影响探测效能的高频电磁辐射装置。为了加强对气象探测环境的依法保护，《气象法》特别规定，国家依法保护气象探测环境，任何组织和个人都有保护气象探测环境的义务。

本条所指的气象探测环境，是指为避开各种干扰以保证气象探测设施准确获得气象探测信息所必需的最小距离构成的环境空间。

【参考案例】

《马某与宁夏回族自治区泾源县气象局相邻通行纠纷一审判决书》（宁夏回族自治区泾源县人民法院〔2018〕宁 0424 民初第 416 号）

实践中有的气象部门为了保护气象探测环境，可能会设置一定的保护装置。这些保护装置对于周围居民生活、通行等可能会产生影响，导致纠纷。对于此类纠纷，应按照《民法典》规定的关于因通行必须利用土地而提供便利的情形。

法院经审理认定事实：原告马某在泾源县××大道以南分配到约 3.3 亩[①]承包地，前几年政府征用原告该位置 1.1 亩承包地用于修建泾源县××大道及周边林带，林带以南剩余 0.74 亩土地由原告马某继续经营。多年来原告一直开车从泾源县××大道南部林带草坪通行到原告林带以南的承包地。2015 年，泾源县气象局经泾源县人民政府划拨土地，在泾源县城乡建设和环境保护局及相关单位的规划下取得土地，并在单位相应范围内的四周安装铁围栏，阻断了原告马某开车从草坪通过的路，原告只能从东西两侧步行绕到林带以南的承包地。现原告以被告泾源县气象局修建的铁栅栏阻碍其通行，致使其承包地栽种的树苗无法耕作与销售为由，请求被告排除妨碍，修通原告通行承包地的道路，并承担本案诉讼费。

被告宁夏回族自治区泾源县气象局辩称，第一，我单位迁建项目的实施是由泾源县人民政府批准且在县发改局立项建设的合法建筑，建设用地由县人民政府划拨，建设用地从选址到立项、开工、施工手续齐全，建设过程中严格按照泾源县国土资源局颁发的土地证上的地址范围依规建设。我单位的建设用地位于泾源县××风情园内，属于政府已经征用的土地，不存在原告提出的圈占林地行为。因此，我单位的建设项目用地与原告无任何关系。第二，依据《气象法》第十九条之规定："国家依法保护气象探测环境，任何组织和个人都有保护气象探测环境的义务。"我单位的气象探测环境及气象探测设施受法律保护，安装护栏是一项十分必要的安全措施，属于气象探测环境保护的行为。第三，原告多次到我单位滋事，干扰我单位正常工作的开展。既然原告已起诉，我单位同意将铁栅栏前后螺丝拧松，原告可以自行取开栅栏过去，我单位不会阻拦。对于栅栏下面的水泥地基我单位不予切割，切割后将会影响我单位整体施工设计。原告想要开车通过我单位，势必会通过我单位前面城建局修建的绿化带，城建局会不会阻拦我单位不清楚。如果原告不同意以上意见，请求依法驳回原告的诉讼请求。

被告泾源县气象局为证明其主张，向法庭提交泾源县人民政府关于同意泾源县气象局迁建的批复复印件、泾源县经济发展和改革局关于《泾源县气象局迁建项目建设方案》的批复复印件、土地使用权证复印件、建设工程规划许可证复印件、建设用地规划许可证复印件各一份，以上证据证明被告泾源县气象局建设用地由泾源县人民政府划拨所得，建设用地从开工至建

① 1 亩≈666.67 平方米，下同。

成都经过了合法的审批手续。

法院认为，不动产相邻各方应按照有利于生产、方便生活、团结互助、公平合理的精神，正确处理排水、通行等相邻关系。本案中，原告马某主张排除妨害的前提是其享有通行权，但原告主张通行的林地系政府征收的国有土地，该林地在修建时并未规划机动车通行的公用道路，原告马某开车从草坪中通过本就不符合规定，且原告具备从路东西两侧通行的其他条件。原告为让自己的机动车开到承包地而选择利用被告单位的庭院通行，不符合《中华人民共和国物权法》(现已纳入《民法典》)规定的关于因通行必须利用土地而提供便利的情形。原告马某要求被告拆除阻碍原告通行的围墙铁栅栏，修通原告通行承包地道路的诉讼请求于法无据，法院不予支持。判决驳回原告马某的诉讼请求。案件受理费 50 元，由原告马某负担。

20. 禁止从事危害气象探测环境的行为和气象探测环境保护范围的划定(第二十条)

第二十条 禁止下列危害气象探测环境的行为：

(一)在气象探测环境保护范围内设置障碍物、进行爆破和采石；

(二)在气象探测环境保护范围内设置影响气象探测设施工作效能的高频电磁辐射装置；

(三)在气象探测环境保护范围内从事其他影响气象探测的行为。

气象探测环境保护范围的划定标准由国务院气象主管机构规定。各级人民政府应当按照法定标准划定气象探测环境的保护范围，并纳入城市规划或者村庄和集镇规划。

【审议过程与立法沿革】

草案	草案二次审议稿	草案三次审议稿	条文
第十七条 禁止下列危害气象探测环境的行为： (一)在气象探测环境保护范围内设置障碍物、进行爆破和采石； (二)在气象探测环境保护范围内设置影响气象探测设施工作效能的高频电磁辐射装置； (三)在气象探测环境保护范围内从事其他影响气象探测的行为。 气象探测环境保护范围由国务院气象主管机构规定，并纳入城市规划或者村庄集镇规划。	**第十七条** 禁止下列危害气象探测环境的行为： (一)在气象探测环境保护范围内设置障碍物、进行爆破和采石； (二)在气象探测环境保护范围内设置影响气象探测设施工作效能的高频电磁辐射装置； (三)在气象探测环境保护范围内从事其他影响气象探测的行为。 气象探测环境保护范围**的划定标准**由国务院气象主管机构规定。**各级人民政府应当按照法定标准划定气象探测环境的保护范围**，并纳入城市规划或者村庄**和**集镇规划。	**第十九条** 禁止下列危害气象探测环境的行为： (一)在气象探测环境保护范围内设置障碍物、进行爆破和采石； (二)在气象探测环境保护范围内设置影响气象探测设施工作效能的高频电磁辐射装置； (三)在气象探测环境保护范围内从事其他影响气象探测的行为。 气象探测环境保护范围的划定标准由国务院气象主管机构规定。各级人民政府应当按照法定标准划定气象探测环境的保护范围，并纳入城市规划或者村庄和集镇规划。	**第二十条** 禁止下列危害气象探测环境的行为： (一)在气象探测环境保护范围内设置障碍物、进行爆破和采石； (二)在气象探测环境保护范围内设置影响气象探测设施工作效能的高频电磁辐射装置； (三)在气象探测环境保护范围内从事其他影响气象探测的行为。 气象探测环境保护范围的划定标准由国务院气象主管机构规定。各级人民政府应当按照法定标准划定气象探测环境的保护范围，并纳入城市规划或者村庄和集镇规划。

在《草案》审议过程中，有意见提出，《草案》第十七条第二款关于每个气象台站的气象探测环境保护范围都由国务院气象主管机构规定的规定，难以实施。对此，《草案二次审议稿》进行了修改，增加了“各级人民政府应当按照法定标准划定气象探测环境的保护范围”的规定，国务

院气象主管部门职能对应调整为规定“气象探测环境保护范围的划定标准”。另外，本条文还对相关表述进行了完善。此后内容未作修改，沿用了《草案二次审议稿》表述。最终形成了《气象法》第二十条的规定。

本条自1999年《气象法》施行以来，未作修改。

【法条释义】

一是规定了禁止从事的危害气象探测环境的行为。近年来，随着社会经济的发展，城镇规模不断扩大，使一些原处城镇郊区的气象台站的探测环境受到了影响，甚至遭到破坏，严重影响了气象探测工作的正常进行。据了解，目前全国有三分之一以上的气象台站的探测环境受到不同程度的破坏，还有的被迫搬迁，甚至是一迁再迁，上述行为不仅影响了气象探测工作的正常进行，还影响了气象资料序列的均一性，同时也造成了国家经济的严重损失，为此，《气象法》专门对危害气象探测环境的禁止性行为进行了列举，危害气象探测环境的行为包括以下三个方面：一是在气象探测环境保护范围内设置障碍物、进行爆破和采石的活动；二是在气象探测环境保护范围内设置影响气象探测设施工作效能的高频电磁辐射装置；三是在气象探测环境保护范围内从事其他影响气象探测的行为。

二是规定了气象探测环境保护范围的划定。本款明确了由国务院气象主管机构规定气象探测环境保护范围的划定标准，各级人民政府应当按照法定标准划定气象探测环境保护范围，并纳入城市规划或者村庄和集镇规划。这些法律规范的贯彻实施，必将大大改变当前保护气象探测环境不力、气象探测环境受到破坏日益严重的状况。

【关联法条】

(1)行政法规《气象设施和气象探测环境保护条例》

第十四条　禁止实施下列危害国家一般气象站探测环境的行为：

(一)在观测场周边800米探测环境保护范围内修建高度超过距观测场距离1/8的建筑物、构筑物；

……

第十七条　在气象台站探测环境保护范围内新建、改建、扩建建设工程，应当避免危害气象探测环境；确实无法避免的，建设单位应当向省、自治区、直辖市气象主管机构报告并提出相应的补救措施，经省、自治区、直辖市气象主管机构书面同意。未征得气象主管机构书面同意或者未落实补救措施的，有关部门不得批准其开工建设。

在单独设立的气象探测设施探测环境保护范围内新建、改建、扩建建设工程的，建设单位应当事先报告当地气象主管机构，并按照要求采取必要的工程、技术措施。

(2)答复文件《中国气象局关于对气象探测环境保护范围划定标准有关问题的函》

中国气象局关于对气象探测环境保护范围划定标准有关问题的函

贵州省气象局：

你局《关于对气象探测环境保护范围的划定标准有关问题的请示》收悉。经研究，现就有关问题函复如下：

《中华人民共和国气象法》第二十条第二款规定：“气象探测环境保护范围的划定标准由国务院气象主管机构规定。各级人民政府应当按照法定标准划定气象探测环境的保护范围，并纳入城市规划或者村庄和集镇规划。”《气象法》的这款规定，明确授权国务院气象主管机构，即中国气象局负责制定气象探测环境保护范围的标准。目前,现行有效的气象探测环境保护标准为中国气象局于1997年11月11日发布的《各类气象探测环境的技术规定》。根据《气象法》的授权,《规定》具有规范社会行为的法律效力,是判断危害气象探测环境的违法事实是否成立的法定依据。

二〇〇三年十二月二日

21. 新建、扩建、改建建设工程的许可机制(第二十一条)

第二十一条 新建、扩建、改建建设工程,应当避免危害气象探测环境;确实无法避免的,建设单位应当事先征得省、自治区、直辖市气象主管机构的同意,并采取相应的措施后,方可建设。

【审议过程与立法沿革】

修改前条文	修改后条文
第二十一条 新建、扩建、改建建设工程,应当避免危害气象探测环境;确实无法避免的,属于国家基准气候站、基本气象站的探测环境,建设单位应当事先征得国务院气象主管机构的同意,属于其他气象台站的探测环境,应当事先征得省、自治区、直辖市气象主管机构的同意,并采取相应的措施后,方可建设。	**第二十一条** 新建、扩建、改建建设工程,应当避免危害气象探测环境;确实无法避免的,建设单位应当事先征得省、自治区、直辖市气象主管机构的同意,并采取相应的措施后,方可建设。

在审议过程中,本条内容未作修改,沿用了《草案》第十八条的内容。最终形成了1999年《气象法》第二十一条的规定。

本条经2014年8月31日第十二届全国人民代表大会常务委员会第十次会议通过的《全国人民代表大会常务委员会关于修改〈中华人民共和国保险法〉等五部法律的决定》修改。删除了关于"属于国家基准气候站、基本气象站的探测环境,建设单位应当事先征得国务院气象主管机构的同意"的规定。现规定为所有审批均由省、自治区、直辖市气象主管机构负责。

【法条释义】

气象探测资料除应具有比较性、代表性、准确性外,还应当具有连续性。在研究某地的气候状况、分析其在较长时期内的变化规律时,气象探测资料的序列越长越有使用价值,这便要求从时间上要求长年累月不间断地进行观测,从地域上要求稳定在同一地点进行观测,不能频繁变动站址、场地,避免观测资料序列不连续。因此,建设工程应尽量避免对气象探测环境造成危害,避免因搬迁站址、场地,导致气象探测资料序列的不连续。当然,从国家发展和建设的大局出发,有些重要的建设工程难以避免对气象探测环境造成危害,但仍需进行的,则规定要事先征求气象主管机构同意的程序来加以协调。基准气候站、基本气象站都是国家气象台站网的骨干,其探测环境需要重点保护,且要求也更高,这些台站的站址、场地经过认真勘察选定,探测环境比较理想,而且已积累了多年的长序列资料,有些台站的资料还要参加全球交换,若探测环境遭到破坏,造成的后果也特别严重,所以1999年《气象法》规定此类情况应当事先征得国务院气象主管机构的同意，并采取相应的措施后，方可建设。2014 年《气象法》修改，按照新的规定所有审批均由省、自治区、直辖市气象主管机构负责。依据《国务院关于取消和调整一批行政审批项目等事项的决定》（国发〔2015〕11 号）的相关规定，审批权限已于 2015 年下放至省级气象主管机构。

【关联法条】

（1）行政法规《气象设施和气象探测环境保护条例》

第十七条　在气象台站探测环境保护范围内新建、改建、扩建建设工程，应当避免危害气象探测环境；确实无法避免的，建设单位应当向省、自治区、直辖市气象主管机构报告并提出相应的补救措施，经省、自治区、直辖市气象主管机构书面同意。未征得气象主管机构书面同意或者未落实补救措施的，有关部门不得批准其开工建设。

在单独设立的气象探测设施探测环境保护范围内新建、改建、扩建建设工程的，建设单位应当事先报告当地气象主管机构，并按照要求采取必要的工程、技术措施。

（2）部门规章《新建、扩建、改建建设工程避免危害气象探测环境行政许可管理办法》

第一条　为规范新建、扩建、改建建设工程避免危害气象探测环境行政许可行为，保护公民、法人和其他组织的合法权益，保障和监督气象主管机构有效实施行政管理，根据《中华人民共和国气象法》《中华人民共和国行政许可法》《气象设施和气象探测环境保护条例》等有关法律法规，制订本办法。

第二条　在大气本底站、国家基准气候站、国家基本气象站、国家一般气象站、高空气象观测站、天气雷达站、气象卫星地面站气象探测环境保护范围内实施新建、扩建、改建建设工程避免危害气象探测环境的行政许可，适用本办法。

第三条　本办法规定的气象台站气象探测环境保护范围和建设工程类别应当按照相应的气象台站气象探测环境保护和建设工程的有关法律法规和国家标准执行。

省、自治区、直辖市气象主管机构应将本行政区域内各类气象台站的位置及其探测环境保护范围向社会公布。

第四条　国务院气象主管机构负责全国新建、扩建、改建建设工程避免危害气象探测环境行政许可的监督管理。

省、自治区、直辖市气象主管机构负责本行政区域内新建、扩建、改建建设工程避免危害气象探测环境行政许可的实施和管理工作。

设区的市气象主管机构或省直管县（市）气象主管机构负责本行政区域内新建、扩建、改建建设工程避免危害气象探测环境行政许可的初审和管理工作。

第五条　申请人提交以下书面材料，并对申请材料的真实性负责：

（一）新建、扩建、改建建设工程避免危害气象探测环境行政许可申请表；

（二）申请人身份信息；

（三）新建、扩建、改建建设工程与气象探测设施或观测场的相对位置示意图；

（四）委托代理的，应出具委托协议。

申请人为法人或其他组织的，还应当提交新建、扩建、改建建设工程概况和规划总平面图。

第六条　新建、扩建、改建建设工程避免危害气象探测环境行政许可的申请由设区的市气象主管机构或省直管县（市）气象主管机构受理。

设区的市气象主管机构或省直管县（市）气象主管机构应当在收到全部申请材料之日起五

个工作日内，按照《中华人民共和国行政许可法》第三十二条和本办法第五条的规定作出受理或者不予受理的决定，并出具书面凭证。

第七条　受理机构负责对申请材料进行初审，并组织现场踏勘。现场踏勘应当通知申请人或者其代理人到场，申请人或者其代理人应当在现场踏勘记录表上签署明确意见。

受理机构应当自受理之日起二十个工作日内将全部申请材料和初审意见报省、自治区、直辖市气象主管机构审批。

第八条　省、自治区、直辖市气象主管机构应当对申请材料进行全面审查，必要时可组织现场复查和专家论证。经审查符合有关法律法规和标准要求的，应当在收到全部申请材料和初审意见之日起二十个工作日内作出准予许可的书面决定；不符合要求的，作出不予许可的书面决定，并说明理由。

二十个工作日内不能作出决定的，经本级气象主管机构负责人批准，可以延长十个工作日，并应当将延长期限的理由书面告知申请人。

行政许可决定作出后，应当在十个工作日内送达申请人。

第九条　省、自治区、直辖市气象主管机构、设区的市气象主管机构或省直管县（市）气象主管机构在审批过程中需要按照《中华人民共和国行政许可法》第四十五条规定进行技术审查（含现场踏勘）的，所需时间不计入审批时间内。

技术审查（含现场踏勘）时间一般不超过一个月。省、自治区、直辖市气象主管机构、设区的市气象主管机构或省直管县（市）气象主管机构应当将所需时间书面告知申请人。

第十条　省、自治区、直辖市气象主管机构在作出许可决定前，应当告知申请人、利害关系人享有要求听证的权利。申请人要求听证的，应当自接到告知听证通知之日起五个工作日内以书面形式提出。听证程序按照《中华人民共和国行政许可法》第四十八条要求进行。

省、自治区、直辖市对听证另有规定的，从其规定。

第十一条　取得行政许可后，如果建设规划或工程设计发生变化的，申请人应当重新申请。

第十二条　地方各级气象主管机构应当对气象探测环境保护范围内的新建、扩建、改建建设工程避免危害气象探测环境行政许可事项的活动进行监督检查，及时了解情况并向省、自治区、直辖市气象主管机构报告。

第十三条　公民、法人或者其他组织发现在气象探测环境保护范围内违法从事新建、扩建、改建建设工程避免危害气象探测环境行政许可事项的活动，有权向气象主管机构举报，气象主管机构接到举报后应当及时核实、处理。

第十四条　未取得新建、扩建、改建建设工程避免危害气象探测环境行政许可的，或者取得许可后不按规定进行建设，造成气象探测环境遭到破坏的，按照《气象法》第三十五条、《气象设施和气象探测环境保护条例》第二十五条予以处罚。

第十五条　省、自治区、直辖市气象主管机构可以根据本办法制定实施细则，并报国务院气象主管机构备案。

第十六条　本办法自 2016 年 9 月 1 日起施行。

(3)部门规章《气象探测环境和设施保护办法》

第二十条　城乡规划、建设、国土等有关部门，在审批可能影响已建气象台站探测环境和设施的建设项目时，应当事先征得有审批权限的气象主管机构的同意。未经气象主管机构同意，有关部门不得审批。

新建、改建和扩建气象台站和设施，应当符合气象探测环境和设施的保护标准。

(4)《中国气象局对十三届全国人大一次会议第 4496 号建议的答复》(中气议字〔2018〕2 号)

王成等代表：

您提出的《关于完善相关法律法规，支持投融资体制改革的建议》收悉，现就涉及气象部门的有关建议答复如下：

一、关于“将新建、扩建、改建建设工程避免危害气象探测环境审批权限设定为由地方政府根据本地实际明确各级气象部门审批权限”的建议

“新建、扩建、改建建设工程避免危害气象探测环境审批”的设定依据为《中华人民共和国气象法》第二十一条和《气象设施和气象探测环境保护条例》第十七条的规定。为方便社会公众办理该事项，按照《国务院关于取消和调整一批行政审批项目等事项的决定》(国发〔2015〕11 号)，我局已于 2015 年将审批权限下放至省级气象主管机构。各省级气象主管机构积极做好承接工作，主动与各省(区、市)发改部门对接，将该事项审批纳入了企业投资项目在线监管平台，方便了申请人办理。

鉴于气象探测环境直接关系到气象观测基本数据的代表性、准确性、连续性和可比较性，关系到气象灾害监测预报预警服务的准确性，关系到气象防灾减灾救灾大局和人民生命财产安全，气象探测环境仍需严格保护。因此，我局经慎重研究，认为将该事项审批权限集中在省级气象主管机构，既有利于保护气象探测环境，也有利于社会公众申请办理该事项。目前，随着城镇化的发展，气象探测环境受到的不利影响越来越严重，如果将该事项审批权限下放各级气象主管机构，气象探测环境的保护工作将面临更加不利的局面。

二、关于“取消对有资质的中介机构、设计单位编制的环境影响报告表(书)、施工图设计、消防设计、人防设计以及防雷装置设计等报告和设计文件的审查”的建议

按照国务院《关于优化建设工程防雷许可的决定》(国发〔2016〕39 号)，气象部门以前承担的房屋建筑工程和市政基础设施工程防雷装置设计审核、竣工验收许可，已经整合纳入建筑工程施工图审查、竣工验收备案，统一由住房城乡建设部门负责，气象部门不再承担。

目前，气象部门仅负责危化场所、雷电易发区内的矿区旅游景点和一些特殊大型项目防雷许可。另外，根据《国务院关于第一批清理规范 89 项国务院部门行政审批中介服务事项的决定》(国发〔2015〕58 号)精神，气象部门在开展防雷装置设计审核行政审批时，不再要求申请人提供防雷装置设计技术评价报告，改为委托有关机构开展防雷装置设计技术评价，并且不收取行政相对人费用。

为方便群众办理有关事项，气象部门开发并运行了行政审批网上办理平台，实现了网络提交申请、网上办理审核和网上批复，简化了办事流程，力争“让数据多跑路，让群众少跑路”。我局将继续改进完善网上办理平台，为社会公众提供更加优质的办事服务。

中国气象局
2018 年 7 月 16 日

第 4 章　气象预报与灾害性天气警报

22. 公众气象预报、灾害性天气预警和专项气象预报的统一发布制度(第二十二条)

第二十二条　国家对公众气象预报和灾害性天气警报实行统一发布制度。

各级气象主管机构所属的气象台站应当按照职责向社会发布公众气象预报和灾害性天气警报，并根据天气变化情况及时补充或者订正。其他任何组织或者个人不得向社会发布公众气象预报和灾害性天气警报。

国务院其他有关部门和省、自治区、直辖市人民政府其他有关部门所属的气象台站，可以发布供本系统使用的专项气象预报。

各级气象主管机构及其所属的气象台站应当提高公众气象预报和灾害性天气警报的准确性、及时性和服务水平。

【审议过程与立法沿革】

草案	草案二次审议稿	草案三次审议稿	条文
第十九条　国家对公众气象预报和灾害性天气警报实行统一制作、统一发布制度。 各级气象主管机构所属的气象台站应当按照职责制作和向社会发布公众气象预报和灾害性天气警报，并根据天气变化情况及时补充或者订正。其他任何组织或者个人不得向社会发布公众气象预报和灾害性天气警报。 国务院其他有关部门和省、自治区、直辖市人民政府其他有关部门所属的气象台站，可以制作和发布供本系统使用的专项气象预报。	**第十九条**　国家对公众气象预报和灾害性天气警报实行统一发布制度。 各级气象主管机构所属的气象台站应当按照职责向社会发布公众气象预报和灾害性天气警报，并根据天气变化情况及时补充或者订正。其他任何组织或者个人不得向社会发布公众气象预报和灾害性天气警报。 国务院其他有关部门和省、自治区、直辖市人民政府其他有关部门所属的气象台站，可以发布供本系统使用的专项气象预报。	**第二十一条**　国家对公众气象预报和灾害性天气警报实行统一发布制度。 各级气象主管机构所属的气象台站应当按照职责向社会发布公众气象预报和灾害性天气警报，并根据天气变化情况及时补充或者订正。其他任何组织或者个人不得向社会发布公众气象预报和灾害性天气警报。 国务院其他有关部门和省、自治区、直辖市人民政府其他有关部门所属的气象台站，可以发布供本系统使用的专项气象预报。 **各级气象主管机构及其所属的气象台站应当提高公众气象预报和灾害性天气警报的准确性、及时性和服务水平。**	**第二十二条**　国家对公众气象预报和灾害性天气警报实行统一发布制度。 各级气象主管机构所属的气象台站应当按照职责向社会发布公众气象预报和灾害性天气警报，并根据天气变化情况及时补充或者订正。其他任何组织或者个人不得向社会发布公众气象预报和灾害性天气警报。 国务院其他有关部门和省、自治区、直辖市人民政府其他有关部门所属的气象台站，可以发布供本系统使用的专项气象预报。 各级气象主管机构及其所属的气象台站应当提高公众气象预报和灾害性天气警报的准确性、及时性和服务水平。

在《草案》审议过程中，《草案二次审议稿》删除了《草案》中“统一制作”的规定。

在《草案二次审议稿》审议中，有意见提出，气象主管机构的重要职责是努力提高气象预报的准确性，《气象法》应当促进气象预报特别是灾害性天气警报的质量的提高。因此，《草案三次审议稿》增加了第三款的内容。最终形成了《气象法》第二十二条的规定。

本条自 1999 年《气象法》施行以来，未作修改。

【法条释义】

气象预报，是人们基于对天气、气候演变规律的认识而对未来一定时期内天气、气候变化作出的判断。气象预报包括天气预报、气候预测。就预报时效而言，有短时天气预报（0～12 小时）（数字的阈值为左不包含右包含，下同）、短期天气预报（12～72 小时）、中期天气预报（72～240 小时）、月气候预测、季节气候预测和年度气候预测等。就预报范围而言，有本地预报和区域预报两种。按用户的特点和需要划分，又可分为各种不同的专业气象预报，如农业气象预报、城市环境气象预报、火险气象等级预报等。灾害性天气警报是指台风、寒潮、大风、暴雨（雪）、冰雹等对国计民生有严重危害的灾害性天气行将发生时，有关部门对可能危及的区域以天气预报的形式向公众发布的紧急通报。根据《草案》说明，气象预报是气象工作为国民经济和国防建设服务的重要手段。准确、及时地制作、发布气象预报和灾害性天气警报，对保障经济建设顺利进行和保护人民生命财产安全有重要的作用。近年来，一些组织和个人将未经气象主管机构科学分析、审核的预报意见擅自向社会公开发布，给政府组织防灾减灾和人民群众正常的生产、生活秩序带来了一定的不良影响。实践证明，为了保证气象预报的质量，更好地满足社会公众生活和国民经济建设、国防建设的需要，维护正常的生产、生活秩序，必须对气象预报和灾害性天气警报实行统一制作、统一发布制度。

一是规定了公众气象预报和灾害性天气警报实行统一发布制度。

本条规定“国家对公众气象预报和灾害性天气警报实行统一发布制度”与“各级气象主管机构所属的气象台站应当按照职责向社会发布公众气象预报和灾害性天气警报”，换言之，国家将及时、准确地发布公众气象预报和灾害性天气警报的职责和权利赋予各级气象主管机构所属的气象台站。本条规定强调“按照职责发布”，中央气象台与省级及以下各级气象主管机构所属的气象台站分别负责发布我国领域及本台站责任区内的公众气象预报和灾害性天气警报；中央气象台及沿海各级气象台还需分别负责发布所承担的责任海区范围内的公众气象预报和灾害性天气警报，并应根据天气变化情况及时补充或者订正。受气象预报制作技术水平限制，目前各级气象主管机构所属的气象台站制作的短时、短期和中期天气预报与灾害性天气警报，可对社会公开发布，短期气候预测主要是供各级人民政府、防汛抗旱指挥部门及有关单位内部参考，一般不做公开发布或报道。若因防灾决策需要必须公开发布或报道时，应当经国务院气象主管机构或有关省（自治区、直辖市）气象主管机构审定同意。

本条规定“其他任何组织或者个人不得向社会发布公众气象预报和灾害性天气警报”。有关科研教学单位、学术团体及个人研究和探讨气象预报技术、方法应当鼓励和支持，他们得出的预报结论和依据可提供给有关气象台站制作气象预报时参考，或者在各级气象主管机构所属的气象台站主持召开的气象预报会商会和其他专业会上发表，但不得以任何形式向社会公开发布。

二是规定了“其他有关部门所属的气象台站可以发布供本系统使用的专项气象预报”。国务院其他有关部门和省、自治区、直辖市人民政府其他有关部门根据本部门的实际需要，可能也建立了一批气象台站，如民航、农垦、盐业气象台站等。这些气象台站对本部门经济建设和发展起到了积极的促进作用。根据本条规定，这些部门的气象台站可以发布供本系统使用的专项气象预报，但是，不能向社会公开发布公众气象预报和灾害性天气警报。

三是规定了"各级气象主管机构及其所属的气象台站应当提高公众气象预报和灾害性天气警报的准确性、及时性和服务水平"。本条赋予各级气象主管机构所属的气象台站发布公众气象预报和灾害性天气警报工作的权利，但也要求各级气象主管机构及其所属的气象台站要高度重视气象预报工作，应加快气象现代化建设，切实加强工作人员责任心，严密监视天气变化，认真分析研究天气状况，不断提高公众气象预报和灾害性天气警报的准确度，及时、主动地做好服务工作。

【关联法条】

(1)行政规章《气象预报发布与传播管理办法》

《气象预报发布与传播管理办法》的基本框架共 15 条，主要包括：气象预报发布与传播的适用范围(第二条)、有关术语解释(第三条)、部门与政府职责(第四条、第五条)、统一发布制度(第六条)、公众气象预报和灾害性天气警报传播(第七条、第八条)、传播要求(第九条)、学术交流(第十条)、专项预报(第十一条)、法律责任(第十二条至第十四条)等。

第一条　为了规范气象预报发布，鼓励气象预报传播，更好地为经济社会发展和人民生活服务，根据《中华人民共和国气象法》和《气象灾害防御条例》，制定本办法。

第二条　在中华人民共和国领域和中华人民共和国管辖的其他海域内从事气象预报发布与传播活动的，应当遵守本办法。

第三条　本办法所称气象预报包括公众气象预报、灾害性天气警报和气象灾害预警信号。

本办法所称公众气象预报是指面向社会公众发布的天气现象、云、风向、风速、气温、湿度、气压、降水、能见度等气象要素预报，以及日地空间天气现象、太阳活动水平、地磁活动水平、电离层活动水平、空间粒子辐射环境、中高层大气状态参数等空间天气要素预报。

本办法所称灾害性天气警报和气象灾害预警信号是指台风、暴雨、暴雪、寒潮、大风、沙尘暴、低温、高温、干旱、雷电、冰雹、霜冻、大雾、霾、道路结冰等气象灾害预警信息，以及太阳耀斑、太阳质子事件、日冕物质抛射、磁暴、电离层暴等空间天气灾害预警信息。

本办法所称气象预报发布是指气象预报向社会无偿公开的过程。

本办法所称气象预报传播是指将已发布的气象预报进行转播、转载的过程。

第四条　国务院气象主管机构和国务院有关部门应当按照职责分工，共同做好全国气象预报发布与传播工作，并加强监督管理。

地方各级气象主管机构和县级以上地方人民政府有关部门应当按照职责分工，共同做好本行政区域内的气象预报发布与传播工作，并加强监督管理。

第五条　县级以上地方人民政府应当组织新闻出版广播电视、电信、交通运输、气象、互联网等有关部门和单位建立完善气象预报发布和传播渠道。

传播气象预报的媒体和单位应当与当地气象主管机构所属的气象台建立获取最新气象预报机制，确保气象预报及时准确传播。

第六条　气象预报实行统一发布制度。各级气象主管机构所属的气象台应当按照职责通过气象预报发布渠道向社会发布，并根据天气变化情况及时更新发布气象预报。

其他任何组织或个人不得以任何形式向社会发布气象预报。

第七条　各级人民政府指定的媒体和单位应当安排固定的时间和频率、频道、版面、页面，及时传播气象主管机构所属的气象台提供的最新气象预报。广播、电视台(站)改变气象预报节目播发时间安排的，应当事先征得当地气象主管机构所属的气象台的同意。

第八条　各级人民政府应当组织气象等有关部门建立气象灾害预警信息快速发布和传播机制。可能或已经发生重大灾害性天气时，媒体和单位应当根据气象主管机构所属的气象台的要求及时增播、插播重要灾害性天气警报和气象灾害预警信号。

灾害性天气警报和气象灾害预警信号解除时，媒体和单位应当及时更新，不得传播过时的灾害性天气警报和气象灾害预警信号。

第九条　鼓励媒体和单位传播气象预报。媒体和单位传播气象预报应当使用当地气象主管机构所属的气象台提供的最新气象预报，并注明气象预报发布的气象台名称和发布时间，不得自行更改气象预报的内容和结论。

第十条　科研教学单位、学术团体和个人研究形成的气象预报意见和结论可以提供给气象主管机构所属的气象台制作气象预报时参考，但不得以任何形式向社会公开发布。

第十一条　国务院其他有关部门和省、自治区、直辖市人民政府其他有关部门所属的气象台站，可以发布供本系统使用的专项气象预报，但不得以任何形式向社会公开发布。

第十二条　违反本办法规定，有下列行为之一的，由有关气象主管机构按照权限责令改正，给予警告，可以并处 5 万元以下罚款：

(一)非法发布气象预报的；

(二)向社会传播气象预报不使用当地气象主管机构所属的气象台提供的最新气象预报的。

第十三条　各级气象主管机构所属的气象台工作人员，由于玩忽职守，导致未按规定发布气象预报造成严重后果的，依法给予行政处分；致使国家利益和人民生命财产遭到重大损失，构成犯罪的，依法追究刑事责任。

第十四条　违反本办法规定，有下列行为之一的，由有关气象主管机构按照权限责令改正，给予警告，可以并处 3 万元以下罚款；造成人员伤亡或重大财产损失，构成犯罪的，依法追究刑事责任。

(一)传播虚假气象预报的；

(二)不按规定及时增播、插播重要灾害性天气警报、气象灾害预警信号和更新气象预报的；

(三)向社会传播气象预报不注明发布单位名称和发布时间的；

(四)擅自更改气象预报内容和结论，引起社会不良反应或造成一定影响的。

第十五条　本办法自 2015 年 5 月 1 日起实施，2003 年 12 月 31 日中国气象局公布的《气象预报发布与刊播管理办法》(中国气象局令第 6 号)同时废止。

(2)行政规章《气象灾害预警信号发布与传播办法》

第一条　为了规范气象灾害预警信号发布与传播，防御和减轻气象灾害，保护国家和人民生命财产安全，依据《中华人民共和国气象法》《国家突发公共事件总体应急预案》，制定本办法。

第二条　在中华人民共和国领域和中华人民共和国管辖的其他海域发布与传播气象灾害预警信号，必须遵守本办法。

本办法所称气象灾害预警信号(以下简称预警信号)，是指各级气象主管机构所属的气象台站向社会公众发布的预警信息。

预警信号由名称、图标、标准和防御指南组成，分为台风、暴雨、暴雪、寒潮、大风、沙尘暴、高温、干旱、雷电、冰雹、霜冻、大雾、霾、道路结冰等。

第三条　预警信号的级别依据气象灾害可能造成的危害程度、紧急程度和发展态势一般划分为四级：Ⅳ级（一般）、Ⅲ级（较重）、Ⅱ级（严重）、Ⅰ级（特别严重），依次用蓝色、黄色、橙色、红色表示，同时以中英文标识。

本办法根据不同种类气象灾害的特征、预警能力等，确定不同种类气象灾害的预警信号级别。

第四条　国务院气象主管机构负责全国预警信号发布、解除与传播的管理工作。

地方各级气象主管机构负责本行政区域内预警信号发布、解除与传播的管理工作。

其他有关部门按照职责配合气象主管机构做好预警信号发布与传播的有关工作。

第五条　地方各级人民政府应当加强预警信号基础设施建设，建立畅通、有效的预警信息发布与传播渠道，扩大预警信息覆盖面，并组织有关部门建立气象灾害应急机制和系统。

学校、机场、港口、车站、高速公路、旅游景点等人口密集公共场所的管理单位应当设置或者利用电子显示装置及其他设施传播预警信号。

第六条　国家依法保护预警信号专用传播设施，任何组织或者个人不得侵占、损毁或者擅自移动。

第七条　预警信号实行统一发布制度。

各级气象主管机构所属的气象台站按照发布权限、业务流程发布预警信号，并指明气象灾害预警的区域。发布权限和业务流程由国务院气象主管机构另行制定。

其他任何组织或者个人不得向社会发布预警信号。

第八条　各级气象主管机构所属的气象台站应当及时发布预警信号，并根据天气变化情况，及时更新或者解除预警信号，同时通报本级人民政府及有关部门、防灾减灾机构。

当同时出现或者预报可能出现多种气象灾害时，可以按照相对应的标准同时发布多种预警信号。

第九条　各级气象主管机构所属的气象台站应当充分利用广播、电视、固定网、移动网、因特网、电子显示装置等手段及时向社会发布预警信号。在少数民族聚居区发布预警信号时除使用汉语言文字外，还应当使用当地通用的少数民族语言文字。

第十条　广播、电视等媒体和固定网、移动网、因特网等通信网络应当配合气象主管机构及时传播预警信号，使用气象主管机构所属的气象台站直接提供的实时预警信号，并标明发布预警信号的气象台站的名称和发布时间，不得更改和删减预警信号的内容，不得拒绝传播气象灾害预警信号，不得传播虚假、过时的气象灾害预警信号。

第十一条　地方各级人民政府及其有关部门在接到气象主管机构所属的气象台站提供的预警信号后，应当及时公告，向公众广泛传播，并按照职责采取有效措施做好气象灾害防御工作，避免或者减轻气象灾害。

第十二条　气象主管机构应当组织气象灾害预警信号的教育宣传工作，编印预警信号宣传材料，普及气象防灾减灾知识，增强社会公众的防灾减灾意识，提高公众自救、互救能力。

第十三条　违反本办法规定，侵占、损毁或者擅自移动预警信号专用传播设施的，由有关气象主管机构依照《中华人民共和国气象法》第三十五条的规定追究法律责任。

第十四条　违反本办法规定，有下列行为之一的，由有关气象主管机构依照《中华人民共和国气象法》第三十八条的规定追究法律责任：

（一）非法向社会发布与传播预警信号的；

（二）广播、电视等媒体和固定网、移动网、因特网等通信网络不使用气象主管机构所属的气象台站提供的实时预警信号的。

第十五条　气象工作人员玩忽职守，导致预警信号的发布出现重大失误的，对直接责任人员和主要负责人给予行政处分；构成犯罪的，依法追究刑事责任。

第十六条　地方各级气象主管机构所属的气象台站发布预警信号，适用本办法所附《气象灾害预警信号及防御指南》中的各类预警信号标准。

省、自治区、直辖市制定地方性法规、地方政府规章或者规范性文件时，可以根据本行政区域内气象灾害的特点，选用或者增设本办法规定的预警信号种类，设置不同信号标准，并经国务院气象主管机构审查同意。

第十七条　国务院气象主管机构所属的气象台站发布的预警信号标准由国务院气象主管机构另行制定。

第十八条　本办法自发布之日起施行。

23. 各级气象主管机构所属的气象台站专业气象预报的职责规定（第二十三条）

第二十三条　各级气象主管机构所属的气象台站应当根据需要，发布农业气象预报、城市环境气象预报、火险气象等级预报等专业气象预报，并配合军事气象部门进行国防建设所需的气象服务工作。

【审议过程与立法沿革】

草案	草案二次审议稿	草案三次审议稿	条文
第二十条　各级气象主管机构所属的气象台站应当根据需要，制作、发布城市环境气象预报、火险气象等级预报等专业气象预报。	**第二十条**　各级气象主管机构所属的气象台站应当根据需要，发布城市环境气象预报、火险气象等级预报等专业气象预报，**并配合军事气象部门进行国防建设所需的气象服务工作**。	**第二十二条**　各级气象主管机构所属的气象台站应当根据需要，发布**农业气象预报**、城市环境气象预报、火险气象等级预报等专业气象预报，并配合军事气象部门进行国防建设所需的气象服务工作。	**第二十三条**　各级气象主管机构所属的气象台站应当根据需要，发布农业气象预报、城市环境气象预报、火险气象等级预报等专业气象预报，并配合军事气象部门进行国防建设所需的气象服务工作。

在《草案》审议过程中，《草案二次审议稿》删除了《草案》中“制作”的规定，并增加“并配合军事气象部门进行国防建设所需的气象服务工作”的内容。

在《草案三次审议稿》审议中，又增加了发布“农业气象预报”的规定。最终形成了《气象法》第二十三条的规定。

本条自 1999 年《气象法》施行以来，未作修改。

【法条释义】

随着社会经济的发展和人民生活质量的提高，对气象预报的需求也不断扩大，传统的气象预报已不能满足社会发展的需要。为了适应改革开放的新形势，使气象工作更主动、更好地为国民经济建设、国防建设等各行各业服务，为提高人民生活质量服务，各级气象主管机构所属的气象台站充分发挥自己的特长和优势，在重点抓好为经济建设、国防建设服务的同时，相继开展了各种专业气象预报工作。为了将上述工作纳入法治化管理轨道，《气象法》要求各级气象主管机构所属的气象台站应当根据需要，发布农业气象预报、城市环境气象预报、火险气象等级预报等专业气象预报，并配合军事气象部门进行国防建设所需的气象服务工作。

农业气象预报，是针对农业生产需要而制作发布的专业气象预报，主要有播种期预报、物候期预报、土壤水分预报、农作物和牧草产量预报、病虫害预报、农业气象灾害预报以及农用天气预报等。我国的农业气象预报工作始于1954年的霜冻预报，中央气象局发布了全国范围生产关键期的农业气象预报。到1959年，全国约有80%的农区气象台站开展了农业气象预报工作，其中包括农作物播种期、收获期、果树开花期预报以及农业的灾害性天气预报和病虫害预报，我国北方干旱地区有的气象台站还进行墒情预报等。20世纪80年代以来，许多气象台站开始探索作物产量的气象预报。从1979年开始试报东北地区粮食产量，继而试报全国冬小麦、双季稻和粮食总产量，提供给国家有关部门参考，该预报受到广泛好评。农业气象预报在防汛抗旱和农业生产的决策等方面起到了参谋作用，促进了农业生产，服务效益显著。

城市环境气象预报，主要包括空气污染气象条件预报、空气清洁度预报、紫外线强度预报、人体舒适度预报、医疗健康气象预报、花粉浓度预报以及大雾、雷电、旅游气象预报等。这些预报形式多样且贴近群众生活，受到了广大人民群众的欢迎，产生了良好的社会效益。

火险气象等级预报，包括城市火险气象等级预报、森林火险气象等级预报以及草场火险气象等级预报等。其中城市火险气象等级预报是气象台站近几年新开展的。火险气象等级预报对于提高我国城市、森林（草场）防火工作的水平，保护人民生命财产安全，保护我国珍贵的森林资源具有十分重要的意义。

【关联法条】

(1)《大气污染防治法》

第九十五条　省、自治区、直辖市、设区的市人民政府生态环境主管部门应当会同气象主管机构建立会商机制，进行大气环境质量预报。可能发生重污染天气的，应当及时向本级人民政府报告。省、自治区、直辖市、设区的市人民政府依据重污染天气预报信息，进行综合研判，确定预警等级并及时发出预警。预警等级根据情况变化及时调整。任何单位和个人不得擅自向社会发布重污染天气预报预警信息。

预警信息发布后，人民政府及其有关部门应当通过电视、广播、网络、短信等途径告知公众采取健康防护措施，指导公众出行和调整其他相关社会活动。

(2)行政法规《草原防火条例》

第二十五条　县级以上人民政府草原防火主管部门和气象主管机构，应当联合建立草原火险预报预警制度。气象主管机构应当根据草原防火的实际需要，做好草原火险气象等级预报和发布工作；新闻媒体应当及时播报草原火险气象等级预报。

(3)行政法规《森林防火条例》

第三十条　县级以上人民政府林业主管部门和气象主管机构应当根据森林防火需要，建设森林火险监测和预报台站，建立联合会商机制，及时制作发布森林火险预警预报信息。

气象主管机构应当无偿提供森林火险天气预报服务。广播、电视、报纸、互联网等媒体应当及时播发或者刊登森林火险天气预报。

24. 公众气象预报和灾害性天气预警的播发、刊登、制作以及播发要求(第二十四条)

第二十四条　各级广播、电视台站和省级人民政府指定的报纸，应当安排专门的时间或者版面，每天播发或者刊登公众气象预报或者灾害性天气警报。

各级气象主管机构所属的气象台站应当保证其制作的气象预报节目的质量。

广播、电视播出单位改变气象预报节目播发时间安排的，应当事先征得有关气象台站的同意；对国计民生可能产生重大影响的灾害性天气警报和补充、订正的气象预报，应当及时增播或者插播。

【审议过程与立法沿革】

草案	草案二次审议稿	草案三次审议稿	条文
第二十一条　各级气象主管机构所属的气象台站应当保证广播、电视气象预报节目的制作质量。 广播、电视播出单位应当保证气象节目定时播发；因特殊情况确需改变播发时间的，应当事先征得有关气象台站的同意；对国计民生可能产生重大影响的灾害性天气警报和补充、订正的气象预报，应当及时增播或者插播。	**第二十一条　各级广播、电视台站和省级人民政府指定的报纸，应当安排专门的时间或者版面，每天播发或者刊登公众气象预报或者灾害性天气警报。** 各级气象主管机构所属的气象台站应当保证气象预报节目的制作质量。 广播、电视播出单位改变**气象预报节目**播发时间**安排**的，应当事先征得有关气象台站的同意；对国计民生可能产生重大影响的灾害性天气警报和补充、订正的气象预报，应当及时增播或者插播。	**第二十三条**　各级广播、电视台站和省级人民政府指定的报纸，应当安排专门的时间或者版面，每天播发或者刊登公众气象预报或者灾害性天气警报。 各级气象主管机构所属的气象台站应当保证**其制作的**气象预报节目的质量。 广播、电视播出单位改变气象预报节目播发时间安排的，应当事先征得有关气象台站的同意；对国计民生可能产生重大影响的灾害性天气警报和补充、订正的气象预报，应当及时增播或者插播。	**第二十四条**　各级广播、电视台站和省级人民政府指定的报纸，应当安排专门的时间或者版面，每天播发或者刊登公众气象预报或者灾害性天气警报。 各级气象主管机构所属的气象台站应当保证其制作的气象预报节目的质量。 广播、电视播出单位改变气象预报节目播发时间安排的，应当事先征得有关气象台站的同意；对国计民生可能产生重大影响的灾害性天气警报和补充、订正的气象预报，应当及时增播或者插播。

在《草案》审议过程中，有意见提出，对于广播、电视、报纸、电信等媒体传播气象信息的行为应当有较为全面的规范。因此，《草案二次审议稿》增加了一款规定，并对相关表述进行了调整。《草案三次审议稿》又对相关文字表述进行了完善。最终形成了《气象法》第二十四条的规定。

本条自 1999 年《气象法》施行以来，未作修改。

【法条释义】

一是规定了公众气象预报和灾害性气象警报的播发或者刊登要求。天气预报广播是我国最早的公众气象服务形式。从 1956 年 6 月 1 日开始，气象部门就通过各地人民广播电台每天定时向社会发布公众天气预报。改革开放以来，气象预报为公众服务的形式、内容、频次等都有了很大的进步。从 1983 年开始，中央电视台开辟了城市天气预报节目并安排在新闻联播节目后播出。十几年来，电视天气预报节目不断改进、完善，已成为社会公众获取气象预报的主要渠道。除广播、电视外，气象部门还通过报刊为公众提供气象预报服务。通过广播、电视和报纸发布气象预报是公众气象服务的重要手段，也是党和政府关心人民群众的体现。为保证人民群众能收听（收看）到气象预报，《气象法》明确规定了各级广播、电视台站和省级人民政府指定的报纸，应当安排专门的时间或者版面，每天播发或者刊登公众气象预报或者灾害性天气警报。

二是规定了气象预报节目制作要求。电视天气预报是以电视新闻为媒介，向人民群众深入开展公众气象服务、满足广大人民群众生活需要的重要服务手段，同时成为各级党政领导及有关部门提供防灾减灾、保护人民生命财产所需的重要决策信息来源。长期以来，各级气象部门与广播电视部门密切合作，使电视天气预报节目变得丰富多彩、生动直观，深受各级党政领导以及有关部门和广大人民群众的欢迎和好评。在社会经济快速发展和社会主义市场经济体制建立的新形势下，为了进一步加强和促进电视天气预报工作的发展，1996 年中国气象局与广电部联合下发了《关于进一步加强电视天气预报工作的通知》，要求各级气象主管机构所属的气象台站认真做好电视天气预报节目的制作工作，在同级电视台的大力支持下，充分利用气象现代化建设的成果，积极采用先进技术，努力改进电视天气预报节目制作工作，从服务内容和形式上提高电视天气预报节目的质量，制作满足国民经济建设和人民群众需要、具有当地特色的电视天气预报节目。目前，全国所有的省级气象主管机构及部分县级气象主管机构所属的气象台站已相继开展了电视天气预报节目的制作，促进了电视天气预报节目质量和水平的提高。本条款的规定既明确了各级气象主管机构所属的气象台站应当进行气象预报节目的制作，也对其提出了严格的质量要求。各级气象主管机构所属的气象台站应认真履行职责，高质量地完成气象预报节目的制作工作。

三是规定了气象预报节目的改播、增播和插播义务。本条规定广播、电视播出单位不得随意更改气象预报节目的播发时间，强调“广播、电视播出单位改变气象预报节目播发时间安排的，应当事先征得有关气象台站的同意”。广播、电视播发的气象预报都是定时发布的，而天气往往瞬息万变，特别是中小尺度灾害性天气系统突发性强、影响大，为保证最新的气象预报，特别是灾害性天气警报能及时传递给公众，本条还进一步规定了对国计民生可能产生重大影响的灾害性天气警报和补充、订正的气象预报，应当及时增播或者插播。

【关联法条】

规范性文件《气象预报传播质量评价管理办法》（气发〔2016〕92 号）

第一条　为规范气象预报传播质量评价活动，加强气象预报传播质量评价工作管理，根据《中华人人民共和国气象法》和《气象预报发布与传播管理办法》，制定本办法。

第二条　在中华人民共和国境内从事气象预报传播质量信息的采集、评价、公示和公开发布等活动，应当遵守本办法。

第三条　国务院气象主管机构负责组织管理全国的气象预报传播质量评价工作。各省、自治区、直辖市气象主管机构负责组织管理本行政区域内的气象预报传播质量评价工作。

第四条　各级气象主管机构应当委托第三方机构作为评价机构，开展气象预报传播质量评价数据的采集、分析和评价工作。

第五条　评价机构应当在中华人民共和国境内注册、经国务院民政部登记的行业性协会等社会组织或具有独立法人资格的专业评估组织，并具备开展气象服务评价的经历和能力。

第六条　在中华人民共和国境内从事气象预报传播服务的单位是本办法规定的评价对象。

第七条　评价机构应当按照《气象预报传播质量评价方法及等级划分》标准进行评价。

气象预报传播质量评价每年至少开展 1 次，评价对象实行随机抽取。

第八条　国务院气象主管机构或者省、自治区、直辖市气象主管机构应当定期对气象信息服务单位的基本信息、评价内容和评价结果等进行公示，并标注开展质量评价的机构名称。涉及国家秘密、商业秘密和个人隐私的除外。

第九条　社会公众或者气象信息服务单位对公示的质量评价结果有异议的，可以书面形式向国务院气象主管机构或者省、自治区、直辖市气象主管机构提出异议申请。

国务院气象主管机构或者省、自治区、直辖市气象主管机构在收到异议申请后 15 个工作日内责成质量评价机构进行核查与修改，并将结果通知申请人。必要时可组织第三方质量评价机构进行核查与修改，并将两次评价结果进行对比分析，提出相应处理意见。

第十条　社会公众或者气象信息服务单位可以向国务院气象主管机构或者省、自治区、直辖市气象主管机构投诉气象预报传播质量评价机构的不规范行为。

国务院气象主管机构或者省、自治区、直辖市气象主管机构在收到投诉后 30 个工作日内进行调查核实，并视情况提出警告、限期整改等处理措施，情节严重的 5 年之内不得从事气象预报传播质量评价工作。

第十一条　气象预报传播质量评价等级及其相关结果应当纳入气象信息服务单位的信用记录管理。

第十二条　国务院气象主管机构或者省、自治区、直辖市气象主管机构应当加强对被评价单位的监督检查。对于在评价中质量评价等级较低被评价对象责成其进行整改，并将其相关内容纳入单位信用记录。

国务院气象主管机构或者省、自治区、直辖市气象主管机构应对气象预报传播质量评价机构的评价数据采集、分析和评价质量进行监督检查。对于在气象预报传播质量评价中，有评价制度不健全、评价行为不规范、社会公众或者气象信息服务单位对其评价结果有异议或者有投诉的，应当严肃查处，并按照本办法第十条第二款规定办理。

第十三条　本办法由国务院气象主管机构负责解释。

第十四条　本办法自 2017 年 1 月 1 日起施行。

25. 气象信息使用要求及收益一定部分支持气象事业的规定(第二十五条)

第二十五条　广播、电视、报纸、电信等媒体向社会传播气象预报和灾害性天气警报，必须使用气象主管机构所属的气象台站提供的适时气象信息，并标明发布时间和气象台站的名称。通过传播气象信息获得的收益，应当提取一部分支持气象事业的发展。

【审议过程与立法沿革】

草案	草案二次审议稿	草案三次审议稿	条文
第二十二条　广播、电视、电信等媒体向社会传播气象预报和灾害性天气警报，必须使用气象主管机构所属的气象台站直接提供的适时气象信息，并标明发	**第二十二条**　广播、电视、**报纸**、电信等媒体向社会传播气象预报和灾害性天气警报，必须使用气象主管机构所属的气象台站 [直接] 提供的适时气象信息，	**第二十四条**　广播、电视、报纸、电信等媒体向社会传播气象预报和灾害性天气警报，必须使用气象主管机构所属的气象台站提供的适时气象信息，并标明	**第二十五条**　广播、电视、报纸、电信等媒体向社会传播气象预报和灾害性天气警报，必须使用气象主管机构所属的气象台站提供的适时气象信息，并标明

续表

草案	草案二次审议稿	草案三次审议稿	条文
布时间和气象台站的名称，不得删改其内容。通过传播气象信息获得收益的，应当 按照国务院有关部门规定的比例，提取部分 收益 专户存储，专门用于 支持气象事业的发展，不得挪作他用，并接收财政部门的监督。	并标明发布时间和气象台站的名称 ，不得删改其内容。通过传播气象信息获得的收益，应当提取一部分支持气象事业的发展。	发布时间和气象台站的名称。通过传播气象信息获得的收益，应当提取一部分支持气象事业的发展。	发布时间和气象台站的名称。通过传播气象信息获得的收益，应当提取一部分支持气象事业的发展。

在审议过程中，《草案二次审议稿》对《草案》作了两处修改：一是在媒体类别中增加了报纸。二是对通过传播气象信息获得的收益分配内容进行了修改完善。因为有的意见提出，《草案》对通过传播气象信息获得的收益进行分配的规定过于具体。《草案三次审议稿》又对相关表述作了删减，使其更为简洁精练。最终形成了《气象法》第二十五条的规定。

本条自 1999 年《气象法》施行以来，未作修改。

【法条释义】

一是规定了气象信息的使用要求。气象信息不仅关系到人民生命财产的安全，还直接影响到人民群众的生产、生活。近年来，某些媒体随意转抄、摘抄气象预报向社会传播的事件时有发生，气象预报无序刊播的行为，不仅侵害了气象台站的合法权益，还有可能因其在转、摘过程中产生的谬误而对国民经济和人民生命财产造成损失，给社会造成不良影响。据调查，之前全国有相当多城市的寻呼台滥传不是由气象主管机构所属的气象台站直接提供的非实时性气象信息；有的省级电台和报刊以不同方式播发和刊登不是由气象主管机构所属的气象台站提供的气象预报，全国有 6 个省份曾发生因 BP 机寻呼台违法传播气象信息而引起的诉讼。此外，利用虚假气象预报做广告的事件也时有发生，如 1995 年夏季，广东太阳神集团有限公司上海市分公司在广告制作中虚报上海市高温还将持续，当天就有 100 多位市民打电话到市气象台询问，造成了一定的社会混乱，同时也干扰了气象部门的正常工作。为加强对气象信息传播的管理，《气象法》中明确规定广播、电视、报纸、电信等媒体向社会传播气象预报和灾害性天气警报时，必须使用气象主管机构所属的气象台站提供的适时气象信息，同时还要标明发布时间和气象台站的名称。坚决制止和依法处理非法向社会制作、传播、转播和发布气象预报的行为。本款规定的“适时气象信息”，是指气象台站最新制作、发布的气象预报和灾害性天气警报信息。

二是规定了传播气象信息所获收益应当提取一部分以支持公益性气象事业的发展。气象事业作为社会基础性公益事业，其发展需要得到国家和社会的支持。近年来，国家虽逐步加大对气象事业的投入，但仍难充分满足实际需求。解决这些问题一方面需要国家继续加大对气象事业的投入力度，另一方面也需要社会各界对气象事业给予必要支持。根据相关规定，各级气象主管机构所属的气象台站无偿向传播媒体提供的公众气象预报，今后仍然是公益性的。然而一些传播媒体以及无线寻呼台将插播、提供气象预报作为吸引用户乃至招揽客户的重要手段，并且在播发、刊登气象预报信息过程中，还会转播、导播广告，以获取广告费等附加收益。

由于这种附加收益是在利用播发气象信息获得的，法律规定提供气象预报的各级气象主管机构所属气象台站提取其中的一部分用于支持气象事业的发展是合理的。这部分收益是传播气象预报附加收益的一种价值补偿，将其用于支持气象事业的发展，可以促进气象预报工作更好地满足社会经济和广大公众对气象服务的需求。因此，本条明确规定“通过传播气象信息获得的收益，应当提取一部分支持气象事业的发展”。这便为社会各界支持气象事业发展的落实提供了法律依据。

【关联法条】

规范性文件《气象信息服务企业备案管理办法》(气发〔2016〕92 号)

第一条　为规范气象信息服务活动，根据《中华人民共和国气象法》和《气象信息服务管理办法》，制定本办法。

第二条　本办法所称气象信息服务企业，是指利用气象资料和气象预报产品，开展面向用户需求的信息服务活动的企业。

第三条　国务院气象主管机构负责全国气象信息服务企业备案的监督管理工作。省、自治区、直辖市气象主管机构负责其行政区域内气象信息服务企业的备案管理工作。

第四条　从事气象信息服务活动的企业应当自领取营业执照等相关证照之日起三个月内，到企业注册地的省、自治区、直辖市气象主管机构行政服务窗口或网上备案系统办理备案。

第五条　气象信息服务企业办理备案应填写《气象信息服务企业备案表》，并提供以下材料：

(一)营业执照的原件及复印件；

(二)企业法人身份证明的原件及复印件；

(三)主要技术人员信息；

(四)信息服务提供方式和范围说明。

通过网上备案系统备案的须上传原件扫描件。

备案企业应当对备案材料的真实性负责。

第六条　备案企业提供备案材料不全的，省、自治区、直辖市气象主管机构行政服务窗口应当当场一次告知。

第七条　省、自治区、直辖市气象主管机构在收到备案材料后十个工作日内将备案企业信息在其官方网站予以公示，并将备案企业信息报送国务院气象主管机构。

第八条　气象信息服务企业备案公示信息包括以下内容：

(一)企业名称、社会信用代码、法定代表人；

(二)企业住所、注册资本或开办资金；

(三)加入的相关行业协会信息；

(四)企业通信地址、邮政编码、联系电话、电子邮箱等信息。

第九条　已备案的气象信息服务企业备案信息发生变化的，应当在备案信息变更后三个月内向原备案的省、自治区、直辖市气象主管机构办理备案变更。

第十条　省、自治区、直辖市气象主管机构与相关部门建立信息共享机制和平台，核实气象信息服务企业备案信息，加强事中事后监管。

第十一条　省、自治区、直辖市气象主管机构应当对备案的气象信息服务企业进行监督检查。发现提供虚假材料备案的，由省、自治区、直辖市气象主管机构撤销其备案公示，并将相关内容纳入企业信用记录。

前款产生的企业信息汇总至企业信用信息公示系统予以公示。

第十二条　涉外机构开展气象信息服务活动的，按照相关规定办理。

第十三条　本办法由国务院气象主管机构负责解释。

第十四条　本办法自2017年1月1日起实施。

【参考案例】

《南京××科技公司不服南京市气象局气象行政处罚决定案》（江苏省南京市中级人民法院〔2004〕宁行终字第67号）①

媒体向社会传播气象预报和灾害性天气警报必须符合法定要求：一是必须使用气象主管机构所属的气象台站提供的适时气象信息；二是标明发布时间和气象台站的名称。不符合法定要求的，当地气象主管机构有权对违法行为进行查处。

南京××科技公司（以下简称××公司）自2003年7月25日至2004年2月26日，通过所属的短信平台向移动通信（手机）用户发送不是南京气象台站提供的气象预报信息。南京市气象局（以下简称气象局）根据举报发现后，进行了立案调查，并于2003年8月7日向××公司送达了（宁）气停字〔2003〕5号《气象行政执法责令停止违法行为通知书》，责令××公司停止向移动（手机）用户发送不是南京市气象台直接提供的适时气象信息。因××公司仍未停止上述行为，2003年11月3日，气象局向××公司发出《气象行政执法行政处罚告知书》，告知××公司，其行为违反了《江苏省气象管理办法》第十五条的规定，并依据《江苏省气象管理办法》第三十条的规定，将给予警告并处3万元罚款的行政处罚。××公司收到气象局送达的《气象行政执法行政处罚告知书》后，要求听证，气象局于2003年11月21日组织听证。在听证过程中，××公司称气象信息是由北京维×思气象科技公司所提供的，并提供了与北京维×思气象科技公司签订的气象信息技术服务合同，根据合同约定，北京维×思气象科技公司向××公司提供全国主要城市24小时天气预报。××公司同时提供了国家气象中心于2002年4月29日为其出具的"证明"（复印件）一份，该证明中表述：北京维×思气象科技公司是国家气象中心授权从事气象信息服务的高新技术企业，该公司在国家气象中心内的编制名称为"专业气象台"。但是气象局仍然认为××公司的行为违反《气象法》和《江苏省气象管理办法》的规定，并于听证后的2003年11月25日作出了（宁）气罚字〔2003〕01号《气象行政执法行政处罚决定书》。

南京市气象局在行政处罚决定中认定，××公司自2003年7月25日至2004年2月26日通过所属的短信平台向移动通信（手机）用户擅自发送不是当地气象主管机构所属气象台站直接提供的适时气象信息，且在发布的信息中未标明发布时间和气象台站的名称。因此，气象局认为，该行为违反了《中华人民共和国气象法》第二十五条和《江苏省气象管理办法》第十五条的规定，依据《中华人民共和国气象法》第三十八条、《江苏省气象管理办法》第三十条和《气象行政处罚办法》第十五条的规定，给予××公司警告和处2万元罚款的行政处罚。××公司不服，于2004年2月19日向南京市玄武区人民法院提起诉讼。

原告××公司诉称，被告以原告向移动通信用户发送不是当地气象主管机构所属气象台站直接提供的适时气象信息，且在发布的信息中未标明发布时间和气象台站的名称为由，对原

① 国家法官学院，中国人民大学法学院．中国审判案例要览（2005年行政审判案例卷）[M]．北京：中国人民大学出版社/人民法院出版社，2006.

告作出气象行政处罚决定，没有事实根据和法律依据。原告通过短信平台向移动手机用户发布气象信息并不是未经授权的气象信息，是根据与中央气象台有关机构及以往和省气象台之间的协议为客户提供服务。江苏省人大通过《江苏省气象管理办法》后，原告根据该办法的相关规定向被告发出签订气象信息发布协议的要约，被告无任何正当理由拒绝与原告签订协议，因此是被告违反了《中华人民共和国气象法》和《中华人民共和国反不正当竞争法》的规定。请求法院依法撤销被告作出的(宁)气罚字〔2003〕01号《气象行政执法行政处罚决定书》，并要求被告承担本案的一切费用。

被告南京市气象局辩称，被告在《行政处罚决定书》中对原告××公司违法行为的认定事实清楚，证据确凿，被告在作出处罚前于2003年8月7日向原告送达了(宁)气停字〔2003〕5号《气象行政执法责令停止违法行为通知书》，但原告未停止违法行为。原告××公司虽然与北京维×思气象科技公司签订了气象信息服务合同，但依据《江苏省气象管理办法》第十五条之规定，媒体发布气象信息必须使用当地气象主管机构所属的气象台站直接提供的适时气象信息，应当与当地气象主管机构所属的气象台站签订协议，并应在发布的气象信息中标明发布时间和气象台站名称。然而原告××公司发布的气象信息为未经授权的气象信息。原告提出的江苏省气象台拒绝其签订合同的要约一事，并不存在违反《反不正当竞争法》的问题，与被告行使行政职能无关。被告作出的行政处罚事实清楚，证据确凿，适用法律法规正确，符合法定程序，请求法院驳回原告的诉讼请求。

南京市玄武区人民法院经审理认为，被告南京市气象局为南京市气象主管机构，对辖区内气象违法事件，有权立案查处。原告××公司通过所属的短信平台向移动通信(手机)用户发送气象信息，其中被告认定的部分为××公司向南京移动通信(手机)用户发送的南京地区的适时天气预报。原告该气象信息的来源，不是通过南京市气象台提供。被告对原告的行为属于擅自发送不是当地气象主管机构所属气象台站直接提供的适时气象信息，且在发布的信息中未标明发布时间和气象台站的名称的事实认定是成立的。根据《中华人民共和国气象法》第二十五条规定，广播、电视、报纸、电信等媒体向社会传播气象预报和灾害性天气警报，必须使用气象主管机构所属的气象台站提供的适时气象信息，并标明发布时间和气象台站的名称。《江苏省气象管理办法》第十五条第一款规定，广播、电视、报纸、电信和互联网等各类新闻、信息媒体向社会传播气象预报、灾害性天气警报等气象信息，必须使用当地气象主管机构所属的气象台站直接提供的适时气象信息，并标明发布时间和气象台站的名称。原告向移动通信(手机)用户发送的南京地区的天气预报中，没有标明气象信息发布时间和气象台站的名称。原告提供的证据只能证明，原告发送的气象信息，可能是北京维×思气象科技公司提供，而北京维×思气象科技公司并不是南京市当地的气象台站，原告在南京地区传播南京气象预报，必须符合《中华人民共和国气象法》和《江苏省气象管理办法》的规定，被告认定××公司的行为违反了《中华人民共和国气象法》第二十五条和《江苏省气象管理办法》第十五条①的规定，该认定是正确的。被告依据《中华人民共和国气象法》第三十八条、《江苏省气象管理办法》第三十条的规定，对原告作出警告和处2万元罚款的行政处罚，适用法律正确。至于其他媒体是否存在

① 《江苏省气象管理办法》第十五条：广播、电视、报纸、通信和互联网等各类新闻、信息媒体向社会传播气象预报、灾害性天气警报等气象信息，必须使用当地气象主管机构所属的气象台站直接提供的适时气象信息，并标明发布时间和气象台站名称。前款规定的媒体传播公众气象预报、灾害性天气警报等气象信息时，应当与当地气象主管机构所属气象台站签订协议，确定双方的权利和义务；通过传播气象信息获得的收益，应当按协议约定，提取一部分用于支持气象事业的发展。禁止无协议或者超出协议规定向社会传播气象信息。

不规范传播气象预报的行为，不影响被告对原告违法行为认定的成立。原告认为《江苏省气象管理办法》发布施行以后，南京市气象台不与其签订传播气象预报的协议，被告对其进行处罚目的不公正，原告该主张本院不予支持。协议的签订，以协议双方意思表示一致为前提，适时气象信息，作为气象科技成果，其所有者为合理使用气象科技成果资源，在依法开展气象有偿服务时，有其自主权利。南京市气象台不与原告签订传播气象预报的协议，属于气象科技成果所有者自主权利的范畴。原告在南京市气象台不与其签订传播气象预报协议的情况下，在南京地区传播南京气象预报，南京地区的气象主管机构对其进行查处是正当的，符合履行职责的法定要求。综上，被告于2003年11月25日作出的(宁)气罚字〔2003〕01号《气象行政执法行政处罚决定书》，事实认定清楚，程序合法，适用法律、法规正确。根据《中华人民共和国气象法》第三十八条第(一)项、《中华人民共和国行政诉讼法》第五十四条第(一)项，参照《江苏省气象管理办法》第三十条之规定，法院于2004年4月1日作出判决：维持南京市气象局于2003年11月25日作出的(宁)气罚字〔2003〕01号《气象行政执法行政处罚决定书》。

一审宣判后，××公司不服，向南京市中级人民法院提起上诉。

上诉人××科技公司诉称，上诉人通过移动短信平台发送的主要是江苏省的气象信息，即使有不规范之处，也应由江苏省气象局进行处罚，而并非南京市气象局；上诉人的气象信息来源系通过与维×思公司签订合同，并支付服务费的方式获得，这一事实在一审庭审中已通过质证合同原件的方式予以确认，而一审法院在认定相关事实时，却称“可能是维×思公司提供”，显然不妥；维×思公司经国家气象中心授权从事气象信息服务，其在国家气象中心内的编制名称为“专业气象台”，有权向全国提供有偿信息服务，同时，就维×思公司隶属国家气象中心而言，其发布气象信息所涉及的“当地”这一概念的范围应不仅限于其所在的北京地区，而是全国各地，因此，上诉人发布该公司的气象信息，并不违反有关规定；上诉人曾要求与其签订气象信息服务协议，但南京市气象台予以拒绝，其是为了能够垄断市场，单独在移动短信平台发布气象信息，被上诉人对上诉人进行处罚，目的显属不当。请求法院撤销原审判决及被诉具体行政行为，支持上诉人的上诉请求。

被上诉人气象局辩称，上诉人所发布的不是当地气象行政主管机构所属的气象台站直接提供的适时气象信息，且未标明发布时间和气象台站的名称，维×思公司是国家气象中心内的“专业气象台”，而并非南京当地的气象台站。在查明上诉人存在违法事实的情况下，被上诉人对其进行处罚的行为认定适用法律、法规正确、程序合法。原判认定事实清楚，适用法律正确，程序合法。请求法院驳回上诉，维持原判。

南京市中级人民法院经审理认为，被上诉人作为南京市气象行政主管机构，对本行政区域内的气象违法行为，可在法定职权范围内实施气象行政处罚。《中华人民共和国气象法》第二十五条规定“广播、电视、报纸、电信等媒体向社会传播气象预报和灾害性天气警报，必须使用气象主管机构所属的气象台站提供的适时气象信息，并标明发布时间和气象台站名称”。《江苏省气象管理办法》第十五条第一款规定“广播、电视、报纸、电信和互联网等各类新闻、信息媒体向社会传播气象预报、灾害性天气警报等气象信息，必须使用当地气象主管机构所属的气象台站提供的适时气象信息，并标明发布时间和气象台站名称”。经查证，上诉人向移动通信(手机)用户发送的天气预报中，并未标明发布时间和气象台站名称，且向其提供气象信息的单位并非南京市当地的气象台站，被上诉人在调查取证的基础上认定上诉人的行为违法，事实清楚，证据确实充分。经审查，基于上诉人的上述违法事实，被上诉人对其作出气象处罚，行政处罚程序合法，适用法律规范正确，处罚幅度适当。上诉人以被上诉人处罚目的不正当，进而请求撤销原判和被诉具体行政行为的诉讼主张，因缺乏事实根据和法律依据，本院不予支持。综上，原审判决认定事实清楚，审判程序合法，适用法律法规、参照规章正确。据此，法院于 2004 年 6 月 21 日作出判决：驳回上诉，维持原判。案件受理费 100 元，由上诉人负担。

26. 保障气象信息传递以及对气象无线电专用频道和信道保护的规定（第二十六条）

第二十六条　信息产业部门应当与气象主管机构密切配合，确保气象通信畅通，准确、及时地传递气象情报、气象预报和灾害性天气警报。

气象无线电专用频道和信道受国家保护，任何组织或者个人不得挤占和干扰。

【审议过程与立法沿革】

本条在审议过程中，对相关内容没有修改，沿用了《草案》第二十三条相关内容。最终形成《气象法》第二十六条的规定。

本条自 1999 年《气象法》施行以来，未作修改。

【法条释义】

本条是关于保障气象信息传递以及对气象无线电专用频道和信道保护的规定。

一是规定信息产业部门在保障气象信息传递方面的责任。为尽快掌握世界和我国各地的天气变化情况，做好气象预报，需要把遍布世界各地的各种类型的气象台站所获得的包括地面到高空、陆地到海洋的大量气象信息及时传递给气象台站。气象台站分布在城市、农村、平原、高山、海岛、沙漠和边疆等地。要保证气象信息准确可靠，一方面要求把各种气象信息迅速收集、汇总，另一方面则要将收集、汇总的各种气象情报、气象预报以及灾害性天气警报等产品很快传输给国内各级气象台站和有关部门使用。气象通信工作担负着上述各种气象信息的收集、传输、分发任务，具有信息量大、时效高、质量可靠等特点。为了保障气象信息的传递，本条明确规定“信息产业部门应当与气象主管机构密切配合，确保气象信息畅通，准确、及时地传递气象情报、气象预报和灾害性天气警报”。需注意的是，本款所指的传递气象信息，不是指媒体向社会发布公众气象预报和灾害性天气警报。

二是规定了国家对气象无线电专用频道和信道的保护。出于气象业务的需要，气象工作使用了专用的无线电频率资源。随着通信事业的发展，势必出现频率资源的竞争，甚至相关资源被侵占的现象。有限的无线电频率资源的合理利用和保护，关乎认识和监测我们赖以生存的地球环境，涉及国民经济的可持续发展。为保证气象监测预报工作的顺利进行，必须保护气象无线电专用频道和信道。故本条第二款规定“气象无线电专用频道和信道受国家保护，任何组织或者个人不得挤占和干扰”，为维护我国气象工作中重要的通信保障的合法权益提供了法律依据。本条所称的气象专用频道和信道，是指经国家无线电管理委员会批准用于灾害性天气联防、天气会商及发布天气警报的超短波通信和天气警报系统频率。

第5章　气象灾害防御

27. 县级以上人民政府在气象灾害防御工作中的权利和义务(第二十七条)

第二十七条　县级以上人民政府应当加强气象灾害监测、预警系统建设,组织有关部门编制气象灾害防御规划,并采取有效措施,提高防御气象灾害的能力。有关组织和个人应当服从人民政府的指挥和安排,做好气象灾害防御工作。

【审议过程与立法沿革】

本条在审议过程中,对相关内容没有修改。沿用了《草案》第二十四条相关内容。最终形成了《气象法》第二十七条的规定。

本条自1999年《气象法》施行以来,未作修改。

【法条释义】

一是本条规定了县级以上人民政府应当加强气象灾害监测、预警系统建设。《气象法》将加强气象灾害监测、预警系统建设作为县级以上人民政府的一项主要责任和义务,并通过法律的形式确定下来,该规定主要基于两个方面的考虑:其一,气象灾害监测、预警系统是防御气象灾害的基础设施,缺乏现代化的监测、预警系统,就难以有效地防御和减轻气象灾害造成的损失。经济越发展,越要加强气象防灾减灾工作,就越需要及时、准确地监测预报灾害性天气;其二,加强气象防灾减灾基础设施建设,增强气象防灾减灾能力,提高气象防灾减灾效益,是各级人民政府的职责所在。因此,为了防御和减轻气象灾害,《气象法》再次强调各级人民政府应当加强气象灾害监测、预警系统的建设。本条所称的气象灾害监测、预警系统,是指根据当地灾害性天气发生发展的特点和气象防灾减灾的特殊需要建立的灾害性天气监测、预报、警报服务系统,包括中尺度灾害性天气监测网(含气象自动监测网、雷达监测网)和短时、超短时灾害性天气预报、警报、服务系统等。

二是规定了县级以上人民政府应当组织有关部门编制气象灾害防御规划。

其一,气象灾害防御规划是由各级人民政府统一部署的、一定时间内气象防灾减灾工作的指导性文件,是政府依法加强领导、落实有关政策、协调各部门工作、动员社会力量、开展气象防灾减灾工作的重要途径和手段。编制气象灾害防御规划的目的是贯彻气象防灾减灾工作方针,针对当地气象灾害影响的程度和应当防御的重点,明确气象防灾减灾工作在一定时期内的指导思想、原则和目标以及各方面工作的任务,确保气象防灾减灾工作在当地政府统一领导下协调、有序进行,并与国民经济建设和社会发展相适应。通过编制气象灾害防御规划明确本地区防御气象灾害工作的重点并完善气象防灾减灾能力的具体步骤,以达到有效防御气象灾害的目的。因此,在《气象法》中规定县级以上人民政府应当组织有关部门编制气象灾害防御规划非常必要,而且意义重大。

其二，气象灾害防御规划编制工作应当与当地有关规划相衔接。根据本条规定，气象灾害防御规划由县级以上人民政府组织有关部门编制，这充分体现了气象防灾减灾工作涉及各个政府部门，各部门在政府的统一领导下，分工负责、密切配合，保证气象灾害防御规划的全面、协调、可行。按照《气象法》第四条第二款关于将气象事业纳入中央和地方同级国民经济和社会发展计划及财政预算的规定，气象灾害防御规划也应以国民经济和社会发展计划及长远目标规划为主要依据，并作为其中有关部分的扩充和延伸，与之密切衔接。此外，气象灾害防御规划中的基础项目和任务应落实到国民经济和社会发展计划及相关各项事业的发展规划、计划中。

其三，本条规定的气象灾害防御规划内容，由于地区不同、时间不同，规划的内容也会有所不同，气象灾害防御规划应因地因时制宜，力求结合实际，便于实施。气象灾害防御规划应包括以下内容：(1)气象防灾减灾规划编制的背景，以及本地区气象防灾减灾工作的现状；(2)指导思想、编制原则及规划总体目标；(3)气象防灾减灾工作体系建设；(4)气象防灾减灾法规体系建设；(5)气象防灾减灾工作重点；(6)气象防灾减灾基础设施与技术系统现代化建设；(7)气象防灾减灾科学技术发展规划；(8)气象灾害监测预报方案；(9)气象灾害应急及紧急救援工作体系建设；(10)灾后救灾与恢复重建准备；(11)气象防灾减灾宣传教育等。

【关联法条】

行政法规《气象灾害防御条例》

28. 气象台站在防御气象灾害工作中的职责(第二十八条)

第二十八条　各级气象主管机构应当组织对重大灾害性天气的跨地区、跨部门的联合监测、预报工作，及时提出气象灾害防御措施，并对重大气象灾害作出评估，为本级人民政府组织防御气象灾害提供决策依据。

各级气象主管机构所属的气象台站应当加强对可能影响当地的灾害性天气的监测和预报，并及时报告有关气象主管机构。其他有关部门所属的气象台站和与灾害性天气监测、预报有关的单位应当及时向气象主管机构提供监测、预报气象灾害所需要的气象探测信息和有关的水情、风暴潮等监测信息。

【审议过程与立法沿革】

草案	草案二次审议稿	草案三次审议稿	条文
第二十五条　各级气象主管机构应当做好对重大灾害性天气的跨地区、跨部门的联合防范工作，及时提出气象灾害防御措施，并对重大气象灾害作出评估，为本级人民政府组织防御气象灾害提供决策依据。 各级气象主管机构所属的气象台站应当加强对	**第二十五条**　各级气象主管机构应当**组织**对重大灾害性天气的跨地区、跨部门的联合**监测、预报**工作，及时提出气象灾害防御措施，并对重大气象灾害作出评估，为本级人民政府组织防御气象灾害提供决策依据。 各级气象主管机构所属的气象台站应当加强对	**第二十七条**　各级气象主管机构应当组织对重大灾害性天气的跨地区、跨部门的联合监测、预报工作，及时提出气象灾害防御措施，并对重大气象灾害作出评估，为本级人民政府组织防御气象灾害提供决策依据。 各级气象主管机构所属的气象台站应当加强对	**第二十八条**　各级气象主管机构应当组织对重大灾害性天气的跨地区、跨部门的联合监测、预报工作，及时提出气象灾害防御措施，并对重大气象灾害作出评估，为本级人民政府组织防御气象灾害提供决策依据。 各级气象主管机构所属的气象台站应当加强对

续表

草案	草案二次审议稿	草案三次审议稿	条文
可能影响当地的灾害性天气的监测和预报，并及时报告有关气象主管机构。其他有关部门所属的气象台站应当及时向气象主管机构提供防御气象灾害所需要的气象探测信息和有关的水情、风暴潮等监测信息。	可能影响当地的灾害性天气的监测和预报，并及时报告有关气象主管机构。其他有关部门所属的气象台站**和与灾害性天气监测、预报有关的单位**应当及时向气象主管机构提供**监测、预报**气象灾害所需要的气象探测信息和有关的水情、风暴潮等监测信息。	可能影响当地的灾害性天气的监测和预报，并及时报告有关气象主管机构。其他有关部门所属的气象台站和与灾害性天气监测、预报有关的单位应当及时向气象主管机构提供监测、预报气象灾害所需要的气象探测信息和有关的水情、风暴潮等监测信息。	可能影响当地的灾害性天气的监测和预报，并及时报告有关气象主管机构。其他有关部门所属的气象台站和与灾害性天气监测、预报有关的单位应当及时向气象主管机构提供监测、预报气象灾害所需要的气象探测信息和有关的水情、风暴潮等监测信息。

在《草案》审议过程中，有意见提出，从气象主管机构的职责出发，对重大灾害性天气的跨地区、跨部门的联合应该是监测、预报工作；而关于水情、风暴潮等其他灾害由于发生原因不同，例如有的是因降雨引起，而有的是因溃坝引起，这些原因必然关乎气象，所以有关的水情、风暴潮等信息监测不仅涉及气象部门，还涉及水文观测站等有关单位。因此，《草案二次审议稿》对相关内容进行了修改完善。此后，未再作修改。《气象法》第二十八条沿用了相关内容。

本条自 1999 年《气象法》施行以来，未作修改。

【法条释义】

一是本条第一款对各级气象主管机构在气象灾害防御中的职责作出了明确规定。

其一，明确了各级气象主管机构应当组织对重大灾害性天气的跨地区、跨部门的联合监测、预报工作。联合监测、预报(又简称“联防”)，是指当灾害性天气发生时，应按照联防协作规定，打破省级、地市级和部门的界限，上游气象台站要及时向下游气象台站通报天气实况和灾害性天气变化的信息，加强天气监测，及时组织不同形式的天气会商，共同做好灾害性天气的监测、预报、警报等服务。长期以来，各级气象主管机构所属的气象台站始终坚持联防协作，取得了很好的效果，并制定了相应的规定使之逐步规范化。中国气象局颁布实施的《汛期气象服务规定》和《气象服务工作规定》中，对联防协作均作了相应的规定。

其二，规定了各级气象主管机构应当及时提出气象灾害防御措施，为本级人民政府组织气象灾害防御工作提供决策依据。长期以来，各级气象主管机构始终把为各级党政领导提供准确、及时的气象服务和为政府提出气象防灾减灾的建议措施作为自己的重要职责之一。各级人民政府及有关部门也始终把各级气象主管机构提供的重大灾害性天气预报服务和防御措施作为政府组织防灾减灾的重要决策依据。因此，本条明确规定：“各级气象主管机构应当……及时提出气象灾害防御措施……为本级人民政府组织防御气象灾害提供决策依据。”

其三，规定了各级气象主管机构应当对重大气象灾害作出评估。对气象灾害作出评估，主要是指在重大气象灾害发生之后，各级气象主管机构要及时组织力量根据国家制定的灾害性天气标准，对重大灾害性天气的种类、强度、影响的范围等进行科学的调查和评估，为政府有效地开展防灾、减灾和救灾工作提供比较科学的决策依据。重大灾害损失的评估工作应根据国家分工由各级民政部门组织力量进行，而各级气象主管机构应当参与重大气象灾害经济损失的调查和评估。

二是本条第二款规定了各级气象主管机构所属的气象台站在气象灾害防御中的职责。准确、及时地做好灾害性、关键性和转折性天气的监测、预报、服务和气象灾害防御是各级气象主管机构所属的气象台站的主要职责。《汛期气象服务规定》和《气象服务工作规定》等规定中均对各级气象台站如何做好重大灾害性天气的监测、预报、服务工作作了明确的规定。本条从法律的高度规定了各级气象主管机构所属的气象台站应当加强对可能影响当地的灾害性天气的监测、预报，并要及时报告有关气象主管机构的义务。

为了加强部门间的合作，充分发挥各部门的优势，发挥所有气象台站和有关单位在气象防灾减灾工作中的作用，为各级政府防灾救灾提供更加完整、准确的决策依据，本条还规定了其他有关部门所属的气象台站和与灾害性天气监测、预报有关的单位应当及时向气象主管机构提供监测、预报气象灾害所需要的气象探测信息和有关的水情、风暴潮等监测信息的义务，这一规定对做好气象灾害防御也是十分必要的。

【关联法条】

(1)《防洪法》

第三十一条　地方各级人民政府应当加强对防洪区安全建设工作的领导，组织有关部门、单位对防洪区内的单位和居民进行防洪教育，普及防洪知识，提高水患意识；按照防洪规划和防御洪水方案建立并完善防洪体系和水文、气象、通信、预警以及洪涝灾害监测系统，提高防御洪水能力；组织防洪区内的单位和居民积极参加防洪工作，因地制宜地采取防洪避洪措施。

第四十三条　在汛期，气象、水文、海洋等有关部门应当按照各自的职责，及时向有关防汛指挥机构提供天气、水文等实时信息和风暴潮预报；电信部门应当优先提供防汛抗洪通信的服务；运输、电力、物资材料供应等有关部门应当优先为防汛抗洪服务。

中国人民解放军、中国人民武装警察部队和民兵应当执行国家赋予的抗洪抢险任务。

(2)《防沙治沙法》

第五条　在国务院领导下，国务院林业草原行政主管部门负责组织、协调、指导全国防沙治沙工作。

国务院林业草原、农业、水利、土地、生态环境等行政主管部门和气象主管机构，按照有关法律规定的职责和国务院确定的职责分工，各负其责，密切配合，共同做好防沙治沙工作。

县级以上地方人民政府组织、领导所属有关部门，按照职责分工，各负其责，密切配合，共同做好本行政区域的防沙治沙工作。

第十五条　县级以上地方人民政府林业草原或者其他有关行政主管部门，在土地沙化监测过程中，发现土地发生沙化或者沙化程度加重的，应当及时报告本级人民政府。收到报告的人民政府应当责成有关行政主管部门制止导致土地沙化的行为，并采取有效措施进行治理。

各级气象主管机构应当组织对气象干旱和沙尘暴天气进行监测、预报，发现气象干旱或者沙尘暴天气征兆时，应当及时报告当地人民政府。收到报告的人民政府应当采取预防措施，必要时公布灾情预报，并组织林业草原、农(牧)业等有关部门采取应急措施，避免或者减轻风沙危害。

(3)《大气污染防治法》

第九十三条　国家建立重污染天气监测预警体系。

国务院生态环境主管部门会同国务院气象主管机构等有关部门、国家大气污染防治重点区域内有关省、自治区、直辖市人民政府，建立重点区域重污染天气监测预警机制，统一预警分级标准。可能发生区域重污染天气的，应当及时向重点区域内有关省、自治区、直辖市人民政府通报。

省、自治区、直辖市、设区的市人民政府生态环境主管部门会同气象主管机构等有关部门建立本行政区域重污染天气监测预警机制。

(4)部门规章《汛期气象服务规定》

第一条　为了做好汛期气象服务工作，保护人民生命财产安全，保障经济建设的顺利进行，根据《中华人民共和国防汛条例》，制定本规定。

第二条　各级气象部门进行的汛期气象业务、服务活动，应当遵守本规定。

第三条　各级气象部门应当准确、及时、优质地做好汛期气象服务工作。汛期气象服务工作必须从实际出发，防汛(包括防台，下同)、抗旱一起抓，密切注意旱涝转换，及时做好重大灾害性、关键性天气的气象服务。

第四条　汛期气象服务工作实行各级气象部门行政首长负责制，统一领导，按照责任区分级负责。

第五条　全国汛期气象服务工作的重点，是为确保大江大河大湖、大型水库、大中城市安全度汛提供气象服务。

省、自治区、直辖市及大江大河流域的汛期气象服务工作重点和汛期时段划分，按照本省、自治区、直辖市人民政府和大江大河流域管理机构防汛的要求确定。

第六条　汛期气象服务工作应当做好上下游和邻近地区的协作与联防。

第七条　国家气象局负责组织领导全国的汛期气象服务工作。

国家气象中心负责向国务院和国家防汛抗旱总指挥部提供有关天气预报和实时气象信息，以及担负对各省、自治区、直辖市气象台汛期气象服务的技术指导。

第八条　各省、自治区、直辖市气象局负责组织领导本省、自治区、直辖市的汛期气象服务工作。

各省、自治区、直辖市气象台负责向本省(自治区、直辖市)人民政府和防汛抗旱指挥部提供有关天气预报和实时气象信息，以及担负对各地(市)气象台汛期气象服务的技术指导。

各地(市)、县气象局(台、站)负责向当地人民政府和防汛抗旱指挥部提供气象服务。

第九条　各级气象部门汛期气象服务责任区，应当要与同级人民政府防汛抗旱指挥部所管辖的防汛抗洪抢险调度范围相一致。

第十条　汛期发布天气预报按照《发布天气预报管理暂行办法》执行。

第十一条　遇有热带气旋、暴雨、旱、涝、风、雹等灾害性天气和重大转折性天气出现和结束后，各级气象部门应当及时向当地人民政府和上级气象部门汇报重要天气实况和服务情况，以及所了解到的灾情。

第十二条　各级气象部门应当在汛期开始前 15 天或者更早时间完成汛期气象服务准备工作，并将汛期前准备情况及时报告当地人民政府和上级气象部门。

第十三条　各级气象部门应当把汛期前准备工作列入岗位责任制。汛前准备工作包括：

(一)落实组织领导和各类岗位人员；

(二)协调各项业务工作之间，业务与服务以及行政后勤等各个环节的关系；

(三)制定业务工作流程和进行天气预报技术的准备；

(四)检查业务系统和重大装备以及备份系统的运行情况，落实仪器设备及备份器材、零配件；

(五)落实各有关台站之间的联防工作；

（六）商定气象台站与广播电台、电视台、报社、邮电局（所）等单位之间信息传递及其他有关事宜。

第十四条　省、自治区、直辖市气象局在汛期结束后 1 个月内将汛期气象服务总结，分别报送本省、自治区、直辖市人民政府和国家气象局。

总结的重点是：汛期天气气候的基本特点，预报服务基本概况以及灾害性、关键性天气过程的预报服务情况（含成功或者失误的情况）和效益（或者损失），主要经验和存在问题及改进意见和建议。

第十五条　气象台站汛期气象服务联防协作的主要内容是雨情和灾害性天气信息的交换、预报会商，以及汛期结束后有关汛期气象业务、服务的科技攻关、经验交流等。

第十六条　根据汛情、雨情，由供需双方气象台站协商确定雨情加密观测范围和发报时次。编发雨情报应当使用国家气象局制定的电码格式。

第十七条　在汛期，各气象台站之间应当加强天气预报会商。跨省预报会商，由有关气象台站商定会商的次数、时间、内容。

第十八条　当本气象台站责任区内即将出现或者已经出现强降水和灾害性天气时，必须根据联防协定及时通知有关气象台站。

第十九条　省、自治区、直辖市气象台之间联防通信的具体联络办法（包括日期、时间、方式等），由有关省、自治区、直辖市气象局共同商定。

第二十条　相邻省、自治区、直辖市气象台（或者地市气象台）使用超短波和短波单边带气象通信，必须执行《气象辅助通信网暂行管理办法》。

第二十一条　通过国内干线和省际电路传输雨情报等信息资料，必须事先与国家气象中心和有关区域气象中心商定，并使用国家气象局制定的通信规定和规程。

第二十二条　各级气象部门负责与同级防汛抗旱指挥部门商定气象服务的具体联络办法。

第二十三条　各级气象台站应当按照本省（自治区、直辖市）气象局的规定，加强与同级水文部门的协作。

第二十四条　各级气象台站应当根据国家气象局、广播电影电视部、邮电部联合发布的《关于加强灾害性天气预报的制作、传递和广播的通知》，与有关部门和单位商定天气预报、警报传递与播发办法。

第二十五条　各级气象部门应该加强与铁道、交通、石油、水利、电力、建筑、农林、保险、商业、工矿、港口等部门和单位的联系，根据防汛需要，协商制定适合其需要的汛期专业、专项气象服务办法。

第二十六条　为当地防汛抗旱服务所增加的经费，按照《国务院关于进一步加强气象工作的通知》的要求，报当地人民政府统筹安排。

第二十七条　为各行业进行汛期的专项服务，所需要的经费由各有关单位承担。

第二十八条　对长江、黄河、淮河、珠江、海河、松花江、辽河等七大江河流域防汛气象联防所需要的有关经费，按照《七大江河流域防汛气象服务办法》规定执行。

第二十九条　在汛期气象服务中，有下列情况之一的单位和个人，可以由国家气象局或省级气象部门给予表彰或者奖励：

（一）在执行汛期气象服务任务时，组织严密，指挥得当，出色完成任务者；

（二）对重大灾害性、关键性天气预报准确，服务及时，避免或者减少了重大损失者；

（三）为大江大河大湖、大中型水库、大中城市，国家重大工程建设项目、厂矿重点设施等防汛提供重大决策依据，取得显著经济效益者；

(四)对汛期气象服务有其他突出贡献者。

第三十条　在汛期中，违反本规定，有下列行为之一者，视其情节轻重由所在单位或上级主管部门给予行政处分：

(一)不执行上级指示或者组织领导不力，延误防灾、抗灾工作，造成重大损失者；

(二)玩忽职守，造成责任性事故，损失严重或者社会影响较坏者；

(三)其他危害汛期气象服务者。

第三十一条　按照本规定的要求，结合长江、黄河、淮河、珠江、海河、松花江、辽河等流域防汛的实际需要和防汛抗旱指挥部门的要求，国家气象局分别制定各大江河流域的防汛气象服务办法。

第三十二条　省、自治区、直辖市气象部门应当根据本规定，结合本地的实际，制定汛期气象服务实施细则。

第三十三条　本规定由国家气象局负责解释。

第三十四条　本规定自1993年5月1日起施行，国家气象局1989年4月5日发布的《汛期气象服务暂行规定》同时废止。

(5)部门规章《气象服务工作规定》

第十条　各级气象台站应当加强天气预报服务联防，上级气象台站有责任指导下级气象台站，天气系统上游地区的气象台站应当为下游地区的气象台站提供重要天气信息，协助下游地区的气象台站做好灾害性、关键性、转折性天气的预报服务。

29. 县级以上地方人民政府在气象灾害防御工作中的职责(第二十九条)

第二十九条　县级以上地方人民政府应当根据防御气象灾害的需要，制定气象灾害防御方案，并根据气象主管机构提供的气象信息，组织实施气象灾害防御方案，避免或者减轻气象灾害。

【审议过程与立法沿革】

草案	草案二次审议稿	草案三次审议稿	条文
第二十六条　县级以上地方人民政府应当根据防御气象灾害的需要，组织气象主管机构和有关部门制定气象灾害防御方案，并根据气象主管机构提供的气象信息，组织实施气象灾害防御方案，避免或者减轻气象灾害。	**第二十六条**　县级以上地方人民政府应当根据防御气象灾害的需要，制定气象灾害防御方案，并根据气象主管机构提供的气象信息，组织实施气象灾害防御方案，避免或者减轻气象灾害。	**第二十八条**　县级以上地方人民政府应当根据防御气象灾害的需要，制定气象灾害防御方案，并根据气象主管机构提供的气象信息，组织实施气象灾害防御方案，避免或者减轻气象灾害。	**第二十九条**　县级以上地方人民政府应当根据防御气象灾害的需要，制定气象灾害防御方案，并根据气象主管机构提供的气象信息，组织实施气象灾害防御方案，避免或者减轻气象灾害。

在《草案》审议过程中，有意见提出，应当根据气象部门提供的气象信息，由地方政府组织制定气象灾害防御方案，但是灾种不同，制定灾害防御方案的影响因素不同，如《防洪法》第四十条对于防御洪水方案制定就有特殊规定，“有防汛抗洪任务的县级以上地方人民政府根据流域综合规划、防洪工程实际状况和国家规定的防洪标准，制定防御洪水方案(包括对特大洪水的处置措施)。长江、黄河、淮河、海河的防御洪水方案，由国家防汛指挥机构制定，报国务院批

准；跨省、自治区、直辖市的其他江河的防御洪水方案，由有关流域管理机构会同有关省、自治区、直辖市人民政府制定，报国务院或者国务院授权的有关部门批准。防御洪水方案经批准后，有关地方人民政府必须执行”。因此，《草案二次审议稿》删除了“组织气象主管机构和有关部门”的相关表述。此后，对相关内容未作修改。最终形成了《气象法》第二十九条的规定。

本条自 1999 年《气象法》施行以来，未作修改。

【法条释义】

本条是关于县级以上地方人民政府在气象灾害防御工作中的职责的规定。

一是规定了县级以上地方人民政府应当根据防御气象灾害的需要，制定气象灾害防御方案。气象灾害应急是气象灾害防御工作的重要环节之一，制定气象灾害防御方案，落实各项实施措施是最根本的应急准备。制定气象灾害防御方案，有助于高效、有序地开展气象灾害防御和抢险救灾工作，防止次生灾害和衍生灾害的发生或扩大，有助于迅速恢复社会正常的生产、生活秩序，最大限度地减轻气象灾害造成的人员伤亡，减少经济损失。因此，《气象法》明确规定县级以上人民政府应在“以预防为主，防御和救助相结合”的防灾减灾工作方针的指导下制定气象灾害防御方案。气象灾害防御方案包括在气象灾害即将发生之前采取紧急防御措施和气象灾害发生后采取的应急救灾的行动计划。政府在组织制定气象灾害防御方案时应当从实际出发，做到切实可行。我国各地气象灾害的种类、强度、频度和造成的损失程度不同，各地的经济发展水平不同、抗御气象灾害的能力不同，而且各部门在气象灾害防御工作中的职责也有差别，因此必须有针对性地制定气象灾害防御方案。

二是规定县级以上地方人民政府应当根据气象主管机构提供的气象信息，组织实施气象灾害防御方案。气象灾害的防御是一项十分复杂的系统工程，气象灾害防御涉及交通、铁路、民航、通信、水利、电力、卫生、石化、民政、公安、建设、新闻媒体等各有关部门和单位，需要各部门、各单位之间密切配合，同心协力，共同努力。因此，在《气象法》中明确规定县级以上人民政府应当根据气象主管机构提供的气象信息，组织实施气象灾害防御方案。

30. 县级以上人民政府、各级气象主管机构以及有关部门、组织在人工影响天气工作中的职责（第三十条）

第三十条　县级以上人民政府应当加强对人工影响天气工作的领导，并根据实际情况，有组织、有计划地开展人工影响天气工作。

国务院气象主管机构应当加强对全国人工影响天气工作的管理和指导。地方各级气象主管机构应当制定人工影响天气作业方案，并在本级人民政府的领导和协调下，管理、指导和组织实施人工影响天气作业。有关部门应当按照职责分工，配合气象主管机构做好人工影响天气的有关工作。

实施人工影响天气作业的组织必须具备省、自治区、直辖市气象主管机构规定的条件，并使用符合国务院气象主管机构要求的技术标准的作业设备，遵守作业规范。

【审议过程与立法沿革】

草案	草案二次审议稿	草案三次审议稿	条文
第二十七条　县级以上人民政府应当加强对人	**第二十七条**　县级以上人民政府应当加强对人	**第二十九条**　县级以上人民政府应当加强对人	**第三十条**　县级以上人民政府应当加强对人工

续表

草案	草案二次审议稿	草案三次审议稿	条文
工影响天气工作的领导，并根据实际情况，有组织、有计划地开展人工影响天气工作。 国务院气象主管机构应当加强对全国人工影响天气工作的管理和指导。地方各级气象主管机构应当制定人工影响天气作业方案，并按照本级人民政府制定的计划，管理、指导和组织实施人工影响天气作业。有关部门应当按照职责分工，配合气象主管机构做好人工影响天气的有关工作。 实施人工影响天气作业的组织必须具备省、自治区、直辖市气象主管机构规定的资格条件，并使用国务院气象主管机构指定的作业设备，遵守作业规范。	工影响天气工作的领导，并根据实际情况，有组织、有计划地开展人工影响天气工作。 国务院气象主管机构应当加强对全国人工影响天气工作的管理和指导。地方各级气象主管机构应当制定人工影响天气作业方案，并按照本级人民政府制定的计划，管理、指导和组织实施人工影响天气作业。有关部门应当按照职责分工，配合气象主管机构做好人工影响天气的有关工作。 实施人工影响天气作业的组织必须具备省、自治区、直辖市气象主管机构规定的资格条件，并使用国务院气象主管机构**批准**的作业设备，遵守作业规范。	工影响天气工作的领导，并根据实际情况，有组织、有计划地开展人工影响天气工作。 国务院气象主管机构应当加强对全国人工影响天气工作的管理和指导。地方各级气象主管机构应当制定人工影响天气作业方案，并**在**本级人民政府**的领导和协调下**，管理、指导和组织实施人工影响天气作业。有关部门应当按照职责分工，配合气象主管机构做好人工影响天气的有关工作。 实施人工影响天气作业的组织必须具备省、自治区、直辖市气象主管机构规定的资格条件，并使用**符合**国务院气象主管机构**要求的技术标准**的作业设备，遵守作业规范。	影响天气工作的领导，并根据实际情况，有组织、有计划地开展人工影响天气工作。 国务院气象主管机构应当加强对全国人工影响天气工作的管理和指导。地方各级气象主管机构应当制定人工影响天气作业方案，并在本级人民政府的领导和协调下，管理、指导和组织实施人工影响天气作业。有关部门应当按照职责分工，配合气象主管机构做好人工影响天气的有关工作。 实施人工影响天气作业的组织必须具备省、自治区、直辖市气象主管机构规定的资格条件，并使用符合国务院气象主管机构要求的技术标准的作业设备，遵守作业规范。

在《草案》审议过程中，《草案二次审议稿》将实施人工影响天气作业应当使用的设备由国务院气象主管部门“指定”修改为“批准”。有意见提出，《草案二次审议稿》中关于实施人工影响天气作业应当使用国务院气象主管机构批准的作业设备的规定，不符合市场经济的原则，故《草案三次审议稿》对相关内容进行了修改，修改为“符合国务院气象主管机构要求的技术标准的作业设备”，并对相关表述进行了完善。最终形成了 1999 年《气象法》第三十条的规定。

修改前条文	修改后条文
第三十条 县级以上人民政府应当加强对人工影响天气工作的领导，并根据实际情况，有组织、有计划地开展人工影响天气工作。 国务院气象主管机构应当加强对全国人工影响天气工作的管理和指导。地方各级气象主管机构应当制定人工影响天气作业方案，并在本级人民政府的领导和协调下，管理、指导和组织实施人工影响天气作业。有关部门应当按照职责分工，配合气象主管机构做好人工影响天气的有关工作。 实施人工影响天气作业的组织必须具备省、自治区、直辖市气象主管机构规定的资格条件，并使用符合国务院气象主管机构要求的技术标准的作业设备，遵守作业规范。	**第三十条** 县级以上人民政府应当加强对人工影响天气工作的领导，并根据实际情况，有组织、有计划地开展人工影响天气工作。 国务院气象主管机构应当加强对全国人工影响天气工作的管理和指导。地方各级气象主管机构应当制定人工影响天气作业方案，并在本级人民政府的领导和协调下，管理、指导和组织实施人工影响天气作业。有关部门应当按照职责分工，配合气象主管机构做好人工影响天气的有关工作。 实施人工影响天气作业的组织必须具备省、自治区、直辖市气象主管机构规定的条件，并使用符合国务院气象主管机构要求的技术标准的作业设备，遵守作业规范。

2012 年 12 月 28 日第十一届全国人民代表大会常务委员会第三十次会议通过了《全国人民代表大会常务委员会关于授权国务院在广东省暂时调整部分法律规定的行政审批的决定》，其中第二十项明确规定"人工影响天气作业组织资格认定法律规定，《中华人民共和国气象法》第三十条第三款调整内容：暂时停止实施该项行政审批，交由具备条件的行业协会实行自律管理"。基于此，修改后人工影响天气作业组织资格认定由行业协会实行自律管理，不再实行行政审批。

本条经 2016 年 11 月 7 日中华人民共和国第十二届全国人民代表大会常务委员会第二十四次会议通过的《全国人民代表大会常务委员会关于修改〈中华人民共和国对外贸易法〉等十二部法律的决定》修改删去了第三十条第三款中的"资格"的规定。

【法条释义】

一是本条第一款规定了县级以上人民政府在人工影响天气工作中的职责。我国是一个农业大国，农业生产经常受到干旱、冰雹、霜冻等气象灾害的威胁，随着国民经济建设的发展，大雾也逐渐成为严重影响城市交通的重要灾害。增雨雪、防雹、消雾、防霜等人工影响天气作业将随着手段的现代化和科技水平的提高，在国民经济建设，尤其在防灾减灾中发挥着越来越大的作用。人工影响天气工作涉及面比较广，需要多个部门的合作与协调，但由于各级人民政府的职责不够明确，有效的协调机制不够健全，导致人工影响天气工作的总体效益大打折扣。因此《气象法》规定县级以上人民政府对人工影响天气工作的领导职责，强调县级以上人民政府应当根据本地的实际情况，有组织、有计划地开展人工影响天气工作，以保证人工影响天气工作的正常顺利进行。

二是本条第二款规定了各级气象主管机构和有关部门在人工影响天气工作中的职责。人工影响天气工作是气象灾害防御工作的重要组成部分，它属于大气科学的范畴，是云雾物理学在气象实践工作中的具体应用。为了有效地开展人工影响天气作业，达到防灾减灾的目的，本条明确了国家和地方各级气象主管机构的相应职责，即"国务院气象主管机构应当加强对全国人工影响天气工作的管理和指导。地方各级气象主管机构应当制定人工影响天气作业方案，并在本级人民政府的领导和协调下，管理、指导和组织实施人工影响天气作业"。其强调了各级气象主管机构在人工影响天气工作中的职责，以保障人工影响天气工作在防御气象灾害中作用的充分发挥。

人工影响天气作业的具体实施需要多部门、多单位（如空军、民航等）共同合作，而且随着人工影响天气工作的深入发展，在人工影响天气工作的实施过程中，更需要有关部门的配合与合作。因此，十分有必要在《气象法》中明确规定有关部门应当按照职责分工，配合气象主管机构做好人工影响天气的有关工作，以保障人工影响天气工作的正常进行。

三是本条第三款规定了人工影响天气作业的安全管理。人工影响天气是一项高科技工作，开展人工影响天气作业需要使用飞机、火箭、高炮等作业工具，对其安全性要求比较高，需要由掌握科学知识的技术人员依靠安全的技术手段，科学地确定作业地点。1999 年《气象法》明确规定实施人工影响天气作业的组织必须具备省、自治区、直辖市气象主管机构规定的资格条件，以便依法加强对人工影响天气作业的管理。2016 年《气象法》修改删除了"资格"的规定，但规定需要特定的条件。由于实施人工影响天气作业涉及航空器飞行安全以及其他作业工具的安全使用和管理，涉及公民生命财产的安全等内容，因此，在本条中强调从事人工影响天气作业必须使用符合国务院气象主管机构要求的技术标准的作业设备，遵守作业规范。

【关联法条】

行政法规《人工影响天气管理条例》

第一条　为了加强对人工影响天气工作的管理，防御和减轻气象灾害，根据《中华人民共和国气象法》的有关规定，制定本条例。

第二条　在中华人民共和国领域内从事人工影响天气活动，应当遵守本条例。

第三条　本条例所称人工影响天气，是指为避免或者减轻气象灾害，合理利用气候资源，在适当条件下通过科技手段对局部大气的物理、化学过程进行人工影响，实现增雨雪、防雹、消雨、消雾、防霜等目的的活动。

第四条　人工影响天气工作按照作业规模和影响范围，在作业地县级以上地方人民政府的领导和协调下，由气象主管机构组织实施和指导管理。

第五条　开展人工影响天气工作，应当制定人工影响天气工作计划。人工影响天气工作计划由有关地方气象主管机构商同级有关部门编制，报本级人民政府批准后实施。

按照有关人民政府批准的人工影响天气工作计划开展的人工影响天气工作属于公益性事业，所需经费列入该级人民政府的财政预算。

第六条　组织实施人工影响天气作业，应当具备适宜的天气气候条件，充分考虑当地防灾减灾的需要和作业效果。

第七条　国家鼓励和支持人工影响天气科学技术研究，推广使用先进技术。

县级以上地方人民政府应当组织专家对人工影响天气作业的效果进行评估，并根据评估结果，对提供决策依据的有关单位给予奖惩。

第八条　人工影响天气的作业地点，由省、自治区、直辖市气象主管机构根据当地气候特点、地理条件，依照《中华人民共和国民用航空法》《中华人民共和国飞行基本规则》的有关规定，会同有关飞行管制部门确定。

第九条　从事人工影响天气作业的单位，应当符合省、自治区、直辖市气象主管机构规定的条件。

第十条　人工影响天气作业单位应当按照国务院气象主管机构制定的人工影响天气作业人员培训标准对从事人工影响天气作业的人员进行岗前培训。人工影响天气作业人员应当掌握相关作业规范和操作规程后，方可实施人工影响天气作业。

利用高射炮、火箭发射装置从事人工影响天气作业的人员名单，由所在地的气象主管机构抄送当地公安机关备案。

第十一条　利用高射炮、火箭发射装置实施人工影响天气作业，由作业地的县级以上地方气象主管机构向有关飞行管制部门申请空域和作业时限。

利用飞机实施人工影响天气作业，由省、自治区、直辖市气象主管机构向有关飞行管制部门申请空域和作业时限；所需飞机由军队或者民航部门按照供需双方协商确定的方式提供；机场管理机构及有关单位应当根据人工影响天气工作计划做好保障工作。

有关飞行管制部门接到申请后，应当及时作出决定并通知申请人。

第十二条　实施人工影响天气作业，必须在批准的空域和作业时限内，严格按照国务院气象主管机构规定的作业规范和操作规程进行，并接受县级以上地方气象主管机构的指挥、管理和监督，确保作业安全。

实施人工影响天气作业，作业地的气象主管机构应当根据具体情况提前公告，并通知当地公安机关做好安全保卫工作。

第十三条 作业地气象台站应当及时无偿提供实施人工影响天气作业所需的气象探测资料、情报、预报。

农业农村、水利、自然资源、应急管理、林业和草原等有关部门应当及时无偿提供实施人工影响天气作业所需的灾情、水文、火情等资料。

第十四条 需要跨省、自治区、直辖市实施人工影响天气作业的，由有关省、自治区、直辖市人民政府协商确定；协商不成的，由国务院气象主管机构商有关省、自治区、直辖市人民政府确定。

第十五条 实施人工影响天气作业使用的火箭发射装置、炮弹、火箭弹，由国务院气象主管机构和有关部门共同指定的企业按照国家有关强制性技术标准和要求组织生产。

因作业需要采购前款规定设备的，由省、自治区、直辖市气象主管机构按照国家有关政府采购的规定组织采购。

第十六条 运输、存储人工影响天气作业使用的高射炮、火箭发射装置、炮弹、火箭弹，应当遵守国家有关武器装备、爆炸物品管理的法律、法规。实施人工影响天气作业使用的炮弹、火箭弹，由军队、当地人民武装部协助存储；需要调运的，由有关部门依照国家有关武器装备、爆炸物品管理的法律、法规的规定办理手续。

第十七条 实施人工影响天气作业使用的高射炮、火箭发射装置，由省、自治区、直辖市气象主管机构组织年检；年检不合格的，应当立即进行检修，经检修仍达不到规定的技术标准和要求的，予以报废。

第十八条 禁止下列行为：

（一）将人工影响天气作业设备转让给非人工影响天气作业单位或者个人；

（二）将人工影响天气作业设备用于与人工影响天气无关的活动；

（三）使用年检不合格、超过有效期或者报废的人工影响天气作业设备。

人工影响天气作业单位之间转让人工影响天气作业设备的，应当自转让之日起三十日内向有关省、自治区、直辖市气象主管机构备案。

第十九条 违反本条例规定，有下列行为之一，造成严重后果的，依照刑法关于危险物品肇事罪、重大责任事故罪或者其他罪的规定，依法追究刑事责任；尚不够刑事处罚的，由有关气象主管机构按照管理权限责令改正，给予警告；情节严重的，禁止从事人工影响天气作业；造成损失的，依法承担赔偿责任：

（一）违反人工影响天气作业规范或者操作规程的；

（二）未按照批准的空域和作业时限实施人工影响天气作业的；

（三）将人工影响天气作业设备转让给非人工影响天气作业单位或者个人的；

（四）人工影响天气作业单位之间转让人工影响天气作业设备，未按照规定备案的；

（五）将人工影响天气作业设备用于与人工影响天气无关的活动的。

第二十条 违反本条例规定，组织实施人工影响天气作业，造成特大安全事故的，对有关主管机构的负责人、直接负责的主管人员和其他直接责任人员，依照《国务院关于特大安全事故行政责任追究的规定》处理。

第二十一条 为军事目的从事人工影响天气活动的具体管理办法，由中央军事委员会制定。

第二十二条 本条例自 2002 年 5 月 1 日起施行。

31. 关于防御雷电灾害的相关规定(第三十一条)

第三十一条 各级气象主管机构应当加强对雷电灾害防御工作的组织管理,并会同有关部门指导对可能遭受雷击的建筑物、构筑物和其他设施安装的雷电灾害防护装置的检测工作。

安装的雷电灾害防护装置应当符合国务院气象主管机构规定的使用要求。

【审议过程与立法沿革】

草案	草案二次审议稿	草案三次审议稿	条文
第二十八条 各级气象主管机构应当加强对雷电灾害防御工作的[指导和]管理,并对可能遭受雷击的建筑物、构筑物和其他设施安装的雷电灾害防护装置进行检测。 安装的雷电灾害防护装置应当符合国务院气象主管机构规定的使用要求。	**第二十八条** 各级气象主管机构应当加强对雷电灾害防御工作的**组织**管理,并**会同有关部门**对可能遭受雷击的建筑物、构筑物和其他设施安装的雷电灾害防护装置[进行]检测。 安装的雷电灾害防护装置应当符合国务院气象主管机构规定的使用要求。	**第三十条** 各级气象主管机构应当加强对雷电灾害防御工作的组织管理,并会同有关部门**指导**对可能遭受雷击的建筑物、构筑物和其他设施安装的雷电灾害防护装置**的检测工作**。 安装的雷电灾害防护装置应当符合国务院气象主管机构规定的使用要求。	**第三十一条** 各级气象主管机构应当加强对雷电灾害防御工作的组织管理,并会同有关部门指导对可能遭受雷击的建筑物、构筑物和其他设施安装的雷电灾害防护装置的检测工作。 安装的雷电灾害防护装置应当符合国务院气象主管机构规定的使用要求。

在《草案》审议过程中,有意见提出,气象主管部门指导和管理防御雷电灾害工作的规定,不符合工作实际,防御雷电灾害涉及多个部门,这些部门包括气象主管机构之间应当加强协调。《草案二次审议稿》对相关内容进行了修改,将职能明确为“组织管理”,需要“会同有关部门”。

在《草案二次审议稿》审议过程中,有意见提出,安装雷电灾害防护装置的建筑物、构筑物和其他设施数量巨大,规定由职能部门进行检测难以执行。《草案三次审议稿》将气象主管机构会同有关部门“进行检测”修改为气象主管部门会同有关部门“指导……检测工作”。最终形成了《气象法》第三十一条的规定。

本条自 1999 年《气象法》施行以来,未作修改。

【法条释义】

一是本条第一款规定了各级气象主管机构在雷电灾害防御工作中的组织管理职责。雷电灾害是“国际减灾十年”公布的统计数据中最严重的 10 种自然灾害之一。全球每年因雷击造成的人员伤亡、财产损失不计其数,因雷击而导致火灾、爆炸、建筑物损坏等事故也频繁发生,大到卫星、通信、导航、计算机网络,小到每个家庭的家用电器,都会遭到雷电灾害的严重威胁。我国是世界上雷电灾害危害最为严重的国家之一,近年来,随着社会经济的发展,特别是城市经济的发展,城市高层建筑的大量增加,各种现代化通信网络、计算机信息网络、办公自动化系统的相继建立,雷电灾害给国家造成的经济损失越来越大。雷电灾害在我国已成为破坏性日趋严重的气象灾害之一,雷电灾害防御工作已引起各级人民政府和广大人民群众的高度重视。近年来,各级人民政府及其有关部门对雷电灾害防御工作愈发重视,雷电灾害防御工作取得了明显的成效,但是,仍有许多亟待解决的突出问题。为了明确职责,理顺关系,完善法治建设,强化依法管理,有效地防御和减轻雷电灾害造成的损失,本条明确规定“各级气象主管机构应当加强对雷电灾害防御工作的组织管理”，这是法律赋予各级气象主管机构的权利，也是各级气象主管机构应尽的义务。本条规定的管理职责，主要是指对全社会防雷减灾活动的各个方面的规范性管理，主要包括组织制定防雷减灾方面的管理法规；制定全国防雷减灾规划、计划；组织建立全国雷电监测网；组织对雷电灾害的研究、监测、预警、灾情调查与鉴定；对防雷工程的专业设计、施工、检测的监督管理等。

此外，为了防御因雷电灾害而造成的损失，应当对可能遭受雷击的建筑物、构筑物和其他设施应按规定安装雷电灾害防护装置。但是，为了保证这些防护装置合格并能真正起到防雷作用，需要定期对其进行检测。为了保证雷电灾害防护装置检测工作的顺利进行，本条要求气象主管机构会同有关部门指导对可能遭受雷击的建筑物、构筑物和其他设施安装的雷电灾害防护装置的检测工作。

二是本条第二款规定了安装的雷电灾害防护装置应当符合国务院气象主管机构规定的使用要求。近年来，各类防雷产品纷纷涌现，不少国外产品也纷纷打入我国市场。由于防雷产品尚无统一的国家标准，也没有国家级的产品质量检测、测试中心，防雷产品市场较为混乱，产品质量参差不齐，无序竞争严重，一些假冒伪劣防雷产品，被安装到雷电灾害防护装置上，给国家和人民的生命安全带来极大危害。因此，本条要求安装的雷电灾害防护装置应当符合国务院气象主管机构规定的使用要求。

本条规定的雷电防护装置，是指接闪器、引下线、接地装置、电涌保护器及其他连接导体等防雷产品和设施的总称。

当然，本条规定的使用要求具有很大的法律空间，可以理解为技术规范要求、质量标准要求，也可以理解为设计审核要求、施工监督要求、竣工验收要求，还可以理解为安装设计和施工的资质与资格管理要求、检测监督要求[①]。其中，规定包括行政法规《气象灾害防御条例》、部门规章《防雷减灾管理办法(修订)》《防雷装置设计审核和竣工验收规定》等。

【关联法条】

(1)行政法规《气象灾害防御条例》

第二十四条　第一款 从事雷电防护装置检测的单位应当取得国务院气象主管机构或者省、自治区、直辖市气象主管机构颁发的资质证。

(2)部门规章《防雷减灾管理办法(修订)》

第一条　为了加强雷电灾害防御工作，规范雷电灾害管理，提高雷电灾害防御能力和水平，保护国家利益和人民生命财产安全，维护公共安全，促进经济建设和社会发展，依据《中华人民共和国气象法》《中华人民共和国行政许可法》和《气象灾害防御条例》等法律、法规的有关规定，制定本办法。

第二条　在中华人民共和国领域和中华人民共和国管辖的其他海域内从事雷电灾害防御活动的组织和个人，应当遵守本办法。

本办法所称雷电灾害防御(以下简称防雷减灾)，是指防御和减轻雷电灾害的活动，包括雷电和雷电灾害的研究、监测、预警、风险评估、防护以及雷电灾害的调查、鉴定等。

第三条　防雷减灾工作，实行安全第一、预防为主、防治结合的原则。

第四条　国务院气象主管机构负责组织管理和指导全国防雷减灾工作。

① 姜海如．气象法应用理论解析[M]．北京：气象出版社，2004：94-95.

地方各级气象主管机构在上级气象主管机构和本级人民政府的领导下，负责组织管理本行政区域内的防雷减灾工作。

国务院其他有关部门和地方各级人民政府其他有关部门应当按照职责做好本部门和本单位的防雷减灾工作，并接受同级气象主管机构的监督管理。

第五条　国家鼓励和支持防雷减灾的科学技术研究和开发，推广应用防雷科技研究成果，加强防雷标准化工作，提高防雷技术水平，开展防雷减灾科普宣传，增强全民防雷减灾意识。

第六条　外国组织和个人在中华人民共和国领域和中华人民共和国管辖的其他海域从事防雷减灾活动，应当经国务院气象主管机构会同有关部门批准，并在当地省级气象主管机构备案，接受当地省级气象主管机构的监督管理。

第七条　国务院气象主管机构应当组织有关部门按照合理布局、信息共享、有效利用的原则，规划全国雷电监测网，避免重复建设。

地方各级气象主管机构应当组织本行政区域内的雷电监测网建设，以防御雷电灾害。

第八条　各级气象主管机构应当加强雷电灾害预警系统的建设工作，提高雷电灾害预警和防雷减灾服务能力。

第九条　各级气象主管机构所属气象台站应当根据雷电灾害防御的需要，按照职责开展雷电监测，并及时向气象主管机构和有关灾害防御、救助部门提供雷电监测信息。

有条件的气象主管机构所属气象台站可以开展雷电预报，并及时向社会发布。

第十条　各级气象主管机构应当组织有关部门加强对雷电和雷电灾害的发生机理等基础理论和防御技术等应用理论的研究，并加强对防雷减灾技术和雷电监测、预警系统的研究和开发。

第十一条　各类建(构)筑物、场所和设施安装的雷电防护装置(以下简称防雷装置)，应当符合国家有关防雷标准和国务院气象主管机构规定的使用要求，并由具有相应资质的单位承担设计、施工和检测。

本办法所称防雷装置，是指接闪器、引下线、接地装置、电涌保护器及其连接导体等构成的，用以防御雷电灾害的设施或者系统。

第十二条　对从事防雷工程专业设计和施工的单位实行资质认定。

本办法所称防雷工程，是指通过勘察设计和安装防雷装置形成的雷电灾害防御工程实体。

防雷工程专业设计或者施工资质分为甲、乙、丙三级，由省、自治区、直辖市气象主管机构认定。

第十三条　防雷工程专业设计或者施工单位，应当按照有关规定取得相应的资质证书后，方可在其资质等级许可的范围内从事防雷工程专业设计或者施工。具体办法由国务院气象主管机构另行制定。

第十四条　防雷工程专业设计或者施工单位，应当按照相应的资质等级从事防雷工程专业设计或者施工。禁止无资质或者超出资质许可范围承担防雷工程专业设计或者施工。

第十五条　防雷装置的设计实行审核制度。

县级以上地方气象主管机构负责本行政区域内的防雷装置的设计审核。符合要求的，由负责审核的气象主管机构出具核准文件；不符合要求的，负责审核的气象主管机构提出整改要求，退回申请单位修改后重新申请设计审核。未经审核或者未取得核准文件的设计方案，不得交付施工。

第十六条　防雷工程的施工单位应当按照审核同意的设计方案进行施工，并接受当地气象主管机构监督管理。

在施工中变更和修改设计方案的，应当按照原申请程序重新申请审核。

第十七条　防雷装置实行竣工验收制度。

县级以上地方气象主管机构负责本行政区域内的防雷装置的竣工验收。

负责验收的气象主管机构接到申请后，应当根据具有相应资质的防雷装置检测机构出具的检测报告进行核实。符合要求的，由气象主管机构出具验收文件。不符合要求的，负责验收的气象主管机构提出整改要求，申请单位整改后重新申请竣工验收。未取得验收合格文件的防雷装置，不得投入使用。

第十八条　出具检测报告的防雷装置检测机构，应当对隐蔽工程进行逐项检测，并对检测结果负责。检测报告作为竣工验收的技术依据。

第十九条　投入使用后的防雷装置实行定期检测制度。防雷装置应当每年检测一次，对爆炸和火灾危险环境场所的防雷装置应当每半年检测一次。

第二十条　防雷装置检测机构的资质由省、自治区、直辖市气象主管机构负责认定。

第二十一条　防雷装置检测机构对防雷装置检测后，应当出具检测报告。不合格的，提出整改意见。被检测单位拒不整改或者整改不合格的，防雷装置检测机构应当报告当地气象主管机构，由当地气象主管机构依法作出处理。

防雷装置检测机构应当执行国家有关标准和规范，出具的防雷装置检测报告必须真实可靠。

第二十二条　防雷装置所有人或受托人应当指定专人负责，做好防雷装置的日常维护工作。发现防雷装置存在隐患时，应当及时采取措施进行处理。

第二十三条　已安装防雷装置的单位或者个人应当主动委托有相应资质的防雷装置检测机构进行定期检测，并接受当地气象主管机构和当地人民政府安全生产管理部门的管理和监督检查。

第二十四条　各级气象主管机构负责组织雷电灾害调查、鉴定工作。

其他有关部门和单位应当配合当地气象主管机构做好雷电灾害调查、鉴定工作。

第二十五条　遭受雷电灾害的组织和个人，应当及时向当地气象主管机构报告，并协助当地气象主管机构对雷电灾害进行调查与鉴定。

第二十六条　地方各级气象主管机构应当及时向当地人民政府和上级气象主管机构上报本行政区域内的重大雷电灾情和年度雷电灾害情况。

第二十七条　大型建设工程、重点工程、爆炸和火灾危险环境、人员密集场所等项目应当进行雷电灾害风险评估，以确保公共安全。

各级地方气象主管机构按照有关规定组织进行本行政区域内的雷电灾害风险评估工作。

第二十八条　防雷产品应当符合国务院气象主管机构规定的使用要求。

第二十九条　防雷产品应当由国务院气象主管机构授权的检测机构测试，测试合格并符合相关要求后方可投入使用。

申请国务院气象主管机构授权的防雷产品检测机构，应当按照国家有关规定通过计量认证、获得资格认可。

第三十条　防雷产品的使用，应当到省、自治区、直辖市气象主管机构备案，并接受省、自治区、直辖市气象主管机构的监督检查。

第三十一条　申请单位隐瞒有关情况、提供虚假材料申请资质认定、设计审核或者竣工验收的，有关气象主管机构不予受理或者不予行政许可，并给予警告。申请单位在一年内不得再次申请资质认定。

第三十二条　被许可单位以欺骗、贿赂等不正当手段取得资质、通过设计审核或者竣工验收的，有关气象主管机构按照权限给予警告，可以处1万元以上3万元以下罚款；已取得资质、通过设计审核或者竣工验收的，撤销其许可证书；被许可单位三年内不得再次申请资质认定；构成犯罪的，依法追究刑事责任。

第三十三条　违反本办法规定，有下列行为之一的，由县级以上气象主管机构按照权限责令改正，给予警告，可以处5万元以上10万元以下罚款；给他人造成损失的，依法承担赔偿责任；构成犯罪的，依法追究刑事责任：

（一）涂改、伪造、倒卖、出租、出借、挂靠资质证书、资格证书或者许可文件的；

（二）向负责监督检查的机构隐瞒有关情况、提供虚假材料或者拒绝提供反映其活动情况的真实材料的。

第三十四条　违反本办法规定，有下列行为之一的，由县级以上气象主管机构按照权限责令改正，给予警告，可以处5万元以上10万元以下罚款；给他人造成损失的，依法承担赔偿责任：

（一）不具备防雷装置检测、防雷工程专业设计或者施工资质，擅自从事相关活动的；

（二）超出防雷装置检测、防雷工程专业设计或者施工资质等级从事相关活动的；

（三）防雷装置设计未经当地气象主管机构审核或者审核未通过，擅自施工的；

（四）防雷装置未经当地气象主管机构验收或者未取得验收文件，擅自投入使用的。

第三十五条　违反本办法规定，有下列行为之一的，由县级以上气象主管机构按照权限责令改正，给予警告，可以处1万元以上3万元以下罚款；给他人造成损失的，依法承担赔偿责任；构成犯罪的，依法追究刑事责任：

（一）应当安装防雷装置而拒不安装的；

（二）使用不符合使用要求的防雷装置或者产品的；

（三）已有防雷装置，拒绝进行检测或者经检测不合格又拒不整改的；

（四）对重大雷电灾害事故隐瞒不报的。

第三十六条　违反本办法规定，导致雷击造成火灾、爆炸、人员伤亡以及国家财产重大损失的，由主管部门给予直接责任人行政处分；构成犯罪的，依法追究刑事责任。

第三十七条　防雷工作人员由于玩忽职守，导致重大雷电灾害事故的，由所在单位依法给予行政处分；致使国家利益和人民生命财产遭到重大损失，构成犯罪的，依法追究刑事责任。

第三十八条　从事防雷专业技术的人员应当取得资格证书。

省级气象学会负责本行政区域内防雷专业技术人员的资格认定工作。防雷专业技术人员应当通过省级气象学会组织的考试，并取得相应的资格证书。

省级气象主管机构应当对本级气象学会开展防雷专业技术人员的资格认定工作进行监督管理。

第三十九条　本办法自2011年9月1日起施行。2005年2月1日中国气象局公布的《防雷减灾管理办法》同时废止。

(3)部门规章《防雷装置设计审核和竣工验收规定》

(4)部门规章《防雷工程专业设计、施工资质管理办法》

(5)部门规章《雷电防护装置检测资质管理办法》

(6)部门规章《雷电防护装置设计审核和竣工验收规定》

(7)司法解释《关于雷电防护设施检测机构是否应当进行计量认证问题的答复》(2003 年 11 月 26 日〔2003〕行他字第 13 号)

最高人民法院在案件答复中明确以下要点。

①防雷装置检测行为不属于《计量法》调整的范围,《计量法》调整的对象是计量法律关系,包括进行计量检定与制造、修理、销售、使用计量器具的行为。《气象法》明确赋予各级气象主管机构防雷工作的行政管理职能。防雷装置检测并非《计量法》所指的任何一种计量行为,所以防雷装置检测不能适用《计量法》。对防雷装置进行检测并对外出具防雷检测报告的行为受《气象法》《防雷减灾管理办法》的规范和调整,中国气象局对防雷装置检测机构依法应实行资质管理。

②防雷装置检测机构不是产品质量检验机构,不应进行计量管理。防雷装置检测机构与产品质量检验机构是不同的,防雷装置检测机构是指从事防雷装置安全性能检测的机构,不是对防雷产品质量进行检验,而是对防雷装置安全性能的检测。

③《黑龙江省计量条例》第二十二条规定的超出计量考核认证范围的规定没有效力。按照《黑龙江省计量条例》第二十五条的规定,防雷装置检测机构应当进行计量认证,而《计量法》第二十二条未有规定,这说明《黑龙江省计量条例》第二十五条的规定是对《计量法》第二十二条的规定的计量考核认证范围的扩大。而按照国家技术监督局、中国气象局技监局评发〔1998〕37 号的通知,该站需要经过计量认证,但按照中国气象局《防雷减灾管理办法》第二十条的规定则只需资质认证,不需计量认证。两个规章性质的文件不一致。国务院公布的《认证认可条例》第十六条规定:“向社会出具具有证明作用的数据和结果的检查机构、实验室,应当具备有关法律、行政法规规定的基本条件和能力,并依法经认定后,方可从事相应活动,认定结果由国务院认证认可管理部门公布。”据此,该条例没有改变现行有关法律、行政法规的调整范围,同时,只确认法律、行政法规。对社会提供服务的检查机构所规定的基本条件和能力。只有法律和行政法规才能规定向社会出具有证明作用的数据的检查机构的基本条件,地方性法规和规章没有权力作出规定。这个理由与《行政许可法》规定的精神是一致的。应注意的问题是防雷检测机构对防雷装置进行检测是依法履行职能,检查建筑物和其他设施安装的雷电灾害防护装置是否符合气象部门规定的要求,其所出具的检测报告仅是向被检测的单位通报检查结果,并提出整改意见,其不是产品质量检验和检测机构。对防雷装置进行检测并出具防雷检测报告的行为属于《气象法》的规范和调整,防雷装置检测机构依法应进行资质管理。但是,如果防雷装置检测机构在检测过程中使用了有关计量工具,而在计量工具的使用上存在违反《计量法》的行为,技术监督部门仍然有权进行查处。例如,如果防雷装置检测机构使用未经检定的接地电阻测量仪,则违反了《计量法》的规定,技术监督部门有权依据《计量法实施细则》第四十六条的规定进行处罚[①]。

此外,根据《建筑法》的规定,国务院建设行政主管部门对全国的建筑活动实施统一监督管理。上述规定明确了建设行政主管部门负责对建筑活动进行监督管理,建筑活动中的防雷工程属于其配套的设备安装活动,应当由建设主管部门管辖。根据建设部和国家质量技术监督总局联合下发的《建筑电气工程施工质量验收规范》的规定,防雷接地装置安装质量验收系适用于满足建筑物预期使用功能要求的电气安装工程施工质量验收的内容。对于防雷接地装置的安装活动,不可能既由建设主管部门行使职权又由气象主管机构行使职权。关于这个问题,

① 蔡小雪,郭修江,耿宝建. 行政诉讼中的法律适用[M]. 北京:人民法院出版社,2009:227.

实际上涉及的是监督流程的问题。从质量技术监督部门对整个产品质量检验监督的流程来看，质量技术监督部门主要承担三种职能：实验室认可、计量认证和审查认可（验收）。这三种职能是有着连续性的三种不同的质量监督过程。例如，某工程质量检测中心通过了省质量技术监督局计量认证之后，依法取得了建设厅颁发的《技术资质证书》。上述证书赋予了该中心对建筑工程相关项目的检测资格，明确了该中心可以对属于建筑质量整体检测的分部工程“建筑电气”的子分部“防雷及接地安装”分项工程“防雷接地电阻”是否符合建筑施工过程中的质量控制规范进行检测。某气象局认为该中心没有获得省级气象主管机构颁发的防雷检测资质证书，对其作出行政处罚。该中心不服向法院提起行政诉讼。气象局认为，根据国务院令第412号《国务院对确需保留的行政审批项目设定行政许可的决定》第三百七十七条的规定，防雷装置检测、防雷工程专业设计、施工单位资质认定的实施机关为中国气象局和省、自治区、直辖市气象局。检测中心认为处罚决定中涉及的防雷装置检测已为《技术资质证书》所包括，不应当再次对此进行认证。在建筑物交付使用之前，应当适用《建筑法》的规定来管理作为满足建筑物预期使用功能的防雷工程。《建筑法》第六十一条规定，建筑工程未经验收或者验收不合格的，不得交付使用[①]。即在建筑物、构筑物验收合格交付使用之前，建筑物、构筑物的雷电防护装置不能交付使用。该雷电防护装置必须符合《建筑电气工程质量验收规范》规定的验收要求，对其检测活动需要按照《建筑工程质量管理条例》进行工程检测资质的审核。然而在建筑工程交付使用之后，应当适用《气象法》对建筑物的防雷工程进行管理。因为《气象法》规定的防雷装置是指建筑物、构筑物（包括防雷装置本身）在施工单位交付建设单位使用之后的雷电防护设施。即《气象法》调整的对象是雷电防护装置使用过程中的活动，是对验收使用后的建筑物、构筑物进行雷电防护装置的管理[②]。

最高人民法院关于雷电防护设施检测机构是否应当进行计量认证问题的答复

黑龙江省高级人民法院：

你院《关于五常市气象局不服哈尔滨市五常质量技术监督局行政处罚一案有关法律适用问题的请示报告》收悉。经研究，答复如下：

根据《中华人民共和国计量法》等有关法律的规定，雷电防护设施检测机构需要经过资格认证，但不需要经过计量认证。

此复。

附：

黑龙江省高级人民法院关于五常市气象局不服哈尔滨市五常质量技术监督局行政处罚一案有关法律适用问题的请示报告

（2003年7月1日〔2002〕黑行他字第1号）

最高人民法院：

我省哈尔滨市中级人民法院在审理五常市气象局不服哈尔滨市五常质量技术监督局行政处罚上诉一案中，对有关法律适用问题向我院请示，我院审判委员会讨论认为依据《行政诉讼法》第五十三条第二款的规定，应报请最高法院。现将案件情况汇报如下：

---

① 《建筑法》第六十一条：交付竣工验收的建筑工程，必须符合规定的建筑工程质量标准，有完整的工程技术经济资料和经签署的工程保修书，并具备国家规定的其他竣工条件。建筑工程竣工经验收合格后，方可交付使用；未经验收或者验收不合格的，不得交付使用。

② 《最新法律文件解读》编辑委员会．行政法官必备法律司法解释解读（第三版）（下册）[M]．北京：人民法院出版社，2019.

一、案件的由来和审理经过

原审原告五常市气象局不服哈尔滨市五常质量技术监督局行政处罚一案，五常市人民法院于 2001 年 8 月 28 日作出〔2001〕五行初字第 20 号行政判决。五常市气象局不服，向哈尔滨市中级人民法院提起上诉。2002 年 7 月 26 日，哈尔滨市中级人民法院对本案适用法律问题向本院请示。本院受理后依法组成合议庭，由审判员张某任审判长，代理审判员周某主审，代理审判员贾某参加评议。本案现已审理完毕。

二、当事人和其他诉讼参与人的基本情况

上诉人(原审原告)：五常市气象局。所在地：五常市五常镇。

法定代表人：隋某，局长。

委托代理人：任某，哈尔滨市气象局工程师。

委托代理人：汤某，黑龙江省××律师事务所律师。

被上诉人(原审被告)：哈尔滨市五常质量技术监督局。所在地，五常市五常镇亚臣大街。

法定代表人：侯某，局长。

委托代理人：贾某，哈尔滨市质量技术监督局干部。

三、一、二审法院审理情况

一审法院认定，五常市气象局内设机构五常市防雷装置检测站未经质量技术监督行政管理部门计量认证，自 2000 年 4 月开始开展了对五常市范围内机关、企事业单位的防雷装置检测工作。2000 年 12 月 20 日黑龙江省气象局经资质认证授权五常市防雷装置检测站承担五常辖区内防雷装置检测工作，颁发了授权书，期限为 2001 年 1 月 1 日至 2003 年 12 月 31 日，被告对原告从事防雷装置检测的事实进行调查并以原告未经计量认证为由，于 2001 年 5 月 30 日向原告下达了《行政处罚告知书》，依据《中华人民共和国计量法》第二十二条、《黑龙江省计量条例》第二十五条、第四十七条、第五十条的规定，于 2001 年 6 月 5 日邮寄送达了〔2001〕1042 号《行政处罚决定书》，责令原告停止检验、检定、校准、测试并处以 9000 元罚款。

一审法院认为，原告未经计量认证即开展防雷装置检测工作，违背了《中华人民共和国计量法》第二十二条、《黑龙江省计量条例》第二十五条的规定。被告所作处罚认定事实清楚，证据充分，适用法律正确，程序合法，依据《中华人民共和国行政诉讼法》第五十四条、《最高人民法院关于审理行政赔偿案件若干问题的规定》第三十三条之规定，判决：一、维持哈尔滨市五常质量技术监督局作出的〔2000〕1042 号《行政处罚决定书》；二、驳回原告其他诉讼请求。案件受理费 370 元由原告负担。

五常市气象局上诉称：一审法院认定中国气象局政策法规司文件不具有法律效力属于超越职权行为，一审法院关于"黑龙江省气象局授权书是资质授权"的认定没有法律依据。国家技术监督局和中国气象局《关于对各级防雷检测机构开展计量认证工作的通知》中防雷检测机构是指防雷产品的检测机构，上诉人从未从事过被上诉人作出的责令停止的四种活动。请求，撤销一审判决，撤销被上诉人具体行政行为。

二审法院经审理，认定如下事实：1999 年 7 月，五常市气象局根据哈尔滨市气象局文件成立了五常市雷电防护设施检测站，并在物价部门办理了收费许可证，自 2000 年 4 月起开展对五常市范围内机关、企事业单位的防雷装置检测工作。2000 年 12 月 20 日，黑龙江省气象局经资质认证授权五常市雷电防护设施检测站承担五常辖区内防雷装置检测工作，颁发了授权书。哈尔滨市五常质量技术监督局对上诉人从事防雷装置检测的事实进行调查，以上诉人未经计量认证为由，于 2001 年 5 月 30 日向上诉人下达了《行政处罚告知书》，并根据《黑龙江省计量条例》二十五、四十七、五十条的规定，于 2001 年 6 月 5 日作出〔2001〕1042 号《行政处罚决定书》。

四、二审法院请示的问题

1.《黑龙江省计量条例》第二十五条比《中华人民共和国计量法》第二十二条规定增加了“计量公证服务机构”和“为执行工作提供检测数据的技术机构”，对此，可否认为《黑龙江省计量条例》的规定与《中华人民共和国计量法》的规定相抵触。

2. 参照中国气象局发布的《防雷减灾管理办法》第二十条规定，五常市雷电防护设施检测站已取得省气象局的资质认证，可以开展防雷装置的检测工作。而根据《黑龙江省计量条例》第二十五条的规定，五常市雷电防护设施检测站应当经过省质量技术监督局进行计量认证。《防雷减灾管理办法》第二十条与《黑龙江省计量条例》第二十五条对气象局下设雷电防护设施检测站是否需要计量认证规定不一致。

五、对请示问题的分析及意见

1. 五常市雷电防护设施检测站的性质问题，从该局提供的防雷装置检测授权书、防雷装置验收委托书等证据看，该站承担所辖区域内防雷装置检测、防雷工程监督、防雷装置设计审核及装置验收工作，是依据《气象法》三十一条、《防雷减灾管理办法》十一、十二、十三、二十条成立的，即说明该机构应属于为执法工作提供检测数据的技术机构。

2. 按照《黑龙江省计量条例》二十五条规定，上述机构应当进行计量认证，而《计量法》二十二条则未有规定，这说明《黑龙江省计量条例》二十五条与《计量法》二十二条的规定不一致。

3. 按照国家技术监督局、中国气象局技监局评发〔1998〕37 号通知，该站需要经过计量认证，按照中国气象局《防雷减灾管理办法》第二十条的规定则只需资质认证，不需计量认证。两个规章文件的性质不一致。

综上，依据《行政诉讼法》第五十三条第二款的规定，国务院部委制定、发布的规章不一致的，由最高人民法院送请国务院作出解释或者裁决等规定，此案中地方法规与部门规章、部门规章与部门规章之间规定不一致，故在确认五常市雷电防护设施检测站是否需要进行计量认证，五常市雷电防护设施检测站未经计量认证即进行防雷检测应否处罚等问题上，我院认为是适用法律、法规和规章问题，应报请最高人民法院。

特此报告，请予批复。

附：

《中华人民共和国计量法》二十二条规定：“为社会提供公证数据的产品质量检验机构，必须经省级以上人民政府计量行政部门对其计量检定、测试能力和可靠性考核合格。”

《计量法实施细则》三十二条规定：“为社会提供公证数据的产品质量检验机构，必须经省级以上人民政府计量行政部门计量认证。”

《黑龙江省计量条例》二十五条规定：“向社会提供公证数据的产品质量检验机构、计量公证服务机构和为执法工作提供检测数据的技术机构，应当按照规定经国家或者省质量技术监督行政管理部门对其计量检定、测试能力和可靠性进行计量认证。”

中国气象局《防雷减灾管理办法》第二十条规定：“省、自治区、直辖市气象主管机构应当会同有关部门组织对本行政区域内从事防雷装置检测的单位进行资质认证。”

国家技术监督局、中国气象局技监局评发〔1998〕37 号《关于对各级防雷检测机构开展计量认证工作的通知》中规定：1. 还未取得计量认证合格证书的防雷检测机构……要向所在地省级技术监督部门提出计量认证书面申请，并抄报省级气象局……4. 已通过计量认证的防雷检测机构应接受发证部门和当地技术监督部门的监督管理，确保防雷检测工作开展的科学性和公正性。

《气象法》十四条一款："气象计量器具应当依据《中华人民共和国计量法》的有关规定，经气象计量检定机构检定。未经检定、检定不合格或者超过检定有效期的气象计量器具，不得使用。"

三十一条："各级气象主管机构应当加强对雷电灾害防御工作的组织管理，并会同有关部门指导对可能遭受雷击的建筑物、构筑物和其他设施安装的雷电灾害防护装置的检测工作。"

中国气象局气法发〔2000〕22 号复函中认为：防雷装置检测机构只需进行资质认证，不需要计量认证。

国家认证认可监督委员会国认法函〔2002〕168 号复函认为：防雷装置检测机构应当适用《计量法》第二十二条的规定，进行计量认证。

【参考案例】

《儋州市防雷技术所不服儋州质量技术监督局行政处罚案》(一审判决书，海南省儋州市人民法院〔2002〕儋法行初字第 17 号；二审判决书，海南省海南中级人民法院〔2003〕海南行终字第 1 号)[①]

本案中明确了防雷装置检测机构不适用《计量法》，而应适用《气象法》。在法律适用上，明确对防雷装置进行检测并出具防雷装置检测报告的行为，属于《气象法》《防雷减灾管理办法》等规范的调整范围，法律、法规已明确规定防雷装置检测机构依法应实行资质管理。因此防雷装置检测机构不适用《中华人民共和国计量法》及其实施细则的调整。而儋州质量技术监督局依据《中华人民共和国计量法》及其实施细则对儋州市防雷技术所作出行政处罚显然是适用法律错误。

国家质监局〔1997〕质技监罚字第 050 号《关于避雷针及避雷装置检测机构是否需要计量认证的答复》和国家质监局、国家气象局联合下发的《关于对各级防雷检测机构开展计量认证工作的通知》要求防雷装置检测机构要进行计量认证，说明这两份文件与《中华人民共和国气象法》和《防雷减灾管理办法》是存在冲突的，而且这两份文件是在《中华人民共和国气象法》和《防雷减灾管理办法》颁发实施之前产生的文件，根据法律效力的原则，法律、法规的效力高于一般性文件，这两份文件应服从《中华人民共和国气象法》和《防雷减灾管理办法》的规定。综上所述，对防雷装置检测机构应该实行资质管理而不是计量认证。

此外，最高人民法院编辑的《人民司法》在相关答复中也明确，国务院公布的《认证认可条例》第十六条规定："向社会出具具有证明作用的数据和结果的检查机构、实验室，应当具备有关法律、行政法规规定的基本条件和能力，并依法经认定后，方可从事相应活动，认定结果由国务院认证认可管理部门公布。"根据《计量法》关于计量考核认证范围的规定，雷电防护设施检测机构需要经过资格认证，但不需要经过计量认证[②]。

儋州市人民法院经审理查明：海南省防雷技术中心儋州市防雷技术所于 1996 年 10 月被批准成立。该所自成立以来对外开展防雷装置检测业务，出具防雷装置检测报告。该所未经

① 国家法官学院，中国人民大学法学院．中国审判案例要览(2005 年行政审判案例卷)[M]．北京：中国人民大学出版社/人民法院出版社，2006.

② 《人民司法》2004 年第 1 期(总第 480 期)。

检定使用属于强制检定范围型号分别为沪 02250114 号 ZC29B-1 型、京 00000111 号 ZC-8 型和沪 01010001 号 ZC29B-1 型的接地电阻测量仪。

被告儋州质量技术监督局认为原告儋州市防雷技术所行为已违反了《中华人民共和国计量法实施细则》第三十二条第一款第(一)项、第十一条第二款第(一)项的规定，于 2002 年 7 月 16 日作出(儋)质技监罚告字〔2002〕001 号《行政处罚告知书》，并根据《中华人民共和国计量法实施细则》第五十五条第一款第(一)项、第四十六条第一款第(一)项的规定，故于 2002 年 7 月 26 日作出(儋)质技监罚字〔2002〕001 号《行政处罚决定书》决定给予原告以下行政处罚：责令停止防雷检测；处以人民币 2000 元的罚款。

上述事实有如下证据证明：

(1)2002 年 7 月 4 日海南省防雷技术中心儋州市防雷技术所法定代表人羊某的调查笔录；2002 年 7 月 8 日儋州市防雷技术所王某的调查笔录；2002 年 7 月 16 日海南省儋州质量技术监督局(儋)技监罚告字〔2002〕001 号《行政处罚告知书》。

(2)2002 年 1 月 28 日海南省儋州市防雷装置检测报告书。

(3)海南省儋州质量技术监督局 2002 年 7 月 26 日(儋)质技监罚字〔2002〕001 号《行政处罚决定书》。

(4)2001 年 7 月 14 日中央机构编制委员会中编发〔2001〕1 号中央机构编制委员会关于印发《地方国家气象系统机构改革方案》的通知。

(5)2000 年 8 月 4 日中国气象局政策法规司气法发〔2000〕22 号关于防雷检测机构计量认证问题的复函。

儋州市人民法院经审理认为：《中华人民共和国计量法》调整的对象是计量法律关系，只有进行计量检定、制造、修理、销售、使用计量器具的行为，才能由《中华人民共和国计量法》及其配套法规调整，除此之外的其他行为由其他法律、法规调整。《中华人民共和国气象法》明确赋予各级气象主管机构防雷工作的行政管理职能。《防雷减灾管理办法》第十九条规定："对从事防雷装置检测防雷工程专业设计或者施工的单位实行资质管理制度。"可见，原告对防雷装置进行检测并对外出具防雷装置检测报告的行为受《中华人民共和国气象法》《防雷减灾管理办法》的规范和调整，对防雷装置检测机构依法应实行资质管理。被告依据《中华人民共和国计量法实施细则》第三十二条的规定，要求防雷装置检测机构必须经过计量认证，属适用法律错误。被告以原告对外开展防雷装置检测业务未经计量认证为由作出的处罚决定显然是错误的，依法应予撤销。原告未经检定使用强制检定的接地电阻测量仪，违反了《中华人民共和国计量法》的规定，依据《中华人民共和国计量法实施细则》第四十六条的规定应予以处罚。但被告作出的行政处罚决定，既然认定原告存在两种违法事实，且两种违法事实的处罚依据是不同的，被告就应分别作出处罚，而被告对两种违法事实一并作出罚款处罚，显然违反法定程序。综上所述，被告 2002 年 7 月 26 日作出的(儋)质技监罚字〔2002〕001 号《行政处罚决定书》，适用法律、法规错误，违反法定程序理应撤销。

儋州市人民法院判决：撤销被告海南省儋州质量技术监督局 2002 年 7 月 26 日作出的(儋)质技监罚字〔2002〕第 001 号《行政处罚决定书》。

二审诉辩主张如下：上诉人海南省儋州质量技术监督局诉称：一审法院关于《中华人民共和国计量法》及其配套法规的调整范围仅限于该法的第二条规定的观点犯了以偏概全的错误，因为除第二条之外，《中华人民共和国计量法》第三条、第十六条、第二十二条也将其他事项纳入了计量法的调整范围。一审法院认为，国家质监局作出的《关于避雷针及避雷装置检测机构是否需要计量认证的答复》(以下简称《答复》)和国家质监局、国家气象局联合下发的《关于对各级防雷检测机构开展计量认证工作的通知》(以下简称《通知》)的规定与《中华人民共和国气象法》《防雷减灾管理办法》的规定相冲突,故《答复》和《通知》有关认证的规定无效。上诉人认为,《答复》和《通知》中的规定与《中华人民共和国气象法》《防雷减灾管理办法》的规定之间根本不存在任何冲突。另外,因《答复》和《通知》是根据《中华人民共和国计量法实施细则》第六十四条的授权性规定作出的有权解释,故其具有无可争议的法律效力。一审法院认为上诉人对被上诉人的两种违法事实一并处罚,违反法定程序,于法无据,是完全错误的。综上所述,一审判决错误,请求二审法院依法撤销一审判决,维持上诉人作出的处罚决定。

被上诉人海南省防雷技术中心儋州市防雷技术所辩称:我所对防雷装置进行检测并出具防雷装置检测报告的行为,属于《中华人民共和国气象法》《防雷减灾管理办法》的规范调整范围,防雷装置检测机构依法应实行资质管理,法律、法规已明确规定。因此防雷装置检测机构不适用《中华人民共和国计量法》及其实施细则的调整。而上诉人依据《中华人民共和国计量法》及其实施细则对我所作出行政处罚显然是适用法律错误。国家质监局〔1997〕质技监罚字第050号《关于避雷针及避雷装置检测机构是否需要计量认证的答复》和国家质监局、国家气象局联合下发的《关于对各级防雷检测机构开展计量认证工作的通知》要求防雷装置检测机构要进行计量认证,说明这两份文件与《中华人民共和国气象法》和《防雷减灾管理办法》是存在冲突的,而且这两份文件是在《中华人民共和国气象法》和《防雷减灾管理办法》颁发实施之前产生的文件,根据法律效力的原则,法律、法规的效力高于一般性文件,这两份文件应服从《中华人民共和国气象法》和《防雷减灾管理办法》的规定。综上所述,法律、法规已经明确对防雷装置检测机构应该实行资质管理而不是计量认证。一审判决认定事实清楚,适用法律正确,请求二审法院给予维持。

经审理,二审法院确认了一审法院认定的案件事实和证据。

本案双方争议的焦点是原告是属于防雷装置检测机构还是产品质量检验机构;其机构是应资质认证还是应计量认证和选择法律适用的问题。所以,本案审查的重点就是海南省儋州质量技术监督局的行政处罚决定认定海南省防雷技术中心儋州市防雷技术所作为产品质量检验机构未经计量认证、对外开展防雷装置检测业务及未按规定申请使用属于强制检定范围的接地电阻测量仪和选择法律适用进行处罚是否正确。

法院认为:海南省儋州质量技术监督局所作出的处罚决定认定海南省防雷技术中心儋州市防雷技术所属于对外开展防雷装置检测业务、向社会出具公证数据的防雷装置检测单位必须进行计量认证是错误的。首先,要界定海南省防雷技术中心儋州市防雷技术所是属于防雷装置检测机构还是产品质量检验机构。对此,双方各持己见。但根据《中华人民共和国气象法》《防雷减灾管理办法》的规定,防雷装置检测并非对防雷产品质量进行检验,不属《中华人民共和国计量法》所指的任何一种计量行为,故此不属产品质量检验机构的行为。海南省防雷技术中心儋州市防雷技术所进行防雷装置检测是对防雷装置安全性能进行检测,并对外出具防雷装置检测报告,是根据《中华人民共和国气象法》的规定,行使其行政管理职能,其单位性质属防雷装置检测机构。其次,防雷装置检测机构是应资质认证还是应计量认证。根据《中华人民共和国计量法》等有关法律规定,防雷装置检测机构仅需资质认证,不需要计量认证。

海南省儋州质量技术监督局认定海南省防雷技术中心儋州市防雷技术所有未经计量认证对外从事防雷装置检测的行为,以及海南省防雷技术中心儋州市防雷技术所未按规定申请使用属强制检定范围的接地电阻测量仪的行为违反《中华人民共和国计量法》,也违反了《中华人民共和国计量法实施细则》第三十二条、第十一条的规定，依据《中华人民共和国计量法实施细则》第五十五条和第四十六条的规定，一并累加进行行政处罚的具体行政行为实属适用法律错误。首先，海南省儋州质量技术监督局因将本应受资质认证的防雷装置检测机构的海南省防雷技术中心儋州市防雷技术所界定为必经计量认证的产品质量检验机构，而适用《中华人民共和国计量法实施细则》的规定对其进行行政处罚，显属适用法律错误。其次，海南省儋州质量技术监督局所作的《行政处罚决定书》所依据的法律没有款、项的规定，而海南省儋州质量技术监督局作出的《行政处罚决定书》却引用款、项，属适用法律错误。最后，按照《中华人民共和国计量法实施细则》的规定，未按规定申请使用属于强制检定范围的接地电阻测量仪的违法行为，仅能作出“责令其停止使用，可并处1000元以下的罚款”的处罚。但海南省儋州质量技术监督局将其连同违反资质认证的行为一并累加作出“责令停止防雷检测，处以人民币2000元的罚款”的行政处罚，也属适用法律错误。

综上所述，一审法院判决撤销海南省儋州质量技术监督局2002年7月26日作出的(儋)质技监罚字〔2002〕001号《行政处罚决定书》是正确的。二审法院依法维持原判。

第6章　气候资源开发利用和保护

32. 国务院气象主管机构在气候资源开发利用和保护中的职责(第三十二条)

第三十二条　国务院气象主管机构负责全国气候资源的综合调查、区划工作，组织进行气候监测、分析、评价，并对可能引起气候恶化的大气成分进行监测，定期发布全国气候状况公报。

【审议过程与立法沿革】

草案	草案二次审议稿	草案三次审议稿	条文
第二十九条　国务院气象主管机构负责全国气候资源的综合调查、区划工作，组织进行气候监测、分析、评价，并对可能引起气候恶化和引发气象灾害的大气成分进行监测，定期发布全国气候状况公报。	**第二十九条**　国务院气象主管机构负责全国气候资源的综合调查、区划工作，组织进行气候监测、分析、评价，并对可能引起气候恶化的大气成分进行监测，定期发布全国气候状况公报。	**第三十一条**　国务院气象主管机构负责全国气候资源的综合调查、区划工作，组织进行气候监测、分析、评价，并对可能引起气候恶化的大气成分进行监测，定期发布全国气候状况公报。	**第三十二条**　国务院气象主管机构负责全国气候资源的综合调查、区划工作，组织进行气候监测、分析、评价，并对可能引起气候恶化的大气成分进行监测，定期发布全国气候状况公报。

在《草案》审议过程中提出，《草案二次审议稿》删除了《草案》中“和引发气象灾害”的表述。此后未再作修改，最终形成了《气象法》第三十二条的规定。

本条自1999年《气象法》施行以来，未作修改。

【法条释义】

一是规定了由国务院气象主管机构负责全国气候资源的综合调查、区划工作。气候资源综合调查、区划工作的主要目的是调查、分析各地气候资源的可利用程度。为了促进对气候资源的合理开发利用，我国气象工作者多年来根据国民经济发展的需要，开展了许多门类的气候资源的综合调查、区划工作。尤其是广泛开展了农业气候资源考察、调查和农业气候区划工作，农业气候区划是根据一定的农业气候指标，将一较大地区划分成若干农业气候特征相似的区域，包括国家、省和县三级农业气候资源调查和农业气候区划研究工作。随着我国高产优质高效农业和特色农业的发展，区划工作还要进一步深化细化。因此，《气象法》中明确，气候资源的综合调查、区划工作由国务院气象主管机构负责组织。

二是规定了由国务院气象主管机构组织进行气候监测、分析和评价工作。对气候资源进行监测是气候资源开发利用的前提和基础。本条规定的监测内容包括对气候资源各构成要素的状况、气候资源开发利用方面的情况以及气候资源受到破坏情况的监测。目前，全国已建成地面观测网、高空观测网、太阳辐射观测网、大气特种观测网、农业气象观测网等，并通过这些观测网对我国气候资源实施动态监测。本条所称的气候评价，除了气候资源评价外，还包括气候灾害评价、气候事件评价、年或者月气候评价等。

三是规定了国务院气象主管机构组织进行对可能引起气候恶化的大气成分进行监测。人类活动导致大气成分的改变是当前气候变化的重要原因之一。近百年来，各种人类活动迅速增强，大气中二氧化碳、甲烷、氯氟烃和一氧化二氮等温室气体的浓度显著增加，这些温室气体能够透过太阳对地球的短波辐射，能吸收地表放射出的长波辐射，从而使得地球辐射收入大于支出而产生增温效果，引起全球气候变化，目前气候问题已引起各国政府的普遍关注。温室气体不断排放，全球气温升高，生物物种、森林、植被的分布都会发生变化，此外，陆上冰川融化，海水膨胀，海平面随之会上升，有的地区会被海水淹没，而有的地区水分条件将导致恶化，继而变成干旱、半干旱地区。本条中明确国务院气象主管机构负责组织对可能引起气候恶化的大气成分进行监测，这是防范气候变化、保护气候资源的重要前提之一。

四是规定了国务院气象主管机构定期发布全国气候状况公报。定期向社会发布全国气候状况公报，全面、客观、权威地向社会公布我国的气候状况，这不仅可以提高全民的气候意识，促使气候资源的合理开发利用和趋利避害，还可以扩大气象工作的社会影响，对国民经济和社会发展起到积极作用。因此，本条中明确国务院气象主管机构定期发布全国气候状况公报。本条规定的全国气候状况公报的主要内容有：一定时期内的基本气候特征、主要气象灾害和异常气象事件、气候影响评价、对策与建议及所附的必要的图表资料。

33. 气候资源的保护和利用(第三十三条)

第三十三条 县级以上地方人民政府应当根据本地区气候资源的特点，对气候资源开发利用的方向和保护的重点作出规划。

地方各级气象主管机构应当根据本级人民政府的规划，向本级人民政府和同级有关部门提出利用、保护气候资源和推广应用气候资源区划等成果的建议。

【审议过程与立法沿革】

本条在审议过程中未进行内容修改，沿用了《草案》第三十条的相关内容。最终形成了《气象法》第三十三条的规定。

本条自 1999 年《气象法》施行以来，未作修改。

【法条释义】

一是本条规定的气候资源开发利用和保护规划，是指由县级以上地方人民政府组织气象主管机构及政府有关部门共同编制的，统一部署一定时期内气候资源开发利用方向和保护工作重点的指导性文件，是政府依法加强领导、落实有关政策、协调各部门工作、动员社会力量开发利用和保护气候资源的重要途径和手段。编制气候资源开发利用和保护规划的目的就是根据各地气候资源的特点，明确一定时期内气候资源开发利用的指导思想、原则、目标及开发利用的方向和保护的重点，以及各方面工作的任务、措施，使气候资源开发利用和保护工作在县级以上地方各级人民政府的统一领导和协调下有序进行，并使之与本地区国民经济建设和社会发展相适应。

不同时期或者不同地区的气候资源开发利用和保护规划的编制应当因时因地制宜，力求切合实际，便于实施。在通常情况下，气候资源开发利用和保护规划应包括以下基本内容：(1)规划编制的背景以及本地区气候资源开发利用和保护工作的现状；(2)规划的指导思想、编制原则及规划总体目标；(3)本地区气候资源的特点及其分析评价；(4)开发利用和保护气候资源的重点和方向；(5)气候资源监测、分析、评价系统建设；(6)气候资源开发利用重点项目建设规划；(7)气候资源保护项目建设规划；(8)气候资源科学研究技术发展规划；(9)气候资源开发利用与保护的宣传、教育规划等。

随着社会经济的发展，特别是农业和农村经济的发展以及区域经济的开发，气候资源开发利用和保护的规划也应随之调整，并应当纳入当地人民政府的国民经济和社会发展计划。

二是本条第二款明确规定了地方各级气象主管机构在气候资源开发利用和保护中的职责。本条规定的地方各级气象主管机构的职责，主要是按照本级人民政府关于气候资源开发利用和保护的规划，向本级人民政府提出开发利用、保护气候资源和推广应用气候资源区划等成果的建议，其中规定的成果建议主要包括以下两方面内容。

其一，建立合理高效的农业种植制度。发展农业既要充分利用当地的气候资源，又要减轻气候灾害对农业生产的危害。种植制度是指包括农作物组成、熟制、种植类型和方式在内的一整套农业生产体系。新中国成立以来，我国的种植制度发生了很大变化，间作套种不断发展，多数地区形成了以多熟种植为中心的种植制度，较好地利用了光、热、水等气候资源，提高了土地利用率。但是，从合理利用农业气候资源、农业生产更加合理高效的角度来看，一些地区的农业气候资源利用还有较大潜力。近年来，原有的种植制度正在经历着结构调整的变化，朝着高产优质高效农业方向发展。

其二，从维持生态平衡和保护生态环境的角度出发，应按照“宜林则林，宜农则农”的原则，保护和发展当地的林业资源，防止因不合理采伐而造成水土流失、破坏森林资源和林区气候资源的行为，这在西部大开发中十分重要。此外，可以按照当地气候资源的特点，合理开发利用气候能源，主要包括太阳能、风能等。

34. 气候可行性论证制度以及进行大气环境影响评价时气象资料来源(第三十四条)

第三十四条　各级气象主管机构应当组织对城市规划、国家重点建设工程、重大区域性经济开发项目和大型太阳能、风能等气候资源开发利用项目进行气候可行性论证。

具有大气环境影响评价资质的单位进行工程建设项目大气环境影响评价时，应当使用符合国家气象技术标准的气象资料。

【审议过程与立法沿革】

本条在审议过程中未进行内容修改，沿用《草案》第三十一条的相关内容。最终形成了《气象法》第三十四条的规定。

修改前条文	修改后条文
第三十四条　各级气象主管机构应当组织对城市规划、国家重点建设工程、重大区域性经济开发项目和大型太阳能、风能等气候资源开发利用项目进行气候可行性论证。 具有大气环境影响评价[资格]的单位进行工程建设项目大气环境影响评价时，应当使用[气象主管机构提供或者经其审查]的气象资料。	**第三十四条**　各级气象主管机构应当组织对城市规划、国家重点建设工程、重大区域性经济开发项目和大型太阳能、风能等气候资源开发利用项目进行气候可行性论证。 具有大气环境影响评价**资质**的单位进行工程建设项目大气环境影响评价时，应当使用**符合国家气象技术标准**的气象资料。

本条经2016年11月7日中华人民共和国第十二届全国人民代表大会常务委员会第二十四次会议通过的《全国人民代表大会常务委员会关于修改〈中华人民共和国对外贸易法〉等十二部法律的决定》修改，将第三十四条第二款修改为："具有大气环境影响评价资质的单位进行工程建设项目大气环境影响评价时，应当使用符合国家气象技术标准的气象资料。"取消了关于行政审批的相关规定，修改为符合国家气象技术标准即可。

【法条释义】

一是本条第一款明确规定各级气象主管机构应当组织对城市规划、国家重点建设工程、重大区域性经济开发项目和大型太阳能、风能等气候资源开发利用项目进行气候可行性论证。本条就此作出规定的主要考虑如下。

其一，新建或者扩建城市的基础设施，将改变城市的光、热、水等气象要素的数量与分布，造成局地气候的改变，从而导致城市热岛效应和高大建筑物之间的狭管效应。若在规划新建筑物时对气候条件未进行充分的论证，亦未采取有效的防护措施，一旦气象异常，便极有可能导致财产损失，甚至造成人员伤亡，如大城市由于建筑物之间的狭管效应，瞬间风速极大，吹倒广告牌，造成行人伤亡事件发生。因此，《气象法》规定：各级气象主管机构应当组织对城市规划及实施规划所进行建设的项目进行气候可行性论证。这是为保证建筑物或者构筑物能适应当地风压、雪压等各项气候条件，同时能有效利用光、热、水等气候资源，减轻空气污染，保证城市规划及所实施的建设项目不对城市的气候资源造成破坏而导致局地气候的恶化。

其二，在进行重大区域性经济开发项目和国家重点建设工程时，不合理地开垦土地、进行大型水利工程建设和大范围的农业结构调整以及滥伐森林，将引起自然生态系统的破坏，改变地表水、热平衡的性质，继而引起气候恶化，特别是局地气候的变化，具体表现为旱、涝、寒、热灾害加剧，甚至可能导致沙漠化、水土流失等严重后果。因此，本条明确重大区域性经济开发项目和国家重点建设工程必须进行气候可行性论证，其工作由各级气象主管机构组织。

其三，太阳能、风能是清洁可再生能源，在我国具有广阔的利用前景，但是，如何充分利用这部分气象能源，需要对太阳能、风能利用地区及场址选择等进行气候可行性论证。而太阳能、风能利用设施造价较高，一旦布局规划失策，将会造成大量浪费。因此，《气象法》强调对大型太阳能、风能等气候资源开发利用项目必须由各级气象主管机构组织对其进行气候可行性论证。

二是本条第二款规定了进行大气环境影响评价必须使用气象主管机构提供或者经其审查的气象资料。国家大中型建设项目特别是国家重点工程，投资大、建设周期长、影响面广，各项工程建设设计和规划时，都要进行气候可行性论证和工程项目的大气环境影响评价，充分考虑当地的气候平均值、极端值以及一些专门的气候指标，如风压、风振、雪压、最大降水量等，这些气候指标值是通过对多年积累的气象资料加以统计、分析得出的，具有代表性、准确性和可比性。对拟建工程项目大气环境影响评价报告和设计依据中使用的气象资料如果来源不一，则其准确、可靠性无法保证。在工程建设项目的大气环境影响评价与气候可行性论证中，若无严格的气象资料提供及审查制度，势必无法保证为工程建设的质量提供可靠依据从而影响整体效益的发挥。因此，1999年《气象法》明确规定："具有环境影响评价资格的单位进行工程建设项目大气环境影响评价时，应当使用气象主管机构提供或者经其审查的气象资料。"这里包含两方面的内容：一是必须使用气象主管机构提供的气象资料；二是如果不使用气象主管机构提供的气象资料，而使用其他单位提供的气象资料时，必须经气象主管机构审查认可同意，否则不能使用。为了落实第十二届全国人民代表大会第一次会议通过的《关于国务院机构改革和职能转变方案的决定》，依法推进行政审批制度改革和政府职能转变，提高审批效率，不断提高政府管理科学化、规范化水平，根据 2016 年 1 月、2 月国务院公布的取消国务院部门行政许可事项、中央指定地方实施的行政审批事项和职业资格事项的决定精神，2016 年《气象法》修改，取消了关于行政审批的规定，修改为符合国家气象技术标准即可。虽然取消了行政审批，但气象主管部门仍可以通过制定规范和标准、随机抽查、日常巡查等方式加强事中事后监管。

【关联法条】

(1)行政规章《气候可行性论证管理办法》

《气候可行性论证管理办法》自 2009 年 1 月 1 日实施。2016 年 5 月，国务院印发了《清理规范投资项目报建审批事项实施方案》(国发〔2016〕29 号)，将“重大规划、重点工程项目的气候可行性论证”列为投资项目报建审批“涉及安全的强制性评估”事项，原《气候可行性论证管理办法》中的部分管理思路、管理方式和制度设计需要重新调整和修改完善。后来，中国气象局又进行了修订工作，主要修订内容如下。

明确关于气候可行性论证工作定性。增加了“重大规划、重点工程项目气候可行性论证属于投资项目报建审批中涉及安全的强制性评估事项”的表述；涉及安全的强制性评估目录由国务院气象主管机构会同有关部门另行制定并公布(第七条)。

关于调整优化气候可行性论证工作职责和管理方式。一是转变气象主管机构管理方式。按照国务院关于简政放权的总体要求，删除原《气候可行性论证管理办法》第七条关于气候可行性论证应当由国务院气象主管机构确认的具备相应论证能力的机构进行的要求，取消气象主管机构对气候可行性论证机构业务能力确认，气象主管机构的主要职责由原来的具体认定气候可行性论证机构、组织专家对论证报告评审转变为健全制度措施和标准要求，强化对气候可行性论证的监督管理。二是落实了规划编制单位或者项目建设单位委托开展气候可行性论证的主体责任。《气候可行性论证管理办法》明确规定规划编制单位或者工程项目建设单位按照有关规定要求，负责组织开展气候可行性论证工作，并承担相应的主体责任(第九条)。三是明确气候可行性论证机构和项目技术负责人应当对气候可行性论证报告内容和结论负责的要求(第十三条)。四是明确政府投资主管部门应当将气候可行性论证报告作为审查内容。按照《清理规范投资项目报建审批事项实施方案》(国发〔2016〕29 号)要求，《气候可行性论证管理办法》规定政府投资主管部门、涉及安全的强制性评估目录内的重大规划和重点工程项目的审批和核准部门，应当将气候可行性论证报告作为审查的内容(第十六条)。

关于加强事中事后监管。一是气候可行性论证机构实行备案制度。为保证气候可行性论证技术服务质量，《气候可行性论证管理办法》建立了气候可行性论证机构备案制度，明确备案要求，加强备案机构监管(第八条、第十七条、第十八条)。二是为保证气候可行性论证报告的真实、可靠，《气候可行性论证管理办法》规定对涉及安全的强制性评估目录内重大规划和重点工程项目的气候可行性论证报告进行同行专家评审的规定(第十五条)。三是在制度设计上强化了县级以上气象主管机构对规划编制单位、项目建设单位以及气候可行性论证机构的气候可行性论证活动的综合监管，包括开展随机抽查、将处罚结果和信用评价统筹管理等(第十九条)。

其他修订内容。一是增加了《气象灾害防御条例》作为本办法的编制依据(第一条)。二是调整了部分条款的顺序。将原《气候可行性论证管理办法》中的鼓励性条款和标准制修订的条款调整到部门职责之后；将《气候可行性论证管理办法》对气候可行性论证活动的规范，按照从论证范围、标准规范、资料使用、报告的总体要求、报告具体内容要求的顺序进行了重新调整（第七条至第十八条）。三是对涉外气候可行性论证、气象资料使用、气象探测备案、探测资料汇交、禁止行为等相关条款的表述，参考最新的法律法规、规范性文件进行了更新，并增加了涉密的条款（第六条、第十一条、第十二条、第二十条、第二十一条）。四是对罚则条款根据修改情况作了相应的补充完善。五是对其他个别内容和文字进行了修订。

第一条　为了加强对气候可行性论证的管理，规范气候可行性论证活动，合理开发利用气候资源，避免或者减轻规划和建设项目实施后可能受气象灾害、气候变化的影响，或者可能对局地气候产生的影响，根据《中华人民共和国气象法》等有关法律、法规的规定，制定本办法。

第二条　在中华人民共和国领域和中华人民共和国管辖的其他海域从事气候可行性论证活动的组织和个人，应当遵守本办法。

本办法所称气候可行性论证，是指对与气候条件密切相关的规划和建设项目进行气候适宜性、风险性以及可能对局地气候产生影响的分析、评估活动。

第三条　国务院气象主管机构组织管理全国的气候可行性论证工作。

地方各级气象主管机构在上级气象主管机构和本级人民政府的领导下，组织管理本行政区域内的气候可行性论证工作。

其他有关部门和单位应当配合气象主管机构做好气候可行性论证工作。

第四条　与气候条件密切相关的下列规划和建设项目应当进行气候可行性论证：

（一）城乡规划、重点领域或者区域发展建设规划；

（二）重大基础设施、公共工程和大型工程建设项目；

（三）重大区域性经济开发、区域农（牧）业结构调整建设项目；

（四）大型太阳能、风能等气候资源开发利用建设项目；

（五）其他依法应当进行气候可行性论证的规划和建设项目。

第五条　气象主管机构应当根据城乡规划、重点领域或者区域发展建设规划编制需要，组织开展气候可行性论证。

规划编制单位在编制规划时应当充分考虑气候可行性论证结论。

第六条　项目建设单位在组织本办法第四条第（二）项至第（五）项规定的建设项目时，应当进行气候可行性论证。

第七条　建设项目的气候可行性论证应当由国务院气象主管机构确认的具备相应论证能力的机构（以下称论证机构）进行。

论证机构进行建设项目的气候可行性论证时应当编制气候可行性论证报告，并保证报告的真实性、科学性。

第八条　气候可行性论证报告应当包括下列内容：

（一）规划或者建设项目概况；

（二）基础资料来源及其代表性、可靠性说明，通过现场探测所取得的资料，还应当对探测仪器、探测方法和探测环境进行说明；

（三）气候可行性论证所依据的标准、规范、规程和方法；

（四）规划或者建设项目所在区域的气候背景分析；

（五）气候适宜性、风险性以及可能对局地气候产生影响的评估，极端天气气候事件出现概率；

（六）预防或者减轻影响的对策和建议；

（七）论证结论和适用性说明；

（八）其他有关内容。

第九条　论证机构进行气候可行性论证，应当使用气象主管机构直接提供的气象资料或者经过省、自治区、直辖市气象主管机构审查的气象资料。

现有气象资料不能满足气候可行性论证需要的，应当开展现场气象探测，探测仪器、探测方法和探测环境应当遵守气象探测有关法律、法规、规章和标准、规范、规程。

现场气象探测所获取的气象资料应当按照国家有关规定向国务院气象主管机构或者省、自治区、直辖市气象主管机构汇交。

第十条　气候可行性论证采用的技术方法应当符合现行的国家或者有关行业、地方制定的标准、规范和规程。

现行的标准、规范和规程不能满足需要的，应当采用经过有关领域专家评审的成熟理论和技术方法。

第十一条　气象主管机构或者其委托的机构应当组织专家对建设项目的气候可行性论证报告进行评审，并出具书面评审意见。

下列建设项目的气候可行性论证报告由国务院气象主管机构或者其委托的机构组织专家进行评审：

（一）国家重大基础设施、公共工程和大型工程建设项目；

（二）跨省、自治区、直辖市行政区域的工程建设项目；

（三）法律、法规、规章规定的其他应当由国务院气象主管机构评审的建设项目。

前款规定以外的气候可行性论证报告由建设项目所在地的省、自治区、直辖市气象主管机构或者其委托的机构组织专家进行评审。

评审通过的报告和评审意见作为建设项目的立项、设计或者审批的依据。

第十二条　必须进行气候可行性论证的建设项目，属于审批制和核准制的，由政府投资主管部门在审核项目可行性研究报告和申请报告前征求同级气象主管机构的专业性意见。属于备案制的，按照相关备案管理办法执行。

第十三条　负责规划或者建设项目审批、核准的部门应当将气候可行性论证结果和专家评审通过的气候可行性论证报告纳入规划或者建设项目可行性研究报告的审查内容，统筹考虑气候可行性论证报告结论。对可行性研究报告或者申请报告中未包括气候可行性论证内容的建设项目，不予审批或者核准。

咨询评估单位的评估报告中应当包括对气候可行性论证报告的评估意见。

其他有关法律、法规有特殊规定的，按照其相应的规定执行。

第十四条　在气候可行性论证活动中禁止下列行为：

（一）伪造气象资料或者其他原始资料的；

（二）出具虚假论证报告的；

（三）涂改、伪造气候可行性论证报告书面评审意见的。

第十五条　国家鼓励和支持有关气候可行性论证的科学技术研究和开发，推广应用气候可行性论证科技研究成果，提高气候可行性论证技术水平。

第十六条　国务院气象主管机构应当会同有关部门根据经济社会发展需要和气候变化状况，制定和完善与气候可行性论证有关的标准、规范和规程。

在气候可行性论证活动中应用的成熟理论和技术方法应当尽快转化为标准、规范和规程。

第十七条 违反本办法规定，不具备气候可行性论证能力的机构从事气候可行性论证活动的，由县级以上气象主管机构按照权限责令改正，给予警告，可以处三万元以下罚款；造成损失的，依法承担赔偿责任。

第十八条 违反本办法规定，有下列行为之一的，由县级以上气象主管机构按照权限责令改正，给予警告，可以处三万元以下罚款；情节严重的，由国务院气象主管机构进行通报；造成损失的，依法承担赔偿责任；构成犯罪的，依法追究刑事责任：

（一）使用的气象资料，不是气象主管机构直接提供或者未经省、自治区、直辖市气象主管机构审查的；

（二）伪造气象资料或者其他原始资料的；

（三）出具虚假论证报告的；

（四）涂改、伪造气候可行性论证报告书面评审意见的。

第十九条 违反本办法规定，项目建设单位有下列行为之一的，由县级以上气象主管机构按照权限责令改正，给予警告，可以处三万元以下罚款；构成犯罪的，依法追究刑事责任：

（一）应当进行气候可行性论证的建设项目，未经气候可行性论证的；

（二）委托不具备气候可行性论证能力的机构进行气候可行性论证的。

第二十条 气象主管机构以及论证机构的工作人员在气候可行性论证工作中玩忽职守、滥用职权、徇私舞弊，尚不构成犯罪的，由所在单位给予处分；构成犯罪的，依法追究刑事责任。

第二十一条 境外组织、机构和个人在中华人民共和国领域和中华人民共和国管辖的其他海域从事气候可行性论证活动，应当与国务院气象主管机构确认的论证机构合作进行，并经国务院气象主管机构批准。

经批准从事气候可行性论证活动的境外组织、机构和个人，应当向所在地的省、自治区、直辖市气象主管机构备案并接受监督管理。

第二十二条 本办法自2009年1月1日起施行。

(2)部门规章《气象行业管理若干规定》

第十五条 参加汇交、共享的气象探测资料，应当符合国家制定的相关标准、规范、规程和国务院气象主管机构的有关要求。

具有大气环境影响评价资质的单位进行工程建设项目大气环境影响评价时，应当使用符合国家气象技术标准的气象资料。

【参考案例】

《陈某等与被上诉人广东省罗定市气象局行政二审判决书》(广东省云浮市中级人民法院〔2014〕云中法行终字第46号)

本案中气象主管机构依据《中华人民共和国气象法》第三十四条“各级气象主管机构应当组织对城市规划、国家重点建设工程、重大区域性经济开发项目和大型太阳能、风能等气候资源开发利用项目进行气候可行性论证。具有大气环境影响评价资格的单位进行工程建设项目大气环境影响评价时，应当使用气象主管机构提供或者经其审查的气象资料”的规定，对项目开发公司提出的申请进行气象审查作出的意见，符合法定职权。该意见并没有侵犯项目开发周围房屋所有人的所有权，对房产权益不产生任何实质性的影响。

上诉人陈某、谭某、温某、邓某、陈某、李某、梁某、何某、卓某（以下简称陈某等人），因与被上诉人广东省罗定市气象局（以下简称罗定市气象局）、原审第三人罗定市××房地产开发有限公司(以下简称××公司)、罗定市新××房地产开发有限公司(以下简称新××公司)认为侵犯房产权纠纷一案,不服罗定市人民法院〔2014〕云罗法行初字第 14 号行政判决,向本院提起上诉。本院依法组成合议庭,于 2014 年 9 月 10 日公开开庭审理了本案。上诉人梁某(上诉人陈某、邓某、谭某、卓某、何某、温某、陈某、李某的委托代理人),上诉人谭某、温某、邓某,被上诉人罗定市气象局的委托代理人梁某到庭参加了诉讼。原审第三人××公司、新××公司经本院合法传唤无正当理由拒不到庭参加诉讼。本案现已审理终结。

原审法院查明,陈某等人为罗定市××镇××路 149 号、151 号部分房屋的所有人,与××路 153 号、159 号相邻。2011 年 6 月 28 日,××公司向罗定市气象局提出《关于办理商业中心(南区)建设立项要求出具气象(防雷)意见的申请》(以下简称《申请》),要求罗定市气象局对××公司在罗定市××镇××路 159 号、153 号、151 号和 149 号的规划"三旧"改造用地上建设罗定市商业中心(南区)项目出具建设立项的气象(防雷)审查意见。后罗定市气象局在该《申请》上签署"同意立项。建筑图纸完善后,到行政窗口办理有关手续"的审查意见,并加盖"广东省罗定市气象局"的印章。陈某等人认为该行政行为侵犯了陈某等人的房地产权,遂向罗定市人民政府申请复议,罗定市人民政府于 2014 年 2 月 7 日作出罗府行复〔2014〕4 号《行政复议决定书》,决定维持罗定市气象局于 2011 年 6 月 29 日对××公司的《申请》作出的审查意见。

原审法院认为,依据《中华人民共和国气象法》第五条规定,国务院气象主管机构负责全国的气象工作。地方各级气象主管机构在上级气象主管机构和本级人民政府的领导下,负责本行政区域内的气象工作。罗定市气象局对××公司的《申请》出具审查意见,主体适格。罗定市气象局经审查××公司提交的《建设用地规划许可证》、罗发改革〔2006〕83 号《关于兴建××大厦项目核准的批复》等材料,对××公司提出的申请作出审查意见,符合《中华人民共和国气象法》第三十四条"各级气象主管机构应当组织对城市规划、国家重点建设工程、重大区域性经济开发项目和大型太阳能、风能等气候资源开发利用项目进行气候可行性论证。具有大气环境影响评价资格的单位进行工程建设项目大气环境影响评价时,应当使用气象主管机构提供或者经其审查的气象资料"的规定,并无不妥。罗定市气象局仅针对××公司的申请出具气象意见,并没有侵犯陈某等人的房产权。陈某等人诉称罗定市气象局侵犯其房产权并要求撤销罗定市气象局于 2011 年 6 月 29 日对××公司的《申请》作出的审查意见,依据不足,原审法院不予支持。对陈某等人提出恢复楼房原样和原出入巷道的诉讼请求,该请求并不属于行政诉讼的处理范围,故对该请求,原审法院不予支持。综上所述,陈某等人的诉讼请求,依据不足,应予驳回。依照《最高人民法院关于执行<中华人民共和国行政诉讼法>若干问题的解释》第五十六条第(四)项的规定,判决:驳回陈某、谭某、温某、陈某、邓某、陈某、李某、梁某、何某、蔡某、卓某的诉讼请求。本案受理费 50 元,由陈某、谭某、温某、陈某、邓某、陈某、李某、梁某、何某、蔡某、卓某承担。

上诉人陈某等人不服,向本院上诉称:陈某等人是 1998—2005 年分别购得罗定市××路 149 号、151 号有合法的房地产权证的权利人。2006 年起,罗定市属行政机关发放各种证书,在没有与陈某等人达成补偿协议的情况下强制损坏陈某等人的房屋,陈某等人提起行政复议、诉讼,不少于五十多次,楼房至今没有恢复原样。〔2013〕云罗法行初字第 2 号案的被告罗定市城乡建设规划局提供的证据显示,"罗定市气象局:我公司(罗定市合生创展房地产开发有限公司)在罗定市××镇××路 159 号、153 号、151 号和 149 号的规划'三旧'改造用地上,建设罗定市商业中心(南区)项目……"。罗定市气象局审批意见为"同意立项。建筑图纸完成后,到行政窗口办理有关手续”。罗定市气象局没有经陈某等人同意或授权便在罗定市××镇××路151号、149号立项，建设罗定市商业中心(南区)项目，罗定市气象局的该行为是错误的。罗定市××镇××路151号、149号市房地产管理局商品楼的房地产权利人不是××公司，其没资格将罗定市××镇××路151号、149号房地产列入改造用地上。罗定市气象局出具审批意见的行为侵犯了陈某等人的房产权。罗定市人民政府、原审法院为了保护下属单位的违法行为，作出违法复议和判决，特提起上诉。请求判令：一、撤销被上诉人《关于办理商业中心(南区)建设项目要求出具气象(防雷)意见的申请》作出的审批；二、恢复陈某等人楼房内外原样；本案一、二审诉讼费由罗定市气象局负担。

被上诉人罗定市气象局答辩称：原审判决认定事实清楚，适用法律正确。罗定市气象局根据《中华人民共和国气象法》和相关法律法规的规定，有权对××公司的《申请》作出气象审批意见，该批复并没有侵犯陈某等人的权益。请求驳回陈某等人上诉请求，维持原判。

原审第三人××公司、新××公司经本院合法传唤没有到庭参加诉讼，也没有提交书面意见。

法院认为，《中华人民共和国气象法》第五条规定：“国务院气象主管机构负责全国的气象工作。地方各级气象主管机构在上级气象主管机构和本级人民政府的领导下，负责本行政区域内的气象工作。”被上诉人罗定市气象局具有对罗定市辖区内的气象(防雷)工作进行监督管理的法定职权。××公司在罗定市××路建设十层以上的商业中心(南区)项目，向罗定市气象局提交《申请》，要求出具意见，罗定市气象局根据××公司提出的申请出具“同意立项。建筑图纸完善后，到行政窗口办理有关手续”的审查意见，符合《中华人民共和国气象法》第三十四条“各级气象主管机构应当组织对城市规划、国家重点建设工程、重大区域性经济开发项目和大型太阳能、风能等气候资源开发利用项目进行气候可行性论证。具有大气环境影响评价资格的单位进行工程建设项目大气环境影响评价时，应当使用气象主管机构提供或者经其审查的气象资料”的规定，该意见并没有侵犯陈某等人的房产权。对陈某等人房产权益不产生任何实质性的影响。因此，陈某等人请求撤销罗定市气象局在××公司的《申请》中的审查意见，理据不足，本院不予支持。对陈某等人提出恢复楼房内外原样的诉讼请求，不属行政诉讼的处理范围，本案不作审理。

综上所述，法院判决驳回上诉，维持原判。二审案件受理费50元，由上诉人陈某、谭某、温某、邓某、陈某、李某、梁某、何某、卓某承担。

第7章　法律责任

35. 违反有关保护气象设施和气象探测环境保护范围规定的法律责任（第三十五条）

第三十五条　违反本法规定，有下列行为之一的，由有关气象主管机构按照权限责令停止违法行为，限期恢复原状或者采取其他补救措施，可以并处五万元以下的罚款；造成损失的，依法承担赔偿责任；构成犯罪的，依法追究刑事责任：

（一）侵占、损毁或者未经批准擅自移动气象设施的；

（二）在气象探测环境保护范围内从事危害气象探测环境活动的。

在气象探测环境保护范围内，违法批准占用土地的，或者非法占用土地新建建筑物或者其他设施的，依照《中华人民共和国城乡规划法》或者《中华人民共和国土地管理法》的有关规定处罚。

【审议过程与立法沿革】

草案	草案二次审议稿	草案三次审议稿	条文
第三十三条　违反本法规定，有下列行为之一的，由各级气象主管机构按照权限责令停止违法行为，限期恢复原状或者采取其他补救措施，可以并处五万元以下的罚款；构成犯罪的，依法追究刑事责任；造成损失的，依法承担赔偿责任： （一）侵占、损毁或者未经批准擅自移动气象设施的； （二）在气象探测环境保护范围内从事危害气象探测环境活动的。	**第三十二条**　违反本法规定，有下列行为之一的，由[各级]气象主管机构按照权限责令停止违法行为，限期恢复原状或者采取其他补救措施，可以并处五万元以下的罚款；构成犯罪的，依法追究刑事责任[；造成损失的，依法承担赔偿责任]： （一）侵占、损毁或者未经批准擅自移动气象设施的； （二）在气象探测环境保护范围内从事危害气象探测环境活动的。	**第三十四条**　违反本法规定，有下列行为之一的，由**有关**气象主管机构按照权限责令停止违法行为，限期恢复原状或者采取其他补救措施，可以并处五万元以下的罚款；**造成损失的，依法承担赔偿责任；构成犯罪的，依法追究刑事责任**： （一）侵占、损毁或者未经批准擅自移动气象设施的； （二）在气象探测环境保护范围内从事危害气象探测环境活动的。 **在气象探测环境保护范围内，违法批准占用土地的，或者非法占用土地新建建筑物或者其他设施的，依照《中华人民共和国城市规划法》或者《中华人民共和国土地管理法》的有关规定处罚。**	**第三十五条**　违反本法规定，有下列行为之一的，由有关气象主管机构按照权限责令停止违法行为，限期恢复原状或者采取其他补救措施，可以并处五万元以下的罚款；造成损失的，依法承担赔偿责任；构成犯罪的，依法追究刑事责任： （一）侵占、损毁或者未经批准擅自移动气象设施的； （二）在气象探测环境保护范围内从事危害气象探测环境活动的。 在气象探测环境保护范围内，违法批准占用土地的，或者非法占用土地新建建筑物或者其他设施的，依照《中华人民共和国城市规划法》或者《中华人民共和国土地管理法》的有关规定处罚。

本条在审议过程中，针对《草案二次审议稿》有意见提出，应注重法律与法律之间的衔接，针对在气象探测环境保护范围内违法占地建房的行为，当时的《城市规划法》《土地管理法》等法律规范性文件都规定了比草案更严格的处罚措施，同一个违法行为不宜规定由不同的部门来处罚，因此《草案三次审议稿》增加第三款的规定。最终形成了 1999 年《气象法》第三十五条的规定。

修改前条文	修改后条文
第三十五条 违反本法规定，有下列行为之一的，由有关气象主管机构按照权限责令停止违法行为，限期恢复原状或者采取其他补救措施，可以并处五万元以下的罚款；造成损失的，依法承担赔偿责任；构成犯罪的，依法追究刑事责任： （一）侵占、损毁或者未经批准擅自移动气象设施的； （二）在气象探测环境保护范围内从事危害气象探测环境活动的。 在气象探测环境保护范围内，违法批准占用土地的，或者非法占用土地新建建筑物或者其他设施的，依照《中华人民共和国城市规划法》或者《中华人民共和国土地管理法》的有关规定处罚。	**第三十五条** 违反本法规定，有下列行为之一的，由有关气象主管机构按照权限责令停止违法行为，限期恢复原状或者采取其他补救措施，可以并处五万元以下的罚款；造成损失的，依法承担赔偿责任；构成犯罪的，依法追究刑事责任： （一）侵占、损毁或者未经批准擅自移动气象设施的； （二）在气象探测环境保护范围内从事危害气象探测环境活动的。 在气象探测环境保护范围内，违法批准占用土地的，或者非法占用土地新建建筑物或者其他设施的，依照《中华人民共和国城乡规划法》或者《中华人民共和国土地管理法》的有关规定处罚。

本条经 2009 年 8 月 27 日第十一届全国人民代表大会常务委员会第十次会议通过的《全国人民代表大会常务委员会关于修改部分法律的决定》，将第二款中的“《中华人民共的和国城市规划法》”修改为“《中华人民共和国城乡规划法》”，确保法律中引用其他法律名称对应。

【法条释义】

《气象法》作为国家调整涉及气象领域的社会关系，规范全社会气象活动的法律，具有普遍约束力和强制性。公民、法人和其他组织必须严格地遵守《气象法》的规定，全面履行法律义务。如果违反了《气象法》的有关规定，就必须承担一定的法律责任。本条第一款对违反《气象法》的行为作了列举，并明确这些违法行为应当承担的法律责任。根据规定，行为人实施了下列违法行为，即应当承担本条所规定的法律责任。一是侵占、损毁或者未经批准擅自移动气象设施的行为，即非法占有、损坏气象探测设施、气象信息专用传输设施、大型气象专用技术装备等或者不履行规定的审批手续，擅自迁移上述气象设施的行为；二是在气象探测环境保护范围内从事危害气象探测环境活动，即违反本法第二十条规定，在气象探测环境保护范围内设置障碍物、进行爆破和采石、设置影响气象探测设施工作效能的高频电磁辐射装置或者其他影响气象探测的行为。凡是实施上述违法行为的，就必须依照本条的规定，承担相应的法律责任。而本条规定的承担法律责任的形式包括行政责任、民事责任和刑事责任三种。

公民、法人和其他组织如果实施本条所列举的违法行为，就必须承担相应的行政责任。根据本条规定，对实施违法行为的公民、法人和其他组织进行行政处罚的主体只能是有关气象主管机构，其他任何组织和个人都不能行使此权力；给予行政处罚的种类只是罚款，而且罚款的额度应在五万元以下，不能超过五万元。同时，有关气象主管机构还可以依照本条的规定，对实施本条所规定的违法行为采取行政强制措施。本条规定的行政强制措施的主要形式是责令停止违法行为、限期恢复原状或者采取其他补救措施。行政强制措施可以同行政处罚一并作出，也可以单独作出。

根据本条规定，凡是实施本条所列举的行为，造成气象设施损坏或者给他人造成损失的，应当依法承担相应的民事责任。本条规定承担民事责任的方式是赔偿损失。要求赔偿的方式包括诉讼解决和自行协商解决。具体程序可以通过民事诉讼程序提起诉讼，也可以刑事附带民事诉讼形式提起诉讼。

实施本条所列举的违法行为情节特别严重，构成犯罪的，应当根据《刑法》的规定承担刑事责任。承担刑事责任的主体是公民个人，有的也可以是单位。涉及的《刑法》主要罪名有盗窃罪、职务侵犯罪、贪污罪、故意毁坏财物罪、扰乱无线电通讯管理秩序罪等。

关于在气象探测环境保护范围内，行为人违反《城乡规划法》或《土地管理法》所应承担的法律责任。依照本条第二款规定，在气象探测环境保护范围内，违法批准占用土地的，或者非法占用土地新建建筑物或者其他设施的行为，应根据《城乡规划法》或者《土地管理法》的有关规定处罚。

【关联法条】

(1)《城乡规划法》

本法针对在气象探测环境保护范围内，非法占用土地新建建筑物或者其他设施的情形，规定了法律责任。

第六十四条　未取得建设工程规划许可证或者未按照建设工程规划许可证的规定进行建设的，由县级以上地方人民政府城乡规划主管部门责令停止建设；尚可采取改正措施消除对规划实施的影响的，限期改正，处建设工程造价百分之五以上百分之十以下的罚款；无法采取改正措施消除影响的，限期拆除，不能拆除的，没收实物或者违法收入，可以并处建设工程造价百分之十以下的罚款。

第六十五条　在乡、村庄规划区内未依法取得乡村建设规划许可证或者未按照乡村建设规划许可证的规定进行建设的，由乡、镇人民政府责令停止建设、限期改正；逾期不改正的，可以拆除。

第六十六条　建设单位或者个人有下列行为之一的，由所在地城市、县人民政府城乡规划主管部门责令限期拆除，可以并处临时建设工程造价一倍以下的罚款：

(一)未经批准进行临时建设的；

(二)未按照批准内容进行临时建设的；

(三)临时建筑物、构筑物超过批准期限不拆除的。

(2)《土地管理法》

本法针对在气象探测环境保护范围内，违法批准占用土地的情形，规定了法律责任。

第七十七条　未经批准或者采取欺骗手段骗取批准，非法占用土地的，由县级以上人民政府自然资源主管部门责令退还非法占用的土地，对违反土地利用总体规划擅自将农用地改为建设用地的，限期拆除在非法占用的土地上新建的建筑物和其他设施，恢复土地原状，对符合土地利用总体规划的，没收在非法占用的土地上新建的建筑物和其他设施，可以并处罚款；对非法占用土地单位的直接负责的主管人员和其他直接责任人员，依法给予处分；构成犯罪的，依法追究刑事责任。

超过批准的数量占用土地，多占的土地以非法占用土地论处。

第七十八条　农村村民未经批准或者采取欺骗手段骗取批准，非法占用土地建住宅的，由县级以上人民政府农业农村主管部门责令退还非法占用的土地，限期拆除在非法占用的土地上新建的房屋。

超过省、自治区、直辖市规定的标准，多占的土地以非法占用土地论处。

第七十九条　无权批准征收、使用土地的单位或者个人非法批准占用土地的，超越批准权限非法批准占用土地的，不按照土地利用总体规划确定的用途批准用地的，或者违反法律规定的程序批准占用、征收土地的，其批准文件无效，对非法批准征收、使用土地的直接负责的主管人员和其他直接责任人员，依法给予处分；构成犯罪的，依法追究刑事责任。非法批准、使用的土地应当收回，有关当事人拒不归还的，以非法占用土地论处。

非法批准征收、使用土地，对当事人造成损失的，依法应当承担赔偿责任。

(3)《治安管理处罚法》

本法针对盗窃、损害气象测报公共设置规定了行政违法责任。

第三十三条　有下列行为之一的，处十日以上十五日以下拘留：

(一)盗窃、损毁油气管道设施、电力电信设施、广播电视设施、水利防汛工程设施或者水文监测、测量、气象测报、环境监测、地质监测、地震监测等公共设施的；

(二)移动、损毁国家边境的界碑、界桩以及其他边境标志、边境设施或者领土、领海标志设施的；

(三)非法进行影响国(边)界线走向的活动或者修建有碍国(边)境管理的设施的。

(4)《刑法》及配套司法解释

《刑法》针对侵占、损毁或者未经批准擅自移动气象设施的以及在气象探测环境保护范围内从事危害气象探测环境活动的，社会危害性严重的，可能构成犯罪。主要涉及罪名有盗窃罪、职务侵占罪、贪污罪、故意毁坏财物罪、扰乱无线电通讯管理秩序罪。

1)盗窃罪

①《刑法》

第二百六十四条　盗窃公私财物，数额较大的，或者多次盗窃、入户盗窃、携带凶器盗窃、扒窃的，处三年以下有期徒刑、拘役或者管制，并处或者单处罚金；数额巨大或者有其他严重情节的，处三年以上十年以下有期徒刑，并处罚金；数额特别巨大或者有其他特别严重情节的，处十年以上有期徒刑或者无期徒刑，并处罚金或者没收财产。

②司法解释《最高人民法院、最高人民检察院关于办理盗窃刑事案件适用法律若干问题的解释》(法释〔2013〕8号)

第一条　盗窃公私财物价值一千元至三千元以上、三万元至十万元以上、三十万元至五十万元以上的，应当分别认定为刑法第二百六十四条规定的“数额较大”“数额巨大”“数额特别巨大”。

各省、自治区、直辖市高级人民法院、人民检察院可以根据本地区经济发展状况，并考虑社会治安状况，在前款规定的数额幅度内，确定本地区执行的具体数额标准，报最高人民法院、最高人民检察院批准。

第二条　盗窃公私财物，具有下列情形之一的，“数额较大”的标准可以按照前条规定标准的百分之五十确定：

(一)曾因盗窃受过刑事处罚的；

(二)一年内曾因盗窃受过行政处罚的；

(三)组织、控制未成年人盗窃的；

（四）自然灾害、事故灾害、社会安全事件等突发事件期间，在事件发生地盗窃的；

（五）盗窃残疾人、孤寡老人、丧失劳动能力人的财物的；

（六）在医院盗窃病人或者其亲友财物的；

（七）盗窃救灾、抢险、防汛、优抚、扶贫、移民、救济款物的；

（八）因盗窃造成严重后果的。

第三条　二年内盗窃三次以上的，应当认定为“多次盗窃”。

非法进入供他人家庭生活，与外界相对隔离的住所盗窃的，应当认定为“入户盗窃”。

携带枪支、爆炸物、管制刀具等国家禁止个人携带的器械盗窃，或者为了实施违法犯罪携带其他足以危害他人人身安全的器械盗窃的，应当认定为“携带凶器盗窃”。

在公共场所或者公共交通工具上盗窃他人随身携带的财物的，应当认定为“扒窃”。

2）职务侵占罪

《刑法》

第二百七十一条　公司、企业或者其他单位的工作人员，利用职务上的便利，将本单位财物非法占为己有，数额较大的，处三年以下有期徒刑或者拘役，并处罚金；数额巨大的，处三年以上十年以下有期徒刑，并处罚金；数额特别巨大的，处十年以上有期徒刑或者无期徒刑，并处罚金。

国有公司、企业或者其他国有单位中从事公务的人员和国有公司、企业或者其他国有单位委派到非国有公司、企业以及其他单位从事公务的人员有前款行为的，依照本法第三百八十二条、第三百八十三条的规定定罪处罚。

3）贪污罪

①《刑法》

第三百八十二条　国家工作人员利用职务上的便利，侵吞、窃取、骗取或者以其他手段非法占有公共财物的，是贪污罪。

受国家机关、国有公司、企业、事业单位、人民团体委托管理、经营国有财产的人员，利用职务上的便利，侵吞、窃取、骗取或者以其他手段非法占有国有财物的，以贪污论。

与前两款所列人员勾结，伙同贪污的，以共犯论处。

第三百八十三条　对犯贪污罪的，根据情节轻重，分别依照下列规定处罚：

（一）贪污数额较大或者有其他较重情节的，处三年以下有期徒刑或者拘役，并处罚金。

（二）贪污数额巨大或者有其他严重情节的，处三年以上十年以下有期徒刑，并处罚金或者没收财产。

（三）贪污数额特别巨大或者有其他特别严重情节的，处十年以上有期徒刑或者无期徒刑，并处罚金或者没收财产；数额特别巨大，并使国家和人民利益遭受特别重大损失的，处无期徒刑或者死刑，并处没收财产。

对多次贪污未经处理的，按照累计贪污数额处罚。

犯第一款罪，在提起公诉前如实供述自己罪行、真诚悔罪、积极退赃，避免、减少损害结果的发生，有第一项规定情形的，可以从轻、减轻或者免除处罚；有第二项、第三项规定情形的，可以从轻处罚。

犯第一款罪，有第三项规定情形被判处死刑缓期执行的，人民法院根据犯罪情节等情况可以同时决定在其死刑缓期执行二年期满依法减为无期徒刑后，终身监禁，不得减刑、假释。

②司法解释《最高人民法院、最高人民检察院关于办理贪污贿赂刑事案件适用法律若干问题的解释》(法释〔2016〕9号)

第一条　贪污或者受贿数额在三万元以上不满二十万元的,应当认定为刑法第三百八十三条第一款规定的“数额较大”,依法判处三年以下有期徒刑或者拘役,并处罚金。

贪污数额在一万元以上不满三万元,具有下列情形之一的,应当认定为刑法第三百八十三条第一款规定的“其他较重情节”,依法判处三年以下有期徒刑或者拘役,并处罚金:

(一)贪污救灾、抢险、防汛、优抚、扶贫、移民、救济、防疫、社会捐助等特定款物的;

(二)曾因贪污、受贿、挪用公款受过党纪、行政处分的;

(三)曾因故意犯罪受过刑事追究的;

(四)赃款赃物用于非法活动的;

(五)拒不交代赃款赃物去向或者拒不配合追缴工作,致使无法追缴的;

(六)造成恶劣影响或者其他严重后果的。

受贿数额在一万元以上不满三万元,具有前款第二项至第六项规定的情形之一,或者具有下列情形之一的,应当认定为刑法第三百八十三条第一款规定的“其他较重情节”,依法判处三年以下有期徒刑或者拘役,并处罚金:

(一)多次索贿的;

(二)为他人谋取不正当利益,致使公共财产、国家和人民利益遭受损失的;

(三)为他人谋取职务提拔、调整的。

第二条　贪污或者受贿数额在二十万元以上不满三百万元的,应当认定为刑法第三百八十三条第一款规定的“数额巨大”,依法判处三年以上十年以下有期徒刑,并处罚金或者没收财产。

贪污数额在十万元以上不满二十万元,具有本解释第一条第二款规定的情形之一的,应当认定为刑法第三百八十三条第一款规定的“其他严重情节”,依法判处三年以上十年以下有期徒刑,并处罚金或者没收财产。

受贿数额在十万元以上不满二十万元,具有本解释第一条第三款规定的情形之一的,应当认定为刑法第三百八十三条第一款规定的“其他严重情节”,依法判处三年以上十年以下有期徒刑,并处罚金或者没收财产。

第三条　贪污或者受贿数额在三百万元以上的,应当认定为刑法第三百八十三条第一款规定的“数额特别巨大”,依法判处十年以上有期徒刑、无期徒刑或者死刑,并处罚金或者没收财产。

贪污数额在一百五十万元以上不满三百万元,具有本解释第一条第二款规定的情形之一的,应当认定为刑法第三百八十三条第一款规定的“其他特别严重情节”,依法判处十年以上有期徒刑、无期徒刑或者死刑,并处罚金或者没收财产。

受贿数额在一百五十万元以上不满三百万元,具有本解释第一条第三款规定的情形之一的,应当认定为刑法第三百八十三条第一款规定的“其他特别严重情节”,依法判处十年以上有期徒刑、无期徒刑或者死刑,并处罚金或者没收财产。

第四条　贪污、受贿数额特别巨大,犯罪情节特别严重、社会影响特别恶劣、给国家和人民利益造成特别重大损失的,可以判处死刑。

符合前款规定的情形,但具有自首,立功,如实供述自己罪行、真诚悔罪、积极退赃,或者避免、减少损害结果的发生等情节,不是必须立即执行的,可以判处死刑缓期二年执行。

符合第一款规定情形的，根据犯罪情节等情况可以判处死刑缓期二年执行，同时裁判决定在其死刑缓期执行二年期满依法减为无期徒刑后，终身监禁，不得减刑、假释。

第十一条　刑法第一百六十三条规定的非国家工作人员受贿罪、第二百七十一条规定的职务侵占罪中的“数额较大”“数额巨大”的数额起点，按照本解释关于受贿罪、贪污罪相对应的数额标准规定的二倍、五倍执行（★即6万元以上为职务侵占“数额较大”，100万元以上为职务侵占“数额巨大”）。

4）故意毁坏财物罪

①《刑法》

第二百七十五条　故意毁坏公私财物，数额较大或者有其他严重情节的，处三年以下有期徒刑、拘役或者罚金；数额巨大或者有其他特别严重情节的，处三年以上七年以下有期徒刑。

②最高人民检察院、公安部关于印发《最高人民检察院、公安部关于公安机关管辖的刑事案件立案追诉标准的规定（一）》的通知（公通字〔2008〕36号）

第三十三条　［故意毁坏财物案（刑法第二百七十五条）］故意毁坏公私财物，涉嫌下列情形之一的，应予立案追诉：

（一）造成公私财物损失五千元以上的；

（二）毁坏公私财物三次以上的；

（三）纠集三人以上公然毁坏公私财物的；

（四）其他情节严重的情形。

5）扰乱无线电通讯管理秩序罪

①《刑法》

第二百八十八条　违反国家规定，擅自设置、使用无线电台（站），或者擅自使用无线电频率，干扰无线电通讯秩序，情节严重的，处三年以下有期徒刑、拘役或者管制，并处或者单处罚金；情节特别严重的，处三年以上七年以下有期徒刑，并处罚金。

单位犯前款罪的，对单位判处罚金，并对其直接负责的主管人员和其他直接责任人员，依照前款的规定处罚。

②司法解释《最高人民法院、最高人民检察院关于办理扰乱无线电通讯管理秩序等刑事案件适用法律若干问题的解释》（法释〔2017〕11号）

第一条　具有下列情形之一的，应当认定为刑法第二百八十八条第一款规定的“擅自设置、使用无线电台（站），或者擅自使用无线电频率，干扰无线电通讯秩序”：

（一）未经批准设置无线电广播电台（以下简称“黑广播”），非法使用广播电视专用频段的频率的；

（二）未经批准设置通信基站（以下简称“伪基站”），强行向不特定用户发送信息，非法使用公众移动通信频率的；

（三）未经批准使用卫星无线电频率的；

（四）非法设置、使用无线电干扰器的；

（五）其他擅自设置、使用无线电台（站），或者擅自使用无线电频率，干扰无线电通讯秩序的情形。

第二条　违反国家规定，擅自设置、使用无线电台（站），或者擅自使用无线电频率，干扰无线电通讯秩序，具有下列情形之一的，应当认定为刑法第二百八十八条第一款规定的“情节严重”：

（一）影响航天器、航空器、铁路机车、船舶专用无线电导航、遇险救助和安全通信等涉及公共安全的无线电频率正常使用的；

（二）自然灾害、事故灾难、公共卫生事件、社会安全事件等突发事件期间，在事件发生地使用“黑广播”“伪基站”的；

（三）举办国家或者省级重大活动期间，在活动场所及周边使用“黑广播”“伪基站”的；

（四）同时使用三个以上“黑广播”“伪基站”的；

（五）“黑广播”的实测发射功率五百瓦以上，或者覆盖范围十公里以上的；

（六）使用“伪基站”发送诈骗、赌博、招嫖、木马病毒、钓鱼网站链接等违法犯罪信息，数量在五千条以上，或者销毁发送数量等记录的；

（七）雇佣、指使未成年人、残疾人等特定人员使用“伪基站”的；

（八）违法所得三万元以上的；

（九）曾因扰乱无线电通讯管理秩序受过刑事处罚，或者二年内曾因扰乱无线电通讯管理秩序受过行政处罚，又实施刑法第二百八十八条规定的行为的；

（十）其他情节严重的情形。

第三条　违反国家规定，擅自设置、使用无线电台（站），或者擅自使用无线电频率，干扰无线电通讯秩序，具有下列情形之一的，应当认定为刑法第二百八十八条第一款规定的“情节特别严重”：

（一）影响航天器、航空器、铁路机车、船舶专用无线电导航、遇险救助和安全通信等涉及公共安全的无线电频率正常使用，危及公共安全的；

（二）造成公共秩序混乱等严重后果的；

（三）自然灾害、事故灾难、公共卫生事件和社会安全事件等突发事件期间，在事件发生地使用“黑广播”“伪基站”，造成严重影响的；

（四）对国家或者省级重大活动造成严重影响的；

（五）同时使用十个以上“黑广播”“伪基站”的；

（六）“黑广播”的实测发射功率三千瓦以上，或者覆盖范围二十公里以上的；

（七）违法所得十五万元以上的；

（八）其他情节特别严重的情形。

(5)行政法规《气象设施和气象探测环境保护条例》

第十条　禁止实施下列危害气象设施的行为：

（一）侵占、损毁、擅自移动气象设施或者侵占气象设施用地；

（二）在气象设施周边进行危及气象设施安全的爆破、钻探、采石、挖砂、取土等活动；

（三）挤占、干扰依法设立的气象无线电台（站）、频率；

（四）设置影响大型气象专用技术装备使用功能的干扰源；

（五）法律、行政法规和国务院气象主管机构规定的其他危害气象设施的行为。

第十一条　大气本底站、国家基准气候站、国家基本气象站、国家一般气象站、高空气象观测站、天气雷达站、气象卫星地面站、区域气象观测站等气象台站和单独设立的气象探测设施的探测环境，应当依法予以保护。

第十二条　禁止实施下列危害大气本底站探测环境的行为：

（一）在观测场周边 3 万米探测环境保护范围内新建、扩建城镇、工矿区，或者在探测环境保护范围上空设置固定航线；

（二）在观测场周边 1 万米范围内设置垃圾场、排污口等干扰源；

（三）在观测场周边 1000 米范围内修建建筑物、构筑物。

第十三条 禁止实施下列危害国家基准气候站、国家基本气象站探测环境的行为：

（一）在国家基准气候站观测场周边 2000 米探测环境保护范围内或者国家基本气象站观测场周边 1000 米探测环境保护范围内修建高度超过距观测场距离 1/10 的建筑物、构筑物；

（二）在观测场周边 500 米范围内设置垃圾场、排污口等干扰源；

（三）在观测场周边 200 米范围内修建铁路；

（四）在观测场周边 100 米范围内挖筑水塘等；

（五）在观测场周边 50 米范围内修建公路、种植高度超过 1 米的树木和作物等。

第十四条 禁止实施下列危害国家一般气象站探测环境的行为：

（一）在观测场周边 800 米探测环境保护范围内修建高度超过距观测场距离 1/8 的建筑物、构筑物；

（二）在观测场周边 200 米范围内设置垃圾场、排污口等干扰源；

（三）在观测场周边 100 米范围内修建铁路；

（四）在观测场周边 50 米范围内挖筑水塘等；

（五）在观测场周边 30 米范围内修建公路、种植高度超过 1 米的树木和作物等。

第二十四条 违反本条例规定，危害气象设施的，由气象主管机构责令停止违法行为，限期恢复原状或者采取其他补救措施；逾期拒不恢复原状或者采取其他补救措施的，由气象主管机构依法申请人民法院强制执行，并对违法单位处 1 万元以上 5 万元以下罚款，对违法个人处 100 元以上 1000 元以下罚款；造成损害的，依法承担赔偿责任；构成违反治安管理行为的，由公安机关依法给予治安管理处罚；构成犯罪的，依法追究刑事责任。

挤占、干扰依法设立的气象无线电台（站）、频率的，依照无线电管理相关法律法规的规定处罚。

第二十五条 违反本条例规定，危害气象探测环境的，由气象主管机构责令停止违法行为，限期拆除或者恢复原状，情节严重的，对违法单位处 2 万元以上 5 万元以下罚款，对违法个人处 200 元以上 5000 元以下罚款；逾期拒不拆除或者恢复原状的，由气象主管机构依法申请人民法院强制执行；造成损害的，依法承担赔偿责任。

在气象探测环境保护范围内，违法批准占用土地的，或者非法占用土地新建建筑物或者其他设施的，依照城乡规划、土地管理等相关法律法规的规定处罚。

（6）部门规章《新建、扩建、改建建设工程避免危害气象探测环境行政许可管理办法（2020）》

第十四条 未取得新建、扩建、改建建设工程避免危害气象探测环境行政许可的，或者取得许可后不按规定进行建设，造成气象探测环境遭到破坏的，按照《气象法》第三十五条、《气象设施和气象探测环境保护条例》第二十五条予以处罚。

【参考案例】

《吴忠市气象局诉吴忠市××房地产开发有限公司行政非诉执行一案裁定书》（吴忠市利通区人民法院〔2016〕宁 0302 行审 21 号）

针对建筑超高，认定其属于在气象探测环境保护范围内从事危害气象探测活动的，《气象法》规定气象主管机构给予行政处罚的种类只是罚款，没有拆除违法建筑，因此，气象主管机构作出的行政处罚种类超出《气象法》第三十五条的规定，法院不予支持。

申请执行人:吴忠市气象局

被申请执行人:吴忠市××房地产开发有限公司

地址:吴忠永昌××公司办公楼

申请执行人吴忠市气象局因被申请执行人吴忠市××房地产开发有限公司拒不履行《行政处罚决定书》(吴)气罚决〔2016〕003号,向本院提出申请,请求依法强制执行该《处罚决定书》确定的义务。申请执行事项:立即停止"××二期1号楼"建设项目的施工行为,拆除"××二期1号楼"高度超过18.5米以上部分。罚款人民币40000.00元,加处罚38000.00元。

法院受理后依法组成合议庭进行审查,经审查查明:吴忠市××房地产开发有限公司在建的"××二期1号楼"建设项目位于吴忠国家基本气象站地面观测场西南侧,距该气象站地面观测场边缘的最近水平距离为185米,申请执行人在检查时其建设高度距地面已达24米,按照《气象设施和气象探测环境保护条例》的相关规定其高度应是18.5米,明显超过国家规定的标准,构成了在气象探测环境保护范围内从事其他危害气象探测环境活动的违法行为。2016年5月5日,申请执行人依法向被申请执行人送达了《行政处罚告知书》,告知其依法享有的陈述、申辩及听证的权利,该单位未提出申辩。2016年5月18日依法向其送达(吴)气罚决〔2016〕003号《行政处罚决定书》。被申请执行人在法定期限内未申请行政复议亦未提起行政诉讼,又不履行《处罚决定书》确定的义务,现该处罚决定已发生法律效力。

上述事实有申请执行人提交的《行政处罚告知书》《行政处罚决定书》及送达回证、催告书在案佐证。

法院认为,根据《中华人民共和国气象法》第三十五条第一款第(二)项规定:"违反本法规定,有下列行为之一的,由有关气象主管机构按照权限责令停止违法行为,限期恢复原状或者采取其他补救措施,可以并处五万元以下的罚款;造成损失的,依法承担赔偿责任;构成犯罪的,依法追究刑事责任:……(二)在气象探测环境保护范围内从事危害气象探测活动的。"本条只规定气象主管机构给予行政处罚的种类只是罚款,没有拆除违法建筑,而本案中的申请执行人依据此条作出的《处罚决定书》第一项立即停止"××二期1号楼"建设项目的施工行为,拆除"××二期1号楼"高度超过18.5米以上部分,明显缺乏法律、法规依据。本案在审查期间申请执行人因被申请执行人主动履行了行政处罚决定中第2项内容,特向本院提出撤回上述申请事项,即罚款人民币40000.00元,加处罚款38000.00元。申请执行人的撤回申请是其真实意思表示,未违反法律、法规的强制性规定也没有损害国家利益,本院予以准许。综上,依照《中华人民共和国行政强制法》第五十八条的规定,裁定:不准予执行申请执行人吴忠市气象局申请强制执行的(吴)气罚决〔2016〕003号《行政处罚决定书》。

36. 使用不符合技术要求的气象专用技术装备造成危害的法律责任(第三十六条)

第三十六条 违反本法规定,使用不符合技术要求的气象专用技术装备,造成危害的,由有关气象主管机构按照权限责令改正,给予警告,可以并处五万元以下的罚款。

【审议过程与立法沿革】

本条在审议过程中,未作修改,沿用《草案》第三十四条的相关内容。最终形成了《气象法》第三十六条的规定。

本条自1999年《气象法》施行以来,未作修改。

【法条释义】

本条规定使用不符合技术要求的气象专用技术装备造成危害的，应承担法律责任的规定。

一是根据本法第十三条规定，气象专用技术装备应当符合国务院气象主管机构规定的技术要求，并应经国务院气象主管机构审查合格，未经审查或者审查不合格的，不得在气象业务中使用。违者并造成危害后果的，应当依照本条规定承担法律责任。

二是根据本条规定，承担法律责任的行为必须具备的条件是：使用不符合技术要求的气象专用技术装备，并造成危害的。反之，如果使用不符合技术要求的气象专用技术装备，但并未造成危害的，则无须承担本条规定的法律责任。

三是根据本条规定，行为人违反本条规定时应当承担的法律责任的形式只有行政责任一种。按照本条规定，追究违法行为人的行政责任，由有关气象主管机构按照权限依法追究。有关气象主管机构在执法过程中根据违法行为的轻重和造成后果的大小等实际情况，依法作出下列行政处罚。警告，即由有关气象主管机构按照权限对违反本条规定的违法行为人给予一种较轻的行政处罚，其目的主要是对违法行为人给予批评教育，敦促其改正违法行为。违法行为人接到警告后，应当立即采取措施予以改正。警告一般采用书面形式。罚款，所谓罚款是指有关气象主管机构按照权限对违反本法规定，使用不符合技术要求的气象专用技术装备造成危害的单位给予一定的经济制裁，以补偿其造成的损失或者加强惩戒作用。根据本条规定，此处规定的罚款是一种并罚的行政处罚措施，即它在本条中不能单独使用，而是应当由有关气象主管机构按照权限，根据违法行为的性质、情节和造成的后果等具体情况，在作出警告处罚的同时，决定是否给予罚款的处罚，这种处罚可以处，也可以不处。本条规定的具体罚款数额是五万元以下，五万元以下的罚款幅度由有关气象主管机构确定，这是本法赋予有关气象主管机构的自由裁量权，有关气象主管机构应当根据违法行为的轻重及所造成的危害等情况依法行使，不得滥用。

另外，如果造成他人伤害的，行政责任并不能免除民事责任，仍然需要承担相应的民事责任。

【关联法条】

部门规章《防雷减灾管理办法(修订)》

第三十五条　违反本办法规定，有下列行为之一的，由县级以上气象主管机构按照权限责令改正，给予警告，可以处 1 万元以上 3 万元以下罚款；给他人造成损失的，依法承担赔偿责任；构成犯罪的，依法追究刑事责任：

(一)应当安装防雷装置而拒不安装的；

(二)使用不符合使用要求的防雷装置或者产品的；

(三)已有防雷装置，拒绝进行检测或者经检测不合格又拒不整改的；

(四)对重大雷电灾害事故隐瞒不报的。

37. 安装或者使用不符合使用要求的雷电灾害防护装置的法律责任(第三十七条)

第三十七条　违反本法规定，安装不符合使用要求的雷电灾害防护装置的，由有关气象主管机构责令改正，给予警告。使用不符合使用要求的雷电灾害防护装置给他人造成损失的，依法承担赔偿责任。

【审议过程与立法沿革】

本条在审议过程中，未作修改，沿用《草案》第三十五条的相关内容。最终形成了《气象法》第三十七条的规定。

本条自1999年《气象法》施行以来，未作修改。

【法条释义】

根据本法第三十一条规定，各级气象主管机构应当加强对雷电灾害防御工作的组织管理，并应及时会同有关部门指导对可能遭受雷击的建筑物、构筑物和其他设施安装的雷电灾害防护装置的检测工作。安装的雷电灾害防护装置应当符合国务院气象主管机构规定的使用要求。违者就要依照本条规定承担相应的法律责任。

根据本条规定，安装或者使用不符合使用要求的雷电灾害防护装置所应承担的法律责任形式有两种，即行政责任和民事责任。

行政责任：实施行政处罚的主体是有关气象主管机构；本条规定的行政处罚的种类只有警告，如果执法主体超越了本条所规定的行政处罚种类作出行政处罚决定，行政管理相对人有权拒绝接受。同时，有关气象主管机构可以依其权限对违法行为提出责令改正要求。

民事责任：根据本条规定，凡是使用不符合气象主管机构规定的使用要求的雷电灾害防护装置的，给他人（包括公民、法人和组织）造成经济损失或者其他损失的，应当依照民事法律、法规的规定，承担相应的民事责任。本条规定承担民事责任的方式是赔偿损失。赔偿责任也称损害赔偿责任，是承担民事法律责任的主要方式之一。按照本条规定，承担赔偿责任的条件是：第一，使用不符合使用要求的雷电灾害防护装置；第二，给他人造成损失；第三，使用不符合使用要求的雷电灾害防护装置同他人的损失之间有着必然的因果关系，即他人的损失是由于使用不符合使用要求的雷电灾害防护装置造成的。上述三个条件缺一不可，如果没有使用不符合使用要求的雷电灾害防护装置，或者虽有这一条件，但未给他人造成损失的，都不应承担赔偿责任。但本条未规定应当如何承担赔偿责任，按照民法理论的一般说法，赔偿损失应当坚持完全赔偿的原则，凡属因承担民事责任一方造成的直接经济损失都应当赔偿，同时，赔偿损失也应当坚持公平的原则。

38. 违反统一发布公众气象预报和灾害性天气预警的规定以及进行工程建设项目大气环境影响评价应当使用符合国家气象技术标准的气象资料的规定的法律责任（第三十八条）

第三十八条　违反本法规定，有下列行为之一的，由有关气象主管机构按照权限责令改正，给予警告，可以并处五万元以下的罚款：

（一）非法向社会发布公众气象预报、灾害性天气警报的；

（二）广播、电视、报纸、电信等媒体向社会传播公众气象预报、灾害性天气警报，不使用气象主管机构所属的气象台站提供的适时气象信息的；

（三）从事大气环境影响评价的单位进行工程建设项目大气环境影响评价时，使用的气象资料不符合国家气象技术标准的。

【审议过程与立法沿革】

草案	草案二次审议稿	草案三次审议稿	条文
第三十六条 违反本法规定，有下列行为之一的，由各级气象主管机构按照权限责令改正，给予警告，可以并处五万元以下的罚款： （一）有关部门所属的气象台站向社会发布公众气象预报、灾害性天气警报的； （二）广播、电视、电信等媒体向社会传播公众气象预报、灾害性天气警报，不使用气象主管机构所属的气象台站直接提供的适时气象信息的； （三）从事大气环境影响评价的单位进行大气环境影响评价时，使用的气象资料不是气象主管机构提供的或者未经气象主管机构审查的。	**第三十五条** 违反本法规定，有下列行为之一的，由各级气象主管机构按照权限责令改正，给予警告，可以并处五万元以下的罚款： （一）**非法**向社会发布公众气象预报、灾害性天气警报的； （二）广播、电视、**报纸**、电信等媒体向社会传播公众气象预报、灾害性天气警报，不使用气象主管机构所属的气象台站直接提供的适时气象信息的； （三）从事大气环境影响评价的单位进行**工程建设项目**大气环境影响评价时，使用的气象资料不是气象主管机构提供的或者未经气象主管机构审查的。	**第三十七条** 违反本法规定，有下列行为之一的，由**有关**气象主管机构按照权限责令改正，给予警告，可以并处五万元以下的罚款： （一）非法向社会发布公众气象预报、灾害性天气警报的； （二）广播、电视、报纸、电信等媒体向社会传播公众气象预报、灾害性天气警报，不使用气象主管机构所属的气象台站提供的适时气象信息的； （三）从事大气环境影响评价的单位进行工程建设项目大气环境影响评价时，使用的气象资料不是气象主管机构提供的或者未经气象主管机构审查的。	**第三十八条** 违反本法规定，有下列行为之一的，由有关气象主管机构按照权限责令改正，给予警告，可以并处五万元以下的罚款： （一）非法向社会发布公众气象预报、灾害性天气警报的； （二）广播、电视、报纸、电信等媒体向社会传播公众气象预报、灾害性天气警报，不使用气象主管机构所属的气象台站提供的适时气象信息的； （三）从事大气环境影响评价的单位进行工程建设项目大气环境影响评价时，使用的气象资料不是气象主管机构提供或者审查的。

在《草案》审议过程中，《草案二次审议稿》对《草案》进行了三处修改：第一，第一项“有关部门所属的气象台站”向社会发布公众气象预报、灾害性天气警报的，修改为“非法”向社会发布公众气象预报、灾害性天气警报的。违法行为所包含的内容更为广泛。第二，第二项规定中向社会传播公众气象预报、灾害性天气警报各类媒体中增加了“报纸”。第三，第三项规定将从事大气环境影响评价限定于进行“工程建设项目”大气环境影响评价时，与气候资源开发利用和保护一章的规定保持一致。

《草案三次审议稿》又对相关表述进行了修改完善，将执法机关由“各级”气象主管机构修改为“有关”气象主管机构。1999 年《气象法》又对相关表述进行完善，最终形成了第三十八条的规定。

修改前条文	修改后条文
第三十八条 违反本法规定，有下列行为之一的，由有关气象主管机构按照权限责令改正，给予警告，可以并处五万元以下的罚款： （一）非法向社会发布公众气象预报、灾害性天气警报的； （二）广播、电视、报纸、电信等媒体向社会传播公众气象预报、灾害性天气警报，不使用气象主管机构所属的气象台站提供的适时气象信息的；	**第三十八条** 违反本法规定，有下列行为之一的，由有关气象主管机构按照权限责令改正，给予警告，可以并处五万元以下的罚款： （一）非法向社会发布公众气象预报、灾害性天气警报的； （二）广播、电视、报纸、电信等媒体向社会传播公众气象预报、灾害性天气警报，不使用气象主管机构所属的气象台站提供的适时气象信息的；

续表

修改前条文	修改后条文
（三）从事大气环境影响评价的单位进行工程建设项目大气环境影响评价时，使用的气象资料不是气象主管机构提供或者审查的。	（三）从事大气环境影响评价的单位进行工程建设项目大气环境影响评价时，使用的气象资料不**符合国家气象技术标准**的。

本条经2016年11月7日中华人民共和国第十二届全国人民代表大会常务委员会第二十四次会议通过的《全国人民代表大会常务委员会关于修改〈中华人民共和国对外贸易法〉等十二部法律的决定》修改。将第三十八条第三项修改为："（三）从事大气环境影响评价的单位进行工程建设项目大气环境影响评价时，使用的气象资料不符合国家气象技术标准的。"由此，保持与《气象法》第三十四条一致。

【法条释义】

一是本条规定的违法行为包括以下三种。

其一，违反本法第二十二条规定，非法向社会发布公众气象预报、灾害性天气警报的行为。本法明文规定"国家对公众气象预报和灾害性天气警报实行统一发布制度""各级气象主管机构所属的气象台站应当按照职责向社会发布公众气象预报和灾害性天气警报，并根据天气变化情况及时补充或者订正。其他任何组织或者个人不得向社会发布公众气象预报和灾害性天气警报"。"国务院其他有关部门和省、自治区、直辖市人民政府其他有关部门所属的气象台站，可以发布供本系统使用的专项气象预报"。

其二，违反本法第二十五条规定，向社会传播公众气象预报、灾害性天气警报，不使用各级气象主管机构所属的气象台站提供的适时气象信息的行为。本法第二十五条规定："广播、电视、报纸、电信等媒体向社会传播气象预报和灾害性天气警报，必须使用气象主管机构所属的气象台站提供的适时气象信息，并标明发布时间和气象台站的名称。"实施违法行为的行政相对人是特定的，主要指广播、电视、报纸、电信等媒体。

其三，违反本法的第三十四条规定，从事大气环境影响评价的单位进行工程建设项目大气环境影响评价时，使用的气象资料不是气象主管机构提供或者未经气象主管机构审查的行为。本法第三十四条第二款规定："具有大气环境影响评价资质的单位进行工程建设项目大气环境影响评价时，应当使用符合国家气象技术标准的气象资料。"实施违法行为的行政管理相对人主要是指具有从事大气环境影响评价资格的单位，不包括个人。

根据上述规定，只要行为人实施了上述行为中的任何一种，作为本条规定的执法主体，即有关气象主管机构，就可以依法追究其法律责任。

二是本条规定的违法行为人所应承担的法律责任只有一种形式，即承担行政责任。根据本条规定，实施行政处罚的主体是有关气象主管机构，其他任何部门和单位都无权实施本条规定的行政处罚权。有关气象主管机构有权在执法过程中根据违法行为的轻重和造成后果的大小等实际情况，依法作出下列行政处罚。

警告，即由有关气象主管机构按照权限对违法者给予的一种较轻的处罚，其目的主要是对违法者给予批评教育，敦促其改正违法行为。警告应当采用书面形式。

罚款，即可以并处五万元以下的罚款。所谓罚款是指有关气象主管机构按照权限对违反本法第二十二条、第二十五条、第三十四条第二款规定的单位和个人给予一定的经济制裁。根据本条规定，这是一种并罚的处罚措施，即它在本条中不能单独使用，而是由有关气象主管机构按照权限根据违法行为的性质、情节和造成的后果等具体情况，在作出警告处罚的同时，决定是否给予罚款的处罚，这种处罚可以处，也可以不处。执行处罚的机关应当将罚款全部上缴国库。

39. 违反人工影响天气作业有关规定的法律责任（第三十九条）

第三十九条　违反本法规定，不具备省、自治区、直辖市气象主管机构规定的条件实施人工影响天气作业的，或者实施人工影响天气作业使用不符合国务院气象主管机构要求的技术标准的作业设备的，由有关气象主管机构按照权限责令改正，给予警告，可以并处十万元以下的罚款；给他人造成损失的，依法承担赔偿责任；构成犯罪的，依法追究刑事责任。

【审议过程与立法沿革】

草案	草案二次审议稿	草案三次审议稿	条文
第三十七条　违反本法规定，不具备省、自治区、直辖市气象主管机构规定的资格条件，实施人工影响天气作业或者实施人工影响天气作业使用非经国务院气象主管机构[指定]的作业设备，[造成危害的，]由各级气象主管机构按照权限责令改正，给予警告，可以并处十万元以下的罚款；构成犯罪的，依法追究刑事责任。	**第三十六条**　违反本法规定，不具备省、自治区、直辖市气象主管机构规定的资格条件，实施人工影响天气作业或者实施人工影响天气作业使用非经国务院气象主管机构**批准**的作业设备，由[各级]气象主管机构按照权限责令改正，给予警告，可以并处十万元以下的罚款；构成犯罪的，依法追究刑事责任。[**给他人造成损失的，依法承担赔偿责任。**]	**第三十八条**　违反本法规定，不具备省、自治区、直辖市气象主管机构规定的资格条件，实施人工影响天气作业或者实施人工影响天气作业使用[非经]国务院气象主管机构[批准]的作业设备，由**有关气象主管机构**按照权限责令改正，给予警告，可以并处十万元以下的罚款；**给他人造成损失的，依法承担赔偿责任**；构成犯罪的，依法追究刑事责任。	**第三十九条**　违反本法规定，不具备省、自治区、直辖市气象主管机构规定的资格条件实施人工影响天气作业**的，**或者实施人工影响天气作业使用**不符合国务院气象主管机构要求的技术标准**的作业设备的，由有关气象主管机构按照权限责令改正，给予警告，可以并处十万元以下的罚款；给他人造成损失的，依法承担赔偿责任；构成犯罪的，依法追究刑事责任。

在《草案》审议过程中，《草案二次审议稿》对《草案》作出了三处修改：其一，实施人工影响天气作业使用的设备由国务院气象主管机构“指定”修改为“批准”，与《草案二次审议稿》第五章气象灾害防御中第二十七条第三款的规定保持一致。其二，处罚条件中删除了“造成危害的”的条件。其三，在法律责任中增加了“给他人造成损失的，依法承担赔偿责任”的规定。

《草案三次审议稿》对《草案二次审议稿》进行了两处文字表述的修改完善和调整。

1999 年《气象法》又对实施人工影响天气作业使用的设备要求作了修改，与第三十条第三款的规定保持一致，并对相关文字表述进行了修改完善。最终形成了第三十九条的规定。

修改前条文	修改后条文
第三十九条　违反本法规定，不具备省、自治区、直辖市气象主管机构规定的[资格]条件实施人工影响天气作业的，或者实施人工影响天气作业使用不符合国务院气象主管机构要求的技术标准的作业设备的，由有关气象主管机	**第三十九条**　违反本法规定，不具备省、自治区、直辖市气象主管机构规定的条件实施人工影响天气作业的，或者实施人工影响天气作业使用不符合国务院气象主管机构要求的技术标准的作业设备的，由有关气象主管机构按照

续表

修改前条文	修改后条文
构按照权限责令改正，给予警告，可以并处十万元以下的罚款；给他人造成损失的，依法承担赔偿责任；构成犯罪的，依法追究刑事责任。	权限责令改正，给予警告，可以并处十万元以下的罚款；给他人造成损失的，依法承担赔偿责任；构成犯罪的，依法追究刑事责任。

本条经2016年11月7日中华人民共和国第十二届全国人民代表大会常务委员会第二十四次会议通过的《全国人民代表大会常务委员会关于修改〈中华人民共和国对外贸易法〉等十二部法律的决定》修改，删去第三十九条中的“资格”一词。

【法条释义】

一是本条规定的违法行为包括以下两种。其一，不具备省、自治区、直辖市气象主管机构规定的条件实施人工影响天气作业的行为。根据本法第三十条第三款规定，实施人工影响天气作业的组织必须具备省、自治区、直辖市气象主管机构规定的条件。其二，在实施人工影响天气作业的过程中，使用不符合国务院气象主管机构要求的技术标准的作业设备的行为。本法第三十条第三款规定，实施人工影响天气作业应当使用符合国务院气象主管机构要求的技术标准的作业设备。实施违法行为的行政相对人只能是具备实施人工影响天气作业资格的有关组织，不能是个人。

二是根据本条规定，违法行为人所应承担的法律责任包括行政责任、民事责任和刑事责任三种形式。其一，行政责任。根据本条规定，实施行政处罚的主体是有关气象主管机构，而行政处罚的种类是警告和罚款，罚款的幅度是十万元以下。依照本条的规定，这两种处罚可以合并处罚，即在作出警告处罚的同时，决定是否给予罚款的处罚。同时，有关气象主管机构可以按照权限对违法行为提出责令改正的要求。其二，民事责任。根据本条规定，公民、法人和其他组织在不具备省、自治区、直辖市气象主管机构规定的条件的情况下，实施人工影响天气作业，或者具备实施人工影响天气作业的组织，由于使用不符合国务院气象主管机构要求的技术标准的作业设备给他人（包括公民、法人和组织）造成经济损失或者其他损失的，应当依照民事法律、法规的规定，承担相应的民事责任。此处规定的承担民事责任的形式是赔偿损失。其三，刑事责任。实施本条所列举的违法行为情节特别严重，构成犯罪的，应当根据《刑法》的规定承担刑事责任。承担刑事责任的主体是公民个人，有的也可以是单位。涉及的主要罪名有《刑法》第一百二十五条非法制造、买卖、运输、邮寄、储存枪支、弹药、爆炸物罪，第一百三十条非法携带枪支、弹药、管制刀具、危险物品危及公共安全罪，第一百三十六条危险物品肇事罪等。

40. 气象工作人员玩忽职守的法律责任规定（第四十条）

第四十条 各级气象主管机构及其所属气象台站的工作人员由于玩忽职守，导致重大漏报、错报公众气象预报、灾害性天气警报，以及丢失或者毁坏原始气象探测资料、伪造气象资料等事故的，依法给予行政处分；致使国家利益和人民生命财产遭受重大损失，构成犯罪的，依法追究刑事责任。

【审议过程与立法沿革】

草案	草案二次审议稿	草案三次审议稿	条文
第三十八条 国家工作人员在气象活动中滥用职权、玩忽职守、徇私舞弊，构成犯罪的，依法追究刑事责任；尚不构成犯罪的，依法给予行政处分。	**第三十七条 各级气象主管机构及其所属气象台站的工作人员在气象活动中由于玩忽职守，导致重大漏报、错报公众气象预报、灾害性天气警报，以及丢失或者毁坏原始气象探测资料、伪造气象资料等事故的，依法给予行政处分；致使国家利益和人民生命财产遭受重大损失，构成犯罪的，依法追究刑事责任。**	**第三十九条** 各级气象主管机构及其所属气象台站的工作人员由于玩忽职守，导致重大漏报、错报公众气象预报、灾害性天气警报，以及丢失或者毁坏原始气象探测资料、伪造气象资料等事故的，依法给予行政处分；致使国家利益和人民生命财产遭受重大损失，构成犯罪的，依法追究刑事责任。	**第四十条** 各级气象主管机构及其所属气象台站的工作人员由于玩忽职守，导致重大漏报、错报公众气象预报、灾害性天气警报，以及丢失或者毁坏原始气象探测资料、伪造气象资料等事故的，依法给予行政处分；致使国家利益和人民生命财产遭受重大损失，构成犯罪的，依法追究刑事责任。

在《草案》审议过程中，有意见提出，应对各级气象主管机构及其所属气象台站的工作人员，因玩忽职守导致重大灾害性天气预报的漏报、错报，给国家和人民生命财产造成重大损失的责任作出相应规定。因此，《草案二次审议稿》对原规定内容进行了修改完善。

《草案三次审议稿》又对《草案二次审议稿》进行了文字表述上的修改。最终形成了《气象法》第四十条的规定。

本条自 1999 年《气象法》施行以来，未作修改。

【法条释义】

本条是关于气象工作人员玩忽职守的法律责任规定，其违法行为包括两类。

一是由于玩忽职守，导致重大漏报、错报公众气象预报、灾害性天气警报的违法行为。所谓"玩忽职守"的行为，是指违反国家规定的工作制度和工作纪律的行为，通常表现为工作马虎草率，极端不负责任或者擅离职守，对自己应当负责的工作撒手不管，不传达、不检查、不报告等。但是由于技术原因造成的重大漏报、错报公众气象预报、灾害性天气警报，不承担法律责任，这点在执行中应特别注意。因为受科学技术水平所限，目前气象预报尚无法做到百分之百的准确，所以要对预报不准确作具体分析，属于技术原因的失准，气象部门及其工作人员应当认真总结经验教训、掌握规律、改进方法，提高服务水平。反之，若是因气象工作人员工作失职导致漏报、错报，继而造成的责任性事故是要追究的，渎职、玩忽职守的一定要依法承担法律责任。也就是说，只有各级气象主管机构及其所属气象台站的工作人员在玩忽职守的情况下导致的重大漏报、错报公众气象预报、灾害性天气警报，才能追究法律责任。

二是各级气象主管机构及其所属气象台站的工作人员丢失或者毁坏原始气象探测资料、伪造气象资料等事故的违法行为，主要包括丢失原始气象探测资料、毁坏气象探测资料和伪造气象探测资料等事故的行为。

关于行为人因违法行为所应承担的法律责任包括两种形式。

一是行政责任。本条规定的行政责任的种类是行政处分，包括警告、记过、记大过、降级、撤职、开除六种；实施单位是违法行为人所在的单位或者是上级主管部门；前提条件是违反本法规定，属于工作中的渎职行为，尚未构成犯罪。

二是刑事责任。对于因实施了本条规定的违法行为，致使国家利益和人民生命财产遭受重大损失，构成犯罪的气象工作人员，依法由司法机关追究其刑事责任。本条规定的刑事责任主要涉及的罪名是玩忽职守罪。各级气象主管机构及其所属气象台站的工作人员构成玩忽职守罪应具备以下条件。

其一，各级气象主管机构及其所属气象台站的工作人员有玩忽职守的行为。此处所说的“玩忽职守”的行为多数情况下是指各级气象主管机构及其所属气象台站的工作人员违反《气象法》的有关规定，不履行或者不正确履行规定的职责。不履行职责，即职责上的不作为，不尽自己应尽的职责或者擅离职守；不正确履行职责，即对自己的本职工作严重不负责任、严重失职。

其二，各级气象主管机构及其所属气象台站的工作人员由于玩忽职守的行为，导致重大漏报、错报公众气象预报和灾害性天气警报，以及丢失或者毁坏原始气象探测资料、伪造气象资料等事故，同时，致使国家利益和人民生命财产遭受重大损失。这是构成玩忽职守罪的重要条件。其中所谓“重大损失”，根据最高人民检察院的司法解释，一般包括：直接经济损失五万元以上或者造成严重政治影响，如有损于我国的信誉、形象威望等。

其三，玩忽职守的行为与重大损失之间具有必然的因果关系，即致使国家和人民利益遭受重大损失是由于各级气象主管机构及其所属气象台站的工作人员玩忽职守的行为所造成的。如果各级气象主管机构及其所属气象台站的工作人员虽然具有玩忽职守的行为，但没有给国家利益和人民生命财产造成重大损失，或者虽然造成重大损失，但不是由于各级气象主管机构及其所属气象台站的工作人员玩忽职守行为造成的，都不能构成玩忽职守罪。

需要说明的是，从理论上分析因为气象预报机构工作人员的违法行为而产生损害，可能符合侵权行为的构成要件，但我国不存在气象预报机构承担侵权责任的司法案例。一是气象预报机构的气象预报行为性质不确定。气象预报行为是行政行为还是民事活动，法律并没有明确规定。二是举证责任的负担。对于气象预报而言，其具有预测性和不确定性，不能要求气象预报具有准确性，法律上允许气象预报存在误差。三是因气象预报机构工作人员过错产生的气象预报出现漏报、重大失误或者伪造气象预报资料所造成的损失具有重大性、广泛性，形成损失重大、受害人众多而难以承担赔偿责任的状况[①]。

【关联法条】

(1)《刑法》

第三百九十七条　第一款 国家机关工作人员滥用职权或者玩忽职守，致使公共财产、国家和人民利益遭受重大损失的，处三年以下有期徒刑或者拘役；情节特别严重的，处三年以上七年以下有期徒刑。

(2)司法解释《最高人民法院、最高人民检察院关于办理渎职刑事案件适用法律若干问题的解释(一)》(法释〔2012〕18号)

第一条　国家机关工作人员滥用职权或者玩忽职守，具有下列情形之一的，应当认定为刑法第三百九十七条规定的“致使公共财产、国家和人民利益遭受重大损失”：

(一)造成死亡1人以上，或者重伤3人以上，或者轻伤9人以上，或者重伤2人、轻伤3人

① 游劝荣．侵权责任法律制度比较研究[M]．北京：人民法院出版社，2010：283.

以上，或者重伤1人、轻伤6人以上的；

（二）造成经济损失30万元以上的；

（三）造成恶劣社会影响的；

（四）其他致使公共财产、国家和人民利益遭受重大损失的情形。

具有下列情形之一的，应当认定为刑法第三百九十七条规定的“情节特别严重”：

（一）造成伤亡达到前款第（一）项规定人数3倍以上的；

（二）造成经济损失150万元以上的；

（三）造成前款规定的损失后果，不报、迟报、谎报或者授意、指使、强令他人不报、迟报、谎报事故情况，致使损失后果持续、扩大或者抢救工作延误的；

（四）造成特别恶劣社会影响的；

（五）其他特别严重的情节。

第三条　国家机关工作人员实施渎职犯罪并收受贿赂，同时构成受贿罪的，除刑法另有规定外，以渎职犯罪和受贿罪数罪并罚。

第六条　以危害结果为条件的渎职犯罪的追诉期限，从危害结果发生之日起计算；有数个危害结果的，从最后一个危害结果发生之日起计算。

第七条　依法或者受委托行使国家行政管理职权的公司、企业、事业单位的工作人员，在行使行政管理职权时滥用职权或者玩忽职守，构成犯罪的，应当依照《全国人民代表大会常务委员会关于〈中华人民共和国刑法〉第九章渎职罪主体适用问题的解释》的规定，适用渎职罪的规定追究刑事责任。

第八条　本解释规定的“经济损失”，是指渎职犯罪或者与渎职犯罪相关联的犯罪立案时已经实际造成的财产损失，包括为挽回渎职犯罪所造成损失而支付的各种开支、费用等。立案后至提起公诉前持续发生的经济损失，应一并计入渎职犯罪造成的经济损失。

债务人经法定程序被宣告破产，债务人潜逃、去向不明，或者因行为人的责任超过诉讼时效等，致使债权已经无法实现的，无法实现的债权部分应当认定为渎职犯罪的经济损失。

渎职犯罪或者与渎职犯罪相关联的犯罪立案后，犯罪分子及其亲友自行挽回的经济损失，司法机关或者犯罪分子所在单位及其上级主管部门挽回的经济损失，或者因客观原因减少的经济损失，不予扣减，但可以作为酌定从轻处罚的情节。

第8章　附　　则

41. 气象专业用语的解释(第四十一条)

第四十一条　本法中下列用语的含义是：

(一)气象设施，是指气象探测设施、气象信息专用传输设施、大型气象专用技术装备等。

(二)气象探测，是指利用科技手段对大气和近地层的大气物理过程、现象及其化学性质等进行的系统观察和测量。

(三)气象探测环境，是指为避开各种干扰保证气象探测设施准确获得气象探测信息所必需的最小距离构成的环境空间。

(四)气象灾害，是指台风、暴雨(雪)、寒潮、大风(沙尘暴)、低温、高温、干旱、雷电、冰雹、霜冻和大雾等所造成的灾害。

(五)人工影响天气，是指为避免或者减轻气象灾害，合理利用气候资源，在适当条件下通过科技手段对局部大气的物理、化学过程进行人工影响，实现增雨雪、防雹、消雨、消雾、防霜等目的的活动。

【审议过程与立法沿革】

草案	草案二次审议稿	草案三次审议稿	条文
第三十九条　本法下列用语的含义： (一)气象设施，是指气象探测设施、气象信息专用传输设施、大型气象专用技术装备[和其他气象仪器设备]等； (二)气象探测，是指利用科技手段对大气和近地层的大气物理过程、现象及其化学性质等进行的系统观察和测量； (三)气象探测环境，是指为避开各种干扰保证气象探测设施准确获得气象探测信息所必需的最小距离构成的环境空间； (四)气象灾害，是指台风、暴雨(雪)、寒潮、大风(沙	**第三十八条**　本法下列用语的含义： (一)气象设施，是指气象探测设施、气象信息专用传输设施、大型气象专用技术装备等[；] (二)气象探测，是指利用科技手段对大气和近地层的大气物理过程、现象及其化学性质等进行的系统观察和测量[；] (三)气象探测环境，是指为避开各种干扰保证气象探测设施准确获得气象探测信息所必需的最小距离构成的环境空间[；] (四)气象灾害，是指台风、暴雨(雪)、寒潮、大风(沙	**第四十条**　本法下列用语的含义： (一)气象设施，是指气象探测设施、气象信息专用传输设施、大型气象专用技术装备等。 (二)气象探测，是指利用科技手段对大气和近地层的大气物理过程、现象及其化学性质等进行的系统观察和测量。 (三)气象探测环境，是指为避开各种干扰保证气象探测设施准确获得气象探测信息所必需的最小距离构成的环境空间。 (四)气象灾害，是指台风、暴雨(雪)、寒潮、大风(沙尘暴)、低温、高温、干旱、	**第四十一条**　本法中下列用语的含义是： (一)气象设施，是指气象探测设施、气象信息专用传输设施、大型气象专用技术装备等。 (二)气象探测，是指利用科技手段对大气和近地层的大气物理过程、现象及其化学性质等进行的系统观察和测量。 (三)气象探测环境，是指为避开各种干扰保证气象探测设施准确获得气象探测信息所必需的最小距离构成的环境空间。 (四)气象灾害，是指台风、暴雨(雪)、寒潮、大风(沙尘暴)、低温、高温、干旱、

续表

草案	草案二次审议稿	草案三次审议稿	条文
尘暴)、低温、高温、干旱、雷电、冰雹和大雾等所造成的灾害； （五）人工影响天气，是指为避免或者减轻气象灾害，合理利用气候资源，在适当条件下通过科学技术手段对局部大气的物理、化学过程进行人工影响，实现增雨雪、防雹、消雨、消雾、防霜等目的的活动。	尘暴)、低温、高温、干旱、雷电、冰雹、**霜冻**和大雾等所造成的灾害[;] （五）人工影响天气，是指为避免或者减轻气象灾害，合理利用气候资源，在适当条件下通过科学技术手段对局部大气的物理、化学过程进行人工影响，实现增雨雪、防雹、消雨、消雾、防霜等目的的活动。	雷电、冰雹、霜冻和大雾等所造成的灾害。 （五）人工影响天气，是指为避免或者减轻气象灾害，合理利用气候资源，在适当条件下通过科[学]技[术]手段对局部大气的物理、化学过程进行人工影响，实现增雨雪、防雹、消雨、消雾、防霜等目的的活动。	雷电、冰雹、霜冻和大雾等所造成的灾害。 （五）人工影响天气，是指为避免或者减轻气象灾害，合理利用气候资源，在适当条件下通过科技手段对局部大气的物理、化学过程进行人工影响，实现增雨雪、防雹、消雨、消雾、防霜等目的的活动。

在《草案》审议过程中，《草案二次审议稿》主要修改有两处。一是《草案二次审议稿》对第一项气象设施含义的规定中删除了《草案》中“和其他气象仪器设备”的表述，因为根据该项规定，气象设施是指“气象探测设施、气象信息专用传输设施、大型气象专用技术装备等”，属于对气象设施的不完全列举，“等”字已表达还有其他气象仪器设备，无须再重复表述。二是《草案二次审议稿》中第四项气象灾害列举中增加了“霜冻”。

《草案三次审议稿》对相关的文字表述进行调整完善。因各项规定并不具有连贯性，而是独立的表述，因此，将标点符号由分号修改为句号。《气象法》第四十一条对第五项人工影响天气含义中“科学技术手段”简化为“科技手段”。最终形成了《气象法》第四十一条的规定。

本条自 1999 年《气象法》施行以来，未作修改。

【法条释义】

本条是关于气象专业用语解释的规定。《气象法》专业性、技术性较强，因此特地对法律规定中的关键性和专业性用语进行法律解释，防止因理解分歧导致执法标准不统一。本条共阐述了五个气象专业用语。

第一，气象设施，是指气象探测设施、气象信息专用传输设施、大型气象专用技术装备等。其中气象探测设施，是气象台站进行大气探测使用的设施、设备、仪器等。大气探测分为直接探测和大气遥测遥感两种，前者主要是使用仪器、设备直接读取数据，后者是依赖雷达回波和气象卫星反演技术获取的气象图像和数据。气象信息专用传输设施，是指专门传播气象信息的有线、无线通信系统、设备和线路等设施。大型气象专用技术装备，是气象业务使用的大型设备，如各种气象雷达、大型卫星云图接收处理设备、综合遥测自动化设备等。

第二，气象探测，是指利用科技手段对大气和近地层的大气物理过程、现象及其化学性质等气象活动进行系统观察和测量。具体说，就是对大气中的冷、热、干、湿、风、云、雨、雪、霜、雾、雷、电、光象等各种物理状态和物理现象及其化学性质等进行的系统观察和测量。

第三，气象探测环境，是指避开各种干扰以保证气象探测设施能够准确获得气象探测信息所必需的最小距离的环境空间。气象探测环境的功能就是避免各种人为因素对气象探测的干扰，保证气象设施的正常运行，以获得准确的气象探测信息。

第四，气象灾害，是指台风、暴雨(雪)、寒潮、大风(沙尘暴)、低温、高温、干旱、雷电、冰雹、霜冻和大雾等所造成的灾害。气象灾害属于自然灾害的一种。我国自然灾害种类多、频度高、范围广,是世界上自然灾害最多的国家之一,而我国过往发生过的所有自然灾害中70%以上属于气象灾害。

第五,人工影响天气,是指为避免或者减轻气象灾害造成的不良影响,合理利用气候资源,在适当条件下通过科技手段对局部大气的物理、化学过程施加人工影响,借以实现增雨雪、防雹、消雨、消雾、防霜等目的。这里所说的人工影响天气是在局部范围内进行人工影响局部天气的作业活动。

【参考案例】

《抚顺市东洲区××乡××度假村、中国人寿财产保险股份有限公司抚顺市中心支公司追偿权纠纷案》(辽宁省抚顺市中级人民法院〔2019〕辽04民终2537号)

法律规定,因不可抗力造成他人损害的,不承担责任。法律另有规定的,依照其规定。不可抗力,是指不能预见、不能避免并不能克服的客观情况。虽然强风属于人力不能避免,但并非不可预见、不可克服。因此,不宜一律适用不可抗力免除其责任。由于房屋遭遇强风天气,导致瓦片脱落造成周围车辆损失的,在行为人尽到谨慎义务的前提下,便有概率能够避免因相应自然现象而造成损害。只有当自然现象所达到的程度已超出了其房屋瓦片的抗御范围时,才能认定不可抗力成立。行为人没有尽到安全谨慎义务的,仍需要承担民事责任。

此外,在一些保险纠纷案件中,其承保范围有的是自然灾害造成的损害,而有的则是排除自然灾害造成的损失。因此,因遇到恶劣天气影响,判断是否属于气象灾害对于纠纷处理至关重要。对于气象灾害的判断应以国家颁布的各类气象标准,如《气候指数 高温》《气候指数 台风》等为主要依据,结合实际情况加以判断。

上诉人(原审被告):抚顺市东洲区××乡××度假村。

被上诉人(原审原告):中国人寿财产保险股份有限公司抚顺市中心支公司。

一审法院经审理查明:2019年5月3日17时15分许,赵某被告处吃饭时,该度假村的二楼房檐装饰面脱落,导致停在屋檐边停车位上的包括辽D×××××号福特C××××4多用途乘用车在内的五辆车受损,其中,辽D×××××号福特C××××4多用途乘用车后尾部等部位受损。事故发生后,被告的经营者吴某与受损车辆车主赵某、刘某、陶某、于某、林某经协商形成了《关于白家电度假村用餐车辆受损事故情况说明》,其内容为"2019年5月3日17时15分左右,东洲区××乡××度假村二楼房檐装饰面脱落,导致停在屋檐边停车位上的五辆私家车严重损伤,车牌号分别为辽D×××××号……,因车损严重,五位车主报警后,派出所相关人员已到现场采集音视频材料,有车损险的,已联系相关单位现场勘查。经五位车主与店主友好协商,初步达成以下共识:1. 店主承担全部事故责任。2. 店主方派代表到4S店见证定损过程。3. 车辆修复后,外观及各零部件的使用车主验收合格后方可提车。4. 因此次事故店主承担全责,各车辆涉及保险公司赔付后产生次年保费上浮的费用由店主承担"。嗣后,赵某到辽宁××汽车销售服务公司对辽D×××××号车辆进行了维修,产生维修费用52769元,被告未支付维修款。另查明,赵某在原告处为辽D×××××号车辆投保了机动车损失保险第三者责任保险、机动车损失保险、无法找到第三方特约险、不计免赔车险,保险期间自2018年8月9日00时00分起至2019年8月8日24时00分止。赵某向原告出具了领取赔款授权书、代位求偿案件索赔申请书、机动车辆索赔权转让书,原告于2019年5月30日将维修款 52769 元支付给辽宁××汽车销售服务公司。再查明，2019 年 7 月 23 日抚顺市气象局对辽宁省抚顺市东洲区××乡出现的大风天气气象灾害，在 2019 年 5 月 3 日 00—19 时的资料进行核查，结论如下：上述地点距离最近的省级区域自动站××乡站，2019 年 5 月 3 日 13 时 41 分极大风速为 9.5 米/秒，风力等级为 5 级。

一审法院认为：因不可抗力造成他人损害的，不承担责任。法律另有规定的，依照其规定。不可抗力是指人力所不能预见、不能避免、不能克服的客观情况，是一种外来的不可抗拒的力量。诸如地震、台风、洪水、海啸等自然现象，以及如战争等社会现象，属于通常意义上不可抗力的范围。《中华人民共和国气象法》第四十一条规定，气象灾害，是指台风、暴雨（雪）、寒潮、大风（沙尘暴）、低温、高温、干旱、雷电、冰雹、霜冻和大雾等所造成的灾害。按照我国 2012 年 6 月发布的《风力等级》国家标准，风速每秒 9.5 米，风力等级 5 级，尚不构成气象灾害所指的大风、台风气象灾害，不属于不可抗力的范围。本案被告虽提供了 2018 年 8 月 22 日其与抚顺县××铁艺加工厂签订的《修缮工程施工合同》及该加工厂负责人赵某出具的修缮工程施工款收条、周边其他用户的建筑物被大风摧毁的现场照片，照片显示被告张贴有“免费泊车、车损自负”的标牌，但不足以证明××度假村二楼房檐装饰面脱落系气象灾害不可抗力所引起，被告未尽到合理的注意义务，对案涉车辆受损存在过错，因此被告对案外人赵某的车辆毁损应承担责任。一审法院判决：被告抚顺市东洲区××乡××度假村于本判决发生法律效力之日起 10 日内，给付原告中国人寿财产保险股份有限公司抚顺市中心支公司已支付赵某的保险金赔偿款 52769 元。如果未按本判决指定的期间履行给付金钱义务，应当依照《中华人民共和国民事诉讼法》第二百五十三条[①]之规定，加倍支付迟延履行期间的债务利息。案件受理费 1119.22 元，减半收取 559.61 元（原告已预交），由被告抚顺市东洲区××乡××度假村负担，并随上述款项一并给付原告中国人寿财产保险股份有限公司抚顺市中心支公司。

本院二审期间，当事人围绕上诉请求依法提交了证据。本院组织当事人进行了证据交换和质证。本院查明的事实与一审法院相同。

本院认为：根据法律规定，因不可抗力造成他人损害的，不承担责任。法律另有规定的，依照其规定。而不可抗力，是指不能预见、不能避免并不能克服的客观情况。本案中，上诉人认为造成本案砸车事故的原因系强风天气，属于不可抗力。强风天气是一种自然力因素，但不是任何自然力因素或者常年不遇的自然力因素的出现就构成不可抗力。强风天气确为不能避免，但并非不可预见、不能克服。上诉人在建房时，就应保证其安全性，并对可能出现大风等强风天气进行预见，即根据所能预见的最大限度来设计房屋，从而达到避免相应自然现象造成损害的效果。上诉人只有举证证明事发当天的自然现象所达到的程度已超出了其房屋装饰面瓦片的抗御范围，才能认定不可抗力成立。但上诉人一、二审均未能举证案涉房屋装饰面瓦片已经达到了相应的抗御值标准，并其也自认案涉房屋建造提供不了相关部门的审批和验收。上诉人亦称村委会每天都会预报风力，上诉人有充分的时间避免和克服房屋顶、装饰面或瓦片被风破坏，即当天的强风天气如避免和克服得当并不会必然造成房屋被破坏的后果，故案涉损害结果是可以避免及被克服的，上诉人上诉理由不能成立。根据《中华人民共和国侵权责任法》

① 《中华人民共和国民事诉讼法》已于 2021 年 12 月 24 日再次进行修订，并于 2022 年 1 月 1 日实施，原 2017 年《民事诉讼法》中的第二百五十三条现已变更为第二百六十条，其规定“被执行人未按判决、裁定和其他法律文书指定的期间履行给付金钱义务的，应当加倍支付迟延履行期间的债务利息。被执行人未按判决、裁定和其他法律文书指定的期间履行其他义务的，应当支付迟延履行金”。

第八十五条[①]规定，建筑物、构筑物或者其他设施及其搁置物、悬挂物发生脱落、坠落造成他人损害，所有人、管理人或者使用人不能证明自己没有过错的，应当承担侵权责任。具体到本案，车辆财产损失的直接原因系上诉人房屋装饰面瓦片坠落导致，上诉人主张以不可抗力免责，还应举证证明其对损失发生没有过错，即不可抗力是损害发生的唯一原因，当事人对损害的发生或扩大不能产生任何作用。如果当事人的行为也是损害的发生或扩大的原因之一，对损害的发生也有过错，即发生不可抗力与当事人过错的原因竞合，当事人也不能以不可抗力免责。现因上诉人未能提供证据证明其房屋顶及装饰面建造在设计、施工和质量、管理上均已达到了相应的抗御值以及当天的恶劣天气是损害发生的唯一原因，在自身具有过错的情形下，其不得以天气等客观原因作为免责抗辩，故保险公司有权向其代位求偿，一审认定并无不当，本院予以维持。

综上所述，法院判决驳回上诉，维持原判。二审案件受理费 1119 元，由上诉人抚顺市东洲区××乡××度假村承担。

42. 气象有偿服务管理办法的授权规定（第四十二条）

第四十二条 气象台站和其他开展气象有偿服务的单位，从事气象有偿服务的范围、项目、收费等具体管理办法，由国务院依据本法规定。

【审议过程与立法沿革】

草案	草案二次审议稿	草案三次审议稿	条文
第四十条 气象台站和[气象科研、教学单位可以从事气象有偿服务]，从事气象有偿服务[单位资格条件和]管理办法由国务院规定。	**第三十九条** 气象台站和**其他开展气象有偿服务的单位**，从事气象有偿服务的**具体**管理办法由国务院规定。	**第四十一条** 气象台站和其他开展气象有偿服务的单位，从事气象有偿服务的**范围、项目、收费等**具体管理办法由国务院**依据本法**规定。	**第四十二条** 气象台站和其他开展气象有偿服务的单位，从事气象有偿服务的范围、项目、收费等具体管理办法，由国务院依据本法规定。

在《草案》审议过程中，在立法过程中对于气象事业能否进行有偿服务这一问题有过争论，最终《气象法》第三条在肯定了气象台站在确保公益性气象无偿服务的前提下，可以依法开展气象有偿服务。

《草案二次审议稿》对《草案》有两处修改。一是将有偿服务的单位由“气象台站和气象科研、教学单位”修改为“气象台站和其他开展气象有偿服务的单位”，不仅表述更为简洁，而且将气象台站外单位统称为其他单位，涵盖范围更广，具有一定的开放性，不仅包括了气象科研、教学单位，还可能包括气象咨询公司等，同时也为可能出现的新型气象有偿服务单位和形式预留了法律空间。二是将“从事气象有偿服务单位资格条件和管理办法由国务院规定”修改为“从事气象有偿服务的具体管理办法由国务院规定”。

---

① 《中华人民共和国侵权责任法》现已废止，其内容被吸收纳入《中华人民共和国民法典》中。其中，《侵权责任法》第八十五条，现为《民法典》第一千二百五十三条：“建筑物、构筑物或者其他设施及其搁置物、悬挂物发生脱落、坠落造成他人损害，所有人、管理人或者使用人不能证明自己没有过错的，应当承担侵权责任。所有人、管理人或者使用人赔偿后，有其他责任人的，有权向其他责任人追偿。”

《草案三次审议稿》又对《草案二次审议稿》的相关表述进行了完善。最终形成了《气象法》第四十二条的规定。

本条自 1999 年《气象法》施行以来，未作修订。

【法条释义】

本条是关于气象有偿服务管理办法的授权规定。根据 1985 年《国务院办公厅转发国家气象局〈关于气象部门开展有偿专业服务和综合经营的报告〉的通知》(国办发〔1985〕25 号)的规定，经国务院批准，各级气象台站在做好为决策服务和社会公众服务的同时，根据用户的需要，通过专门加工，为其提供气象专业服务，并紧紧围绕国民经济建设和社会发展的需求，特别是各行各业对气象服务的新需求，不断开拓新的服务领域，加强服务的针对性、及时性，进一步提高服务的社会、经济效益。这种专业气象服务是为了满足用户的特殊需要，在基本气象产品的基础上，根据不同用户的需求开发、研究、制作的专业性、针对性较强的气象信息产品，而完成这种服务需要专门的人员、设备、技术等，因此需要收取一定费用，实行有偿服务以保证业务的正常发展。《气象法》肯定了这种实践，在第三条第四款中规定，气象台站在确保公益性气象无偿服务的前提下，可以依法开展气象有偿服务。

关于气象有偿服务的授权性规定，《气象法》只作了比较原则的规定。为了进一步规范气象有偿服务活动，确保公益性气象无偿服务，本条作出以下两方面的规定。一是明确了能够开展气象有偿服务的主体，即气象台站和其他开展气象有偿服务的单位，上述主体具备相应的条件并取得一定的资格后即可从事气象有偿服务。二是授权国务院制定气象有偿服务的管理办法，对从事气象有偿服务的主体资格条件、服务原则、服务范围和项目、有偿服务如何收费以及监督管理等以行政法规的形式作出具体规定，作为本法的配套法规。国务院制定气象有偿服务管理办法的依据是本法的规定。

【关联法条】

(1)《气象法》

第三条　气象事业是经济建设、国防建设、社会发展和人民生活的基础性公益事业，气象工作应当把公益性气象服务放在首位。

县级以上人民政府应当加强对气象工作的领导和协调，将气象事业纳入中央和地方同级国民经济和社会发展计划及财政预算，以保障其充分发挥为社会公众、政府决策和经济发展服务的功能。

县级以上地方人民政府根据当地社会经济发展的需要所建设的地方气象事业项目，其投资主要由本级财政承担。

气象台站在确保公益性气象无偿服务的前提下，可以依法开展气象有偿服务。

(2)部门规章《国务院办公厅转发国家气象局关于气象部门开展有偿专业服务和综合经营的报告〉的通知》(国办发〔1985〕25 号)以及规范性文件《国家物价局、财政部关于发布气象部门专业服务收费的通知》(价费字〔1992〕128 号)。

具体内容参见《气象法》第三条关联法条。

43. 制定军事气象工作管理办法的授权规定(第四十三条)

第四十三条　中国人民解放军气象工作的管理办法，由中央军事委员会制定。

【审议过程与立法沿革】

在立法审议过程中，本条相关内容未作修改，沿用《草案》第四十一条的相关内容。最终形成了《气象法》第四十三条的规定。

本条自 1999 年《气象法》生效以来，未作修订。

【法条释义】

本条是制定军事气象工作管理办法的授权规定。

根据《宪法》规定，一切国家机关和武装力量、各政党和各社会团体、各企事业组织都必须遵守宪法和法律，一切违反宪法和法律的行为，都必须予以追究。也即，武装力量也应当遵守执行《气象法》的相关规定。但军事气象作为现代军事的重要组成部分，因其军事性的目的与一般的气象活动不同，具有一定的特殊性。为了更好地使气象工作服务于军事需要，结合《国防法》第十三条关于“中央军事委员会有权根据宪法和法律，制定军事法规并发布决定和命令”的规定，本条授权作为军事立法机关的中央军事委员会，按照程序起草军事气象工作的管理办法，作为本法的配套法规。

44. 国际条约适用的规定(第四十四条)

第四十四条 中华人民共和国缔结或者参加的有关气象活动的国际条约与本法有不同规定的，适用该国际条约的规定；但是，中华人民共和国声明保留的条款除外。

【审议过程与立法沿革】

本条在立法审议过程中，内容未作修改，沿用了《草案》第四十二条的内容，最终形成了《气象法》第四十四条的规定。

本条自 1999 年《气象法》施行以来，未作修改。

【法条释义】

一是关于气象国际条约主要框架。1969 年《维也纳条约法公约》第二条规定“国家间所缔结而以国际法为准之国际书面协定，不论其载于一项单独文书或两项以上相互有关之文书内，亦不论其特定名称为何”。国际条约是国家之间订立的书面协定，是国家之间、国家与其他国际法主体之间以及其他国际法主体之间所缔结的，并以国际法为准的关于确立、变更或者终止它们之间相互关系中的权利和义务的一种国际书面协议。国际条约作为国家以及其他国际法主体之间相互交往最普遍的一种法律形式，其名称是多种多样的，常见的主要名称包括：条约、公约、协定、议定书以及宪章、盟约、换文、宣言、规约等。关于气象方面的国际条约也很多，可以根据法律约束力分为两类：一类是具有法律效力的国家法律文件，即对签署国家具有法律效力的文件，主要包括 1979 年的《远程跨界空气污染条约》及其议定书、1985 年的《保护臭氧层维也纳公约》、1987 年的《消耗臭氧层物质的蒙特利尔议定书》、1992 年的《联合国气候变化框架公约》、1997 年的《京都议定书》等。另一类是不具有法律约束力的国际法文件，这一类是国际社会针对保护全球大气系统问题在全球或者区域性范围内达成的某些基本共识，属于道义责任，但是没有法律上的约束力，一般表现为宣言或者国际组织决议，典型代表有欧洲议会理事会 1968 年的《控制大气污染原则宣言》、1988 年的《关于保护气候的第 43/53 号决议》、1996 年的《联合国气候变化框架公约》第二次缔约方会议通过的《日内瓦部长宣言》等。

二是我国加入气象方面的国际条约情况。我国缔结或者参加的与气象工作有关的国际条约主要有《联合国气候变化框架公约》(FCCC)、1997 年《联合国气候变化框架公约》第三次缔约方会议通过《京都议定书》与《巴黎协定》等。《联合国气候变化框架公约》(FCCC)自 1994 年 3 月 21 日起对中国大陆生效；自 1994 年 3 月 21 日起适用于澳门，1999 年 12 月澳门回归后继续适用；自 2003 年 5 月 5 日起适用于中国香港特别行政区。《京都议定书》于 2005 年 2 月 16 日生效，截至 2021 年 7 月，共有 192 个缔约方。我国于 1998 年 5 月 29 日签署并于 2002 年 8 月 30 日核准《京都议定书》，于 2005 年 2 月 16 日起对中国大陆生效，于 2005 年 2 月 16 日起适用于中国香港特别行政区，2008 年 1 月 14 日起适用于中国澳门特别行政区。2012 年，多哈会议通过包含部分发达国家第二承诺期量化减限排指标的《〈京都议定书〉多哈修正案》。2014 年 6 月 2 日，中国常驻联合国副代表王民大使向联合国秘书长交存了中国政府接受《〈京都议定书〉多哈修正案》的接受书。2020 年 12 月 31 日，《〈京都议定书〉多哈修正案》正式生效。2015 年 11 月 30 日至 12 月 12 日，《联合国气候变化框架公约》第 21 次缔约方大会暨《京都议定书》第 11 次缔约方大会(气候变化巴黎大会)在法国巴黎举行，最终达成《巴黎协定》，对 2020 年后应对气候变化国际机制作出安排。中国于 2016 年 4 月 22 日签署《巴黎协定》，并于 2016 年 9 月 3 日批准《巴黎协定》。2016 年 11 月 4 日，《巴黎协定》正式生效。另外，我国还加入了《保护臭氧层维也纳公约》(包含《关于臭氧层耗损物质蒙特利尔议定书》，中国于 1991 年 6 月 14 日加入)、《生物多样性公约》(CBD，中国于 1992 年 6 月 11 日签署，公约于 1993 年 12 月 29 日对中国大陆生效，并适用于中国香港、澳门特别行政区)、《防治沙漠化国际公约》(INCD，中国于 1994 年 10 月 14 日签署，并于 1997 年 2 月 18 日交存批准书，公约于 1997 年 5 月 9 日对中国大陆生效，不适用于中国香港、澳门特别行政区)等。

三是我国关于气象方面国家条约的具体适用。按照国际法的一般原则，条约必须遵守，同时内政也不能干涉。由于国际情况不一定都符合某一国家的国情，所以允许国际条约和国家的法律存在某些不一致规定的情况存在，同时也允许任何国家对任何条约提出保留。条约的保留也是与条约的缔结程序有关的一项重要制度。条约的保留是指一国的签署、批准、接受、核准或加入条约时所作的单方声明，其目的在于排除或者改变该条约的某些条款在该国适用上的法律效果。国家对条约提出保留的权利是基于国家主权原则。按照我国法律的一般原则，承担国际条约义务应当优于我国国内法的义务，这是我国尊重和强调国际条约义务的体现，也是进行国际经济、科技、文化交流的需要。因此，我国参加的国际条约与国内法的法律适用规则是：我国缔结或者参加的国际条约与我国法律规定相同的，则应当适用这些规定；我国缔结或者参加的国际条约与我国法律有不同规定的，应当适用该国际条约的规定；但是，如果加入该国际公约时，我国有声明保留的条款的，则我国已声明保留的条款的规定在我国不适用。

45. 法律施行的时间(第四十五条)

第四十五条　本法自 2000 年 1 月 1 日起施行。1994 年 8 月 18 日国务院发布的《中华人民共和国气象条例》同时废止。

【审议过程与立法沿革】

草案	草案二次审议稿	草案三次审议稿	条文
第四十三条 本法自 年 月 日起施行。1994年8月18日国务院发布的《中华人民共和国气象条例》同时废止。	**第四十二条** 本法自 年 月 日起施行。1994年8月18日国务院发布的《中华人民共和国气象条例》同时废止。	**第四十四条** 本法自2000年1月1日起施行。1994年8月18日国务院发布的《中华人民共和国气象条例》同时废止。	**第四十五条** 本法自2000年1月1日起施行。1994年8月18日国务院发布的《中华人民共和国气象条例》同时废止。

关于《气象法》施行的时间,《草案三次审议稿》第四十四条明确:“本法自 2000 年 1 月 1 日起施行。1994 年 8 月 18 日国务院发布的《中华人民共和国气象条例》同时废止。”《气象法》沿用了以上写法,最终形成第四十五条的规定。

本条自 1999 年《气象法》施行以来,未作修改。

【法条释义】

本条是关于《气象法》的施行生效日期。法律生效日期关系到以下三个方面。

一是关于《气象法》的施行生效日期。法律的施行生效日期常见的有三种模式,第一种是规定自公布之日起施行。法律公布之日即施行生效之日,即刻产生法律效力。第二种是规定自某日期起施行。一般是法律公布之日后经过一段时间施行生效。第三种是规定符合一定条件起施行,一般是以某部前提性法律施行生效为前提。《气象法》施行生效日期采用第二种模式。《气象法》是 1999 年 10 月 31 日第九届全国人民代表大会常务委员会第十二次会议通过的,法律规定自 2000 年 1 月 1 日起施行。中间保留了两个月的法律施行准备时间,这样规定既可以为法律宣传、讲解等普法工作留足时间,也有利于让执法机关执法、各类主体从事相关活动提前进行准备。

二是关于法律衔接。新法施行生效后,与新法规定不一致的,应予以清理。《气象法》已经吸收《中华人民共和国气象条例》中比较成熟的规定,没有采纳的部分理应作废,《中华人民共和国气象条例》也已不具有适用的空间。因此,《气象法》明确规定 1994 年 8 月 18 日国务院发布的《中华人民共和国气象条例》同时废止。

三是关于《气象法》的溯及力。法律溯及力是法律生效以后,对于之前的行为是否可以适用、具有约束力的问题。如果可以适用的,即具有溯及力;如果不可以适用的,即不具有溯及力。我国法律中溯及力具有几种方式,例如《刑法》适用从旧兼从轻的原则,即新法原则上不具有溯及力,但对于被告人处罚较轻的,则适用新法;而各类诉讼程序法则不具有溯及力。《气象法》没有明确规定溯及力,从法理上分析,则原则上不具有溯及力。即对于法律施行生效之前的行为不能适用,不具有拘束力。另外,《气象法》经过了多次修改,根据 2009 年 8 月 27 日第十一届全国人民代表大会常务委员会第十次会议《关于修改部分法律的决定》第一次修正,根据 2014 年 8 月 31 日第十二届全国人民代表大会常务委员会第十次会议《关于修改〈中华人民共和国保险法〉等五部法律的决定》第二次修正,根据 2016 年 11 月 7 日第十二届全国人民代表大会常务委员会第二十四次会议《关于修改〈中华人民共和国对外贸易法〉等十二部法律的决定》第三次修正。对于《气象法》修改的内容也采用同样的溯及力适用原则,即对于法律修改之前的行为适用修改前的规定,对于法律修改之后的行为适用修改后的规定。